Deutsch als Fremds...

Silke Hilpert | Marion Kerner
Jutta Orth-Chambah | Anja Schümann | Franz Specht

Barbara Gottstein-Schramm | Isabel Krämer-Kienle
Monika Reimann

unter Mitarbeit von
Andreas Tomaszewski | Dörte Weers

Schritte plus 5

**Kursbuch
+ Arbeitsbuch**

Niveau B1/1

Hueber Verlag

Beratung:
Susanne Kalender, Duisburg
Seniz Sütçü, Berlin
Anne Robert, Hamburg

Fotogeschichte:
Organisation: Iciar Caso, Weßling
Fotograf: Alexander Keller, München
Regie: Franz Specht, Weßling
Darsteller: Rishi Sharma, Claudia Engl und andere

Phonetik:
Cornelia Böhm, München

Für die hilfreichen Hinweise danken wir:
Raffaella Pepe, Katja Meyer-Höra

Interaktive Aufgaben für den Computer:
Anna Breitsameter

Das Werk und seine Teile sind urheberrechtlich geschützt.
Jede Verwertung in anderen als den gesetzlich zugelassenen Fällen
bedarf deshalb der vorherigen schriftlichen Einwilligung des Verlags.

Hinweis zu § 52a UrhG: Weder das Werk noch seine Teile dürfen ohne
eine solche Einwilligung überspielt, gespeichert und in ein Netzwerk
eingespielt werden. Dies gilt auch für Intranets von Firmen, Schulen
und sonstigen Bildungseinrichtungen.

Eingetragene Warenzeichen oder Marken sind Eigentum des jeweiligen
Zeichen- bzw. Markeninhabers, auch dann, wenn diese nicht gekennzeichnet
sind. Es ist jedoch zu beachten, dass weder das Vorhandensein noch das
Fehlen derartiger Kennzeichnungen die Rechtslage hinsichtlich dieser
gewerblichen Schutzrechte berührt.

7. 6. 5.	Die letzten Ziffern
2018 17 16 15 14	bezeichnen Zahl und Jahr des Druckes.

Alle Drucke dieser Auflage können, da unverändert,
nebeneinander benutzt werden.
1. Auflage
© 2010 Hueber Verlag GmbH & Co. KG, Ismaning, Deutschland
Zeichnungen: Jörg Saupe, Düsseldorf
Layout: Marlene Kern, München
Druck und Bindung: Himmer AG, Augsburg
Printed in Germany
ISBN 978-3-19-001915-1
ISBN 978-3-19-011915-8 (mit CD)

AUFBAU

Inhaltsverzeichnis – KURSBUCH	4
Vorwort	6
Die erste Stunde im Kurs	7
Kursbuch: Lektionen 1–7	8
Fragebogen: Was kann ich schon?	90
Inhaltsverzeichnis – ARBEITSBUCH	93
Arbeitsbuch: Lektionen 1–7	94
Wortliste	188

Symbole / Piktogramme

Kursbuch		Arbeitsbuch	
Hörtext auf CD	CD1 05	Hörtext auf CD	CD3 12
Grammatik	Man muss was tun, **statt** nur **zu** reden.	Vertiefungsübung	Ergänzen Sie.
Hinweis	**trotz** des Regens = **obwohl** es regnet	Erweiterungsübung	Ergänzen Sie.
Aktivität im Kurs	⇄	Verweis auf *Schritte plus Portfolio* unter www.hueber.de/schritte-plus	▶ Portfolio
Redemittel	*Für mich ist ... wichtig, weil ... Am allerwichtigsten ist ...*		
Verweis auf *Schritte Übungsgrammatik* (ISBN 978-3-19-301911-0)	▶ ÜG, 10.01		

Inhalt Kursbuch

1 Glück im Alltag

Foto-Hörgeschichte

Schutzengel — 8

Schritt

- **A** über Vergangenes berichten — 10
- **B** eine Zeitungsmeldung schreiben — 12
- **C** über Glücksmomente sprechen — 14
- **D** Pech gehabt! — 15
- **E** über Glücksbringer sprechen — 16

Übersicht Grammatik — 17
Wichtige Wendungen und Ausdrücke

Grammatik
- Konjunktion *als*: *Das ist vor ein paar Jahren passiert, als ich in Österreich war.*
- Präteritum: *bringen – brachte*
- Plusquamperfekt: *er war umgefallen; er hatte getroffen*

Zwischenspiel Liebe auf den ersten Blick — 18

2 Unterhaltung

Foto-Hörgeschichte

Der Star — 20

Schritt

- **A** Gegensätze ausdrücken — 22
- **B** Dinge und Personen beschreiben 1 — 23
- **C** Dinge und Personen beschreiben 2 — 24
- **D** Fernsehprogramm einen Konsens finden — 26
- **E** einen Krimi lesen — 28

Übersicht Grammatik — 29
Wichtige Wendungen und Ausdrücke

Grammatik
- Konjunktion *obwohl*: *Sie erkennen mich nicht, obwohl ich ein Star war?*
- Gradpartikel: *ziemlich, ...*
- Relativpronomen und Relativsatz: *Das ist die Frau, die mich wirklich liebt.*

Zwischenspiel Tausendmal gehört ... — 30
Mein Lieblingssong

3 Gesund bleiben

Foto-Hörgeschichte

Bandscheiben — 32

Schritt

- **A** Entspannungsübungen machen und beschreiben — 34
- **B** Ratschläge und Empfehlungen geben — 35
- **C** Untersuchung beim Arzt – einen Vorgang beschreiben — 36
- **D** Vorsorge über eine Statistik sprechen — 38
- **E** einen Beipackzettel verstehen — 40

Übersicht Grammatik — 41
Wichtige Wendungen und Ausdrücke

Grammatik
- Genitiv: *Hören Sie auf den Rat einer Spezialistin.*
- Wiederholung Passiv-Präsens: *... und am Ende werden Sie trotzdem operiert.*
- Passiv-Präsens mit Modalverb: *Mein Knie muss geröntgt werden.*

Zwischenspiel Lachen ist gesund — 42

4 Sprachen

Foto-Hörgeschichte

Göhreschdase? — 44

Schritt

- **A** über Irreales sprechen 1 — 46
- **B** etwas nicht verstehen und nachfragen — 47
- **C** etwas begründen Wichtigkeit ausdrücken — 48
- **D** über das Sprachenlernen sprechen — 50
- **E** Eine Radiosendung verstehen: Fremdsprachen im Alltag — 52

Übersicht Grammatik — 53
Wichtige Wendungen und Ausdrücke

Grammatik
- Wiederholung: Konjunktiv II Gegenwart
- Irreale Bedingungssätze: *Wenn Sie etwas deutlicher sprechen würden, könnte ich Sie besser verstehen.*
- Präposition *wegen*: *Wegen meines Freundes.*
- Konjunktionen: *darum; deswegen ...*

Zwischenspiel Wortspielspaß — 54

5 Eine Arbeit finden

Foto-Hörgeschichte

Pizza mafioso — 56

Schritt

- A über Berufswünsche und -interessen sprechen — 58
- B über Geschäftsideen sprechen — 60
- C über die Arbeit sprechen — 61
- D sich schriftlich bewerben — 62
- E sich telefonisch vorstellen — 64

Übersicht Grammatik — 65
Wichtige Wendungen und Ausdrücke

Grammatik
- Infinitiv mit *zu*: *Ich habe keine Lust, Ärger zu bekommen.*
- *brauchen*; *nicht/nur brauchen* + Infinitiv mit *zu*: *Sie brauchen nicht weiterzureden.*

Zwischenspiel Lust, mitzusingen? — 66

6 Kundenwünsche

Foto-Hörgeschichte

Kundenkontakt — 68

Schritt

- A über Urlaubsinteressen sprechen
  über eine Statistik sprechen — 70
- B gute Vorsätze fassen — 71
- C Verkaufsgespräche führen — 72
- D eine Reisebroschüre verstehen — 74
- E Informationen über Wuppertal im Internet — 76

Übersicht Grammatik — 77
Wichtige Wendungen und Ausdrücke

Grammatik
- Infinitiv mit *um zu*: *Man muss heute direkt zum Kunden gehen, um Erfolg zu haben.*
- Konjunktion *damit*: *Herr Kelmendi fährt mit seiner Familie im Sommer immer in seine Heimat, damit seine Kinder die Großeltern sehen können.*
- Infinitiv mit *statt zu*: *Man muss was tun, statt nur zu reden.*
- Infinitiv *ohne zu*: *Die Sekretärin soll nichts entscheiden, ohne die Chefin vorher zu fragen.*
- Ausdrücke mit *es*: *Es regnet. Es ist möglich.*

Zwischenspiel Schnell, schnell ... — 78

7 Rund ums Wohnen

Foto-Hörgeschichte

Die Traumwohnung — 80

Schritt

- A über eine Traumwohnung sprechen und übertreiben — 82
- B über Irreales sprechen 2 — 83
- C eine Hausordnung verstehen — 84
- D Mit Nachbarn leben
  Konflikte lösen — 86

Übersicht Grammatik — 87
Wichtige Wendungen und Ausdrücke

Grammatik
- Zweiteilige Konjunktionen
  nicht nur ... sondern auch ...:
  Die Wohnung ist nämlich nicht nur sehr groß, sondern auch sehr billig.
  zwar ... aber ...:
  Ich brauche zwar viel Platz, aber doch keine neun Zimmer.
  entweder ... oder ...:
  Entweder ich träume, oder ich bin verrückt geworden.
- Konjunktiv II Vergangenheit: Konjugation
- Irreale Wunschsätze mit Konjunktiv II, Vergangenheit: *Hätte ich doch bloß weitergeträumt!*
- Verben mit Präpositionen
- Präposition *trotz*: *trotz des Regens*

Zwischenspiel Von Tür zu Tür — 88

Vorwort

Liebe Leserinnen, liebe Leser,

Schritte plus ist ein Lehrwerk für die Grundstufe. Es führt Lernende ohne Vorkenntnisse in jeweils zwei Bänden zu den Sprachniveaus A1, A2 und B1.

Schritte plus orientiert sich genau

- an den Vorgaben des Gemeinsamen Europäischen Referenzrahmens und

Das Plus
- an den Vorgaben des Rahmencurriculums des Bundesministeriums des Inneren.

Gleichzeitig bereitet *Schritte plus* gezielt auf die Prüfungen Start Deutsch 1 (Stufe A1), Start Deutsch 2 (Stufe A2), den Deutsch-Test für Zuwanderer (Stufe A2–B1) und das Zertifikat Deutsch (Stufe B1) vor.

Das Kursbuch
Jede der sieben Lektionen eines Bandes besteht aus einer Einstiegsdoppelseite, fünf Lernschritten A–E, einer Übersichtsseite sowie einem Zwischenspiel.

Einstieg: Jede Lektion beginnt mit einer Folge einer unterhaltsamen Foto-Hörgeschichte. Die Episoden bilden den thematischen und sprachlichen Rahmen der Lektion.

Lernschritt A–C: Diese Lernschritte bilden jeweils in sich abgeschlossene Einheiten und folgen einer klaren, einheitlichen Struktur:
In der Kopfzeile jeder Seite sehen Sie, um welchen Lernstoff es geht. Die Einstiegsaufgabe führt den neuen Stoff ein, indem sie an die gerade gehörte Foto-Hörgeschichte anknüpft. Grammatik-Einblendungen machen die neu zu lernenden Sprachstrukturen bewusst. Die folgenden Aufgaben dienen dem Einüben der neuen Strukturen – zunächst meist in gelenkter, dann in freierer Form. Den Abschluss des Lernschritts bildet eine freie, oft spielerische Anwendungsübung oder ein interkultureller Sprechanlass.

Lernschritt D und E: Hier werden die vier Fertigkeiten – Hören, Lesen, Sprechen und Schreiben – nochmals in authentischen Alltagssituationen trainiert und systematisch erweitert.

Übersicht: Die wichtigen Strukturen, Wendungen und Strategien einer Lektion sind hier systematisch aufgeführt.

Das Plus
Zwischenspiel: Landeskundlich interessante und spannende Lese- und Hörtexte mit spielerischen Aktivitäten runden die Lektion ab.

Das Arbeitsbuch
Im integrierten Arbeitsbuch finden Sie:
- Übungen zu den Lernschritten A–E des Kursbuchs in verschiedenen Schwierigkeitsgraden, um innerhalb eines Kurses binnendifferenziert mit schnelleren und langsameren Lernenden zu arbeiten
- Übungen zur Phonetik
- Anregungen zum autonomen Lernen in Form eines Lerntagebuchs
- Aufgaben zur Vorbereitung auf die Prüfungen
- zahlreiche Möglichkeiten, bereits gelernten Stoff zu wiederholen und zu üben

Das Plus
- Lernwortschatz zu jeder Lektion
- systematisches Schreibtraining
- Übungen, die zum selbstentdeckenden Erkennen grammatischer Strukturen anleiten

Das Plus
Fokus-Seiten

greifen die Lernziele des Bundesministeriums des Inneren auf und bieten zahlreiche zusätzliche Materialien zu den Themen Familie, Beruf und Alltag, um den speziellen Bedürfnissen einer Lerngruppe gerecht zu werden. Sie können fakultativ bearbeitet werden. In *Schritte plus 5* gibt es zu jeder Lektion eine Fokusseite. Zu einigen Fokusseiten sind weiterführende Projekte vorgesehen, die im Lehrerhandbuch (ISBN 978-3-19-051915-6) ausführlich erläutert werden.

Schritte plus ist wahlweise mit integrierter Arbeitsbuch-CD erhältlich. Sie bietet
- die Hörtexte und Phonetikübungen des Arbeitsbuchs
- interaktive Übungen für den Computer zu allen Lektionen

Was bietet *Schritte plus* darüber hinaus?
- Selbstevaluation: Mithilfe eines Fragebogens können die Lernenden ihren Kenntnisstand selbst überprüfen und beurteilen.

Im Internetservice unter *www.hueber.de/schritte-plus* finden Sie zahlreiche Übungen, Kopiervorlagen, Texte sowie eine Aufstellung über die vielfältigen zusätzlichen Materialien – wie eine Übungsgrammatik, Lektürehefte, Poster, Intensivtrainer und vieles mehr.
Für Eltern-/Jugendkurse oder berufsorientierte Kurse gibt es dort ergänzende und erweiternde Arbeitsblätter und Unterrichtssequenzen.

Viel Spaß beim Lehren und Lernen mit *Schritte plus* wünschen Ihnen
Autoren und Verlag

Die erste Stunde im Kurs

1 Stellen Sie sich vor. Wie heißen Sie?

2 Spielen Sie zu zweit. Sie brauchen zwei Spielfiguren und einen Würfel. Los geht es bei Start. Wenn Sie auf ein gelbes Feld kommen, fragen Sie Ihre Partnerin / Ihren Partner. Notieren Sie die Antworten. Blaues Feld: Machen Sie einen Umweg. Grünes Feld: Zurück auf Start. Das Spiel ist zu Ende, wenn einer im Ziel ankommt.

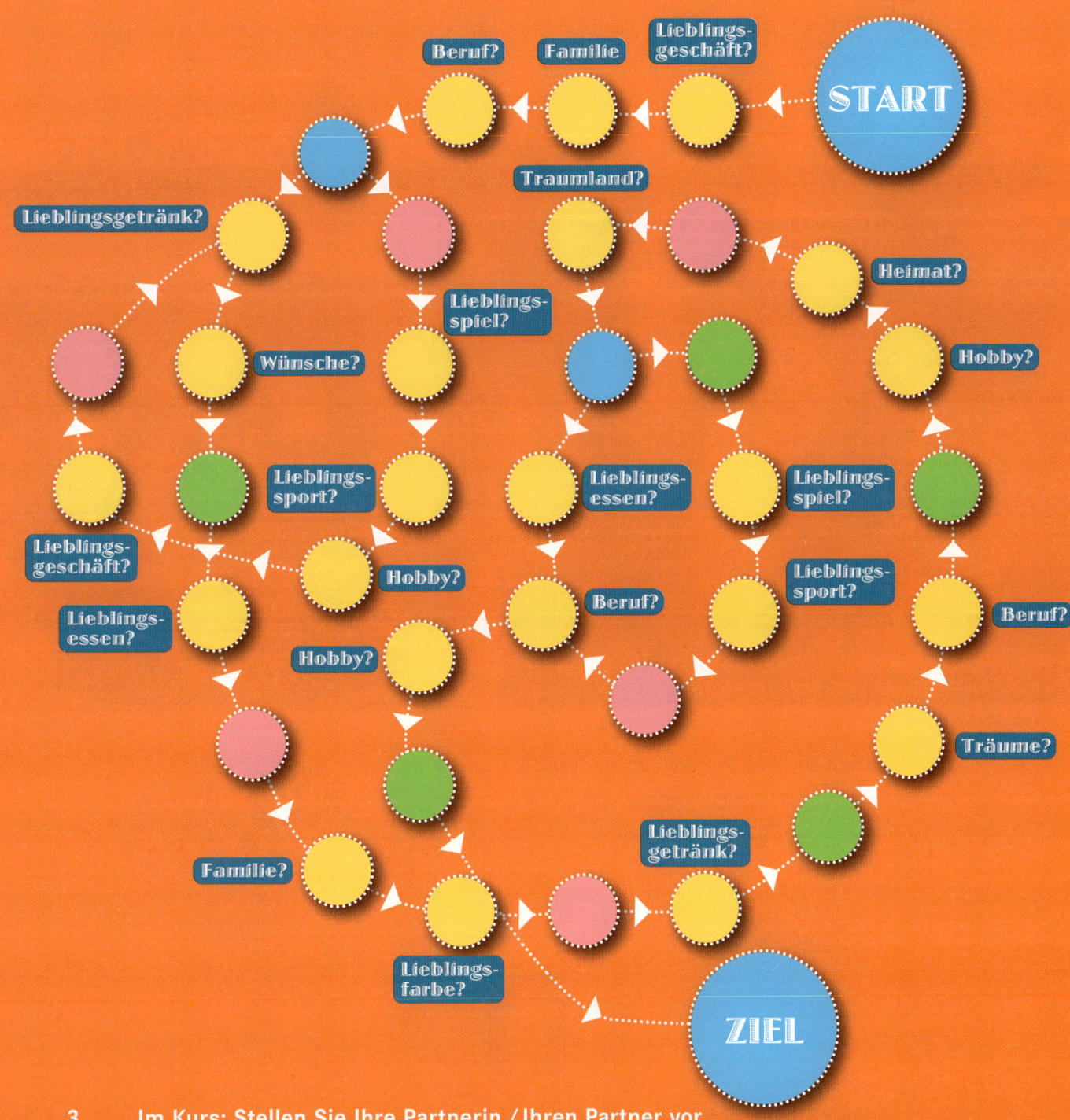

3 Im Kurs: Stellen Sie Ihre Partnerin / Ihren Partner vor.

1 Glück im Alltag

FOLGE 1: SCHUTZENGEL

1 Sehen Sie das Plakat und die Fotos 1 und 2 an.

a Foto 1: Was ist ein „Homeservice"?

> Dort kann man ... bestellen.

> Die kommen und ...

b Plakat: Wer arbeitet bei „Pizza & Curry"? Was machen die Leute dort?

c Foto 2: Warum hat Nasseer wohl einen Schutzengel im Auto? Was meinen Sie?

Indische und italienische Spezialitäten

Unsere Mitarbeiter in dieser Filiale:

Giovanni / Nasseer / Maja
Koch / *Zustellung* / *Auftragsannahme*

2 Sehen Sie die Fotos an und hören Sie.

acht 8 LEKTION 1

3 **Was ist richtig? Kreuzen Sie an.**

a Nasseer und Maja fahren zum Abendessen nach Hause.
b In Nasseers Auto hängt ein Schutzengel. Den hat ihm Maja geschenkt.
c Nasseer erzählt Maja, was vor ein paar Jahren passiert ist und warum er an Schutzengel glaubt.
d Maja glaubt nicht an Schutzengel. Sie denkt, Nasseer hat Glück gehabt.
e Plötzlich läuft ein Mann vor das Auto. Nasseer kann gerade noch bremsen, weil Maja den Mann gesehen hat und laut ruft.

4 **Hören Sie noch einmal Nasseers Erlebnis (Fotos 3–5). Was ist passiert? Erzählen Sie.**

an See ● plötzlich dunkle Wolken gekommen ● mit Fahrrad – losgefahren, wollte nicht nass werden ● Wolken – schneller, geregnet ● unter Baum – gestellt ● Stimme gehört: „Lauf weg! Schnell!" ● weggelaufen ● umgedreht – gesehen: Blitz – Baum getroffen, ist umgefallen

Nasseer war an einem See. Plötzlich …

neun 9 LEKTION 1

1 A Das ist vor ein paar Jahren passiert, **als** ich in Österreich war

A1 Ergänzen Sie.

> Das ist vor ein paar Jahren passiert, …

a Ich war in Österreich.
   als ich in Österreich war.

b Ich habe dich noch nicht gekannt.
   ....

c Ich habe noch nicht für den Homeservice gearbeitet.
   ....

d Ich war 23 Jahre alt.
   ....

Das ist vor ein paar Jahren passiert, **als** ich in Österreich **war**.

A2 Lesen Sie die Reportage. Welche Überschrift passt? Kreuzen Sie an.

☐ Glück im Unglück   ☐ **Pech gehabt**

**Der Glaube an Schutzengel ist alt – vielleicht so alt wie die Menschheit.
Unsere Leser erzählen, warum sie an einen Schutzengel in ihrem Leben glauben.**

Werner Seltmann

Ich bin ja eher ein ängstlicher Typ. Wenn unsere Familie für ein paar Tage wegfährt, habe ich immer Angst, dass inzwischen zu Hause etwas passiert. Meine Frau ist da ganz anders, sie hat ein echtes Gottvertrauen. Jedes Mal, wenn ich vor einer Reise dreimal durch das ganze Haus gelaufen bin und kontrolliert habe, ob auch wirklich alles ausgeschaltet, zugeschlossen und in Ordnung ist, hat sie mich einfach nur ausgelacht. Aber als wir letztes Jahr in Urlaub gefahren sind, sind wir tatsächlich nur knapp einer kleinen oder

Schutzengel gibt es in den meisten Religionen: Das Christentum, das Judentum und der Islam kennen sie. Auch in Religionen mit mehreren Göttern, wie z.B. dem Hinduismus, gibt es meist einen „Schutzengel"-Gott.

vielleicht auch großen Katastrophe entgangen. In dem Moment, als wir gerade losfahren wollten – die ganze Familie war schon im Auto –, hat meine Frau plötzlich aufgeregt „Stopp!" gerufen, ist aus dem Auto gesprungen und ins Haus zurückgelaufen. Und tatsächlich: Im Arbeitszimmer hat der Papierkorb gebrannt, sie war gerade noch rechtzeitig da und konnte das Feuer löschen.
Bis heute verstehe ich nicht, wie das passieren konnte. Ich hatte doch alles dreimal kontrolliert! Aber egal; auf jeden Fall bin ich sicher, dass unser Schutzengel uns da geholfen hat. Er hat meine Frau gerade noch rechtzeitig gewarnt.

Eigentlich glaube ich überhaupt nicht an Engel oder sah ich, dass sich etwas bewegte. Ich konnte aber nicht genau sehen, was es war. deshalb

A3 Lesen Sie die Reportage noch einmal und kreuzen Sie an: Richtig oder falsch?

richtig falsch

a Frau Seltmann hatte immer Angst, wenn sie das Haus verlassen hat, und hat deshalb alles kontrolliert. ☐ ☐

b Als Familie Seltmann letztes Jahr in Urlaub gefahren ist, ist fast eine Katastrophe passiert. ☐ ☐

c Zum Glück ist Frau Seltmann noch einmal zurückgegangen, denn es gab einen Brand im Arbeitszimmer. ☐ ☐

A4 Lesen Sie die Sätze und kreuzen Sie an: Wie oft ist das passiert?

einmal oft

a Jedes Mal, wenn ich vor einer Reise panisch durch das Haus gelaufen bin, hat sie mich ausgelacht. ☐ ☐

b Als wir letztes Jahr in Urlaub gefahren sind, sind wir nur knapp einer Katastrophe entgangen. ☐ ☐

c Als wir gerade losfahren wollten, hat meine Frau plötzlich „Stopp!" gerufen. ☐ ☐

Als wir … gefahren sind, … (Das ist einmal passiert.)
(Immer / Jedes Mal) **Wenn** ich … gelaufen bin, … (Das ist oft passiert.)

A5 Ergänzen Sie *wenn* oder *als*. Hören Sie dann und vergleichen Sie.

Betreff: Wie geht's?

Hallo Mark,
wie es mir geht, willst Du wissen?! Tja, ich bin mit meinen Eltern im Urlaub – diesmal im Gebirge. Schon am ersten Tag, ... (1) wir eine kleine Bergtour gemacht haben, ist mein Vater gestürzt und wir mussten ins Krankenhaus, in die Notaufnahme. Gott sei Dank war die Verletzung nicht so schlimm. Immer .... (2) wir in den letzten Jahren weggefahren sind, ist etwas schiefgegangen! Letztes Jahr, ... (3) wir nach Österreich gefahren sind, ist fast unser Haus abgebrannt. (Seitdem glaubt mein Vater übrigens an Schutzengel!!) Das Jahr zuvor, ... (4) wir nach Mallorca fliegen wollten, haben wir das Flugzeug verpasst. Und erinnerst Du Dich noch an die Schwierigkeiten an der Grenze, ... (5) wir in die Türkei wollten und mein Vater seinen Ausweis vergessen hat? Der einzige Urlaub ohne Pannen war vor zwei Jahren, ... (6) wir auf Rügen waren. Dort hat es die ganze Zeit geregnet, aber daran war wenigstens nicht mein Vater schuld. Aber jedes Mal, ... (7) wir wieder nach Hause gekommen sind, haben meine Eltern gesagt: „Klasse Urlaub!"
Na ja, noch zwei Wochen …
Ciao, bis dann!
Lukas

A6 Wann hat Ihr Schutzengel schon einmal geschlafen?

a Notieren Sie Stichworte: Was ist passiert?

b Erzählen Sie die Geschichte Ihrer Partnerin / Ihrem Partner.

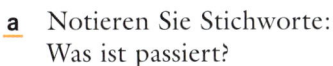

Stell dir vor: Als ich …
Das ist vor … Jahren / … Monaten passiert.
Es war im Sommer / im …
Also, ich habe / ich bin … / ich war einmal …
Und dann / Und da …
Dann ist es passiert.

> nachts – hatte Durst – bin aufgestanden – kein Licht gemacht – Treppe nicht gesehen – Stufen runtergefallen – Fuß gebrochen

> Stell dir vor: Als ich im Sommer bei meiner Freundin in Griechenland war, war es furchtbar heiß. Auch die Nächte waren schlimm. Einmal hatte ich nachts großen Durst, und da bin …

Schon fertig?
Schreiben Sie Ihre Geschichte auf.

1 B Am Nachmittag **kamen** plötzlich dunkle Wolken.

B1 Lesen Sie Majas E-Mail. Ergänzen Sie.

Liebe Annegret,
Du erinnerst Dich doch bestimmt an Nasseer. Ich glaube sogar, er hat Dir besonders gut gefallen, als Du im April hier ..*warst*.. (1). Jedenfalls hat mir Nasseer heute eine unglaubliche Geschichte erzählt: Er war an einem See. Am Nachmittag ..*kamen*.. (2) plötzlich dunkle Wolken. Natürlich ..*wollte*.. (3) er schnell nach Hause fahren, er ..*wollte*.. (4) ja nicht nass werden. Aber die Wolken ..*waren*.. (5) natürlich schneller und schon bald ..*regnete*.. (6) es. Also ..*stellte*.. (7) er sich unter einen Baum. Und dann (das behauptet er jedenfalls) ..*hörte*.. (8) er eine Stimme. Sie ..*rief*.. (9): „Lauf weg! Schnell!" Er ..*dachte*.. (10) nicht länger nach und ..*lief*.. (11) sofort weg. Und das war angeblich der Grund, warum er heute noch ..*lebte*.. (12). Denn nur ein paar Meter hinter ihm ..*lag*.. (13) der Baum am Boden – vom Blitz getroffen! Stell Dir vor, was für ein Glück Nasseer ..*hatte*.. (14).
Liebe Grüße von Maja

(1) bist / warst
(2) kommen / kamen
(3) will / wollte
(4) will / wollte
(5) sind / waren
(6) regnet / regnete
(7) stellt / stellte
(8) hört / hörte
(9) ruft / rief
(10) denkt / dachte
(11) läuft / lief
(12) lebt / lebte
(13) liegt / lag
(14) hat / hatte

	heute, jetzt, ...	früher, gestern, letztes Jahr, ...	
	er hört	er hat gehört	er hör**te**
	er ruft	er hat gerufen	er r**ief**

B2 Kurzmeldungen

a Lesen Sie die Zeitungsmeldungen.
Ordnen Sie die Schlagzeilen den Texten zu.

Meldung	1	2	3	4
Schlagzeile				

A **Es ist nie zu spät!**
B **Dreimal Glück!**
C **Was für ein Pech!**
D **Eheglück?**

1 Am 30.3.03, also in der 13. Woche des Jahres, brachte eine Frau in der Frauenklinik von Dahn drei Mädchen zur Welt. Die 33-Jährige lag auf Station 3 in Zimmer 3. Es war in diesem Jahr die 300. Geburt in der Klinik. Der leichteste Drilling wog bei der Geburt 1330 Gramm.

2 Ein Ehemann ließ seine 67-jährige Frau am vergangenen Wochenende einfach auf einer Autobahnraststätte bei Stuttgart zurück. Während der Mann tankte, wollte die Frau schnell Getränke kaufen. Aber als sie zurückkam, war ihr Mann verschwunden. Der Rentner bemerkte erst zwei Stunden nach der Weiterfahrt, dass seine Frau nicht mehr auf dem Beifahrersitz saß. Die Frau wartete mehrere Stunden vergeblich auf ihren Mann. Ein anderer Autofahrer brachte sie schließlich zur Polizei. Erst Stunden später meldete sich der vergessliche Ehemann und fragte nach seiner Frau.

3 Der Italiener Giovanni R. (45) aus Bad Ems bei Koblenz spielt seit Jahren mit der gleichen Zahlenkombination Lotto. Als er am Valentinstag zur Lotto-Annahmestelle ging, kaufte er auf dem Weg ein Geschenk für seine Frau: einen Rosenstrauß. Damit reichte sein Geld aber nicht mehr für den Lottotipp aus. Am Abend wurden tatsächlich genau „seine" Zahlen gezogen. Im Jackpot lagen 25 Millionen Euro.

4 Zwei Jahrzehnte später als erwartet bekam der tschechische Lehrer Celko Z. (52) eine Urlaubskarte aus Bulgarien. Sein Bruder hatte den Gruß vor genau 20 Jahren losgeschickt. Doch erst jetzt erreichte die Karte ihr Ziel im Dörfchen Benecko. Warum die Karte so lange unterwegs war, kann sich niemand erklären. Der Absender erinnert sich noch: „Ich wusste die Hausnummer meines Bruders nicht. Deshalb schrieb ich: ‚weißes Hochhaus am Marktplatz'."

b Machen Sie zu jedem Text Notizen.

Wer? eine 33-jährige Frau
Wann?
Wo?
Was passierte?

Schon fertig?
Ergänzen Sie noch mehr Wörter in der Tabelle.
Suchen Sie die Formen im Wörterbuch.

c Markieren Sie in den Texten und ergänzen Sie die Tabelle.

Typ „kaufte"	Typ „lag"	Typ „brachte"	werden, sein, haben
kaufen – kaufte	liegen – lag	bringen – brachte	sein – war

ich	kaufte	lag	brachte
er/es/sie	kaufte	lag	brachte
wir	kauften	lagen	brachten
sie/Sie	kauften	lagen	brachten

B3 Ergänzen Sie die Meldungen.

Dumm gelaufen!

Ein 54-jähriger Bremer, ein bei der Polizei bekannter Verbrecher, **raubte** (rauben) in der Innenstadt eine Wohnung aus und **nahm** (nehmen) einen DVD-Player und Kleidungsstücke mit.
5 Dabei **gefiel** (gefallen) dem Einbrecher eine Jacke so gut, dass er sie gleich **anzog** (anziehen). Kurz danach **stieg** (steigen) er in ein Taxi – jedoch in das falsche: Der Taxifahrer **erkannt** (erkennen) nämlich seine eigene
10 Jacke wieder und **fuhr** (fahren) den Täter direkt zur Kriminalpolizei. Dort **nahm** (nehmen) zwei Polizisten den Dieb fest und der Taxifahrer **konnte** (können) mit seiner Jacke wieder nach Hause fahren.

Mit Pudding wäre das nicht passiert!

Der vierjährige Sebastian M. **alarmierte** (alarmieren) im österreichischen Linz die Polizei, weil ihm die Klöße seiner Tante nicht **schmeckten** (schmecken). Der Junge **rief** (rufen)
5 heimlich die Notrufnummer an: „Ich will nicht mehr, ich mag nicht mehr!" Die Polizei **vermutete** (vermuten) mehr hinter dem mysteriösen Anruf und **fuhr** (fahren) sofort zu dem Kind. Dort **fand** (finden) sie Sebastian tat-
10 sächlich vor einem Teller mit Zwetschgenknödeln. „Meine Mutter hat gesagt, ich soll in Notfällen den Polizeinotruf wählen", **erklärte** (erklären) er.

nehmen → nahm
gefallen → gefiel
anziehen → zog an
steigen → stieg
erkennen → erkannte
fahren → fuhr
finden → fand

B4 Eigene Kurzmeldungen schreiben

a Arbeiten Sie zu zweit. Wählen Sie eine Schlagzeile oder ein Foto aus.

30-jähriger Koreaner sprach plötzlich perfekt Deutsch

Mit 88 Jahren um die Welt

Sibylle (88 Jahre alt): 60 Jahre verheiratet • Mann stirbt • erbt viel Geld • macht einjährige Reise um die ganze Welt • lernt viele tolle Menschen kennen • fühlt sich in Thailand am wohlsten • zieht nach Bangkok • lebt und arbeitet nun seit einem Jahr dort

b Machen Sie sich zuerst Notizen und schreiben Sie dann eine Zeitungsmeldung.

Wer? Wann? Wo? Was passierte? Wie passierte das?

dreizehn **13** LEKTION 1

1 C Der Blitz **hatte** ihn **getroffen**.

C1 Was ist zuerst passiert? Was danach? Bringen Sie die Bilder in die richtige Reihenfolge.

 A — Der Baum war umgefallen! Der Blitz hatte ihn getroffen!

 B — Dann habe ich mich umgedreht.

Das ist passiert: Ich habe mich umgedreht.
Das war vorher passiert: Der Baum **war** umgefallen. Der Blitz **hatte** ihn **getroffen**.

C2 Lesen Sie die Texte und ordnen Sie die Überschriften zu.

1 Stolze Besitzerin   2 Mein schönster Treffer   3 Meine Tochter bedeutet mir alles

Glücksmomente
Erfolg in der Arbeit? Ein lustiges Erlebnis mit Freunden? Frisch verliebt? Oder einfach der Moment, wo Sie auf einer Wiese liegen und die Wolken am Himmel betrachten? Wann waren Sie das letzte Mal so richtig glücklich?

A Sarah, 28, Verkäuferin

.... 1 ....
Das war vor etwa fünf Jahren. Da habe ich mein erstes Auto gekauft. Ich verdiente damals noch wenig und hatte lange dafür gespart. Natürlich war es ein Gebrauchtwagen, aber ich war extrem glücklich, als das Auto endlich vor meiner Haustür stand und wirklich mir gehörte! Das war wirklich aufregend. Vorher hatte ich die Autobesitzer immer beneidet - jetzt war ich selbst einer!

B Inge, 23, Sprechstundenhilfe

.... 3 ....
Vor einem Jahr kam Anna zur Welt. Als ich sie nach der Geburt sah, war ich fassungslos vor Freude. Diesen Tag werde ich nie vergessen. Vor der Geburt hatte ich wochenlang Angst gehabt und mir Sorgen gemacht: Bin ich zu jung? Schaffe ich das? Aber jetzt gibt es nichts Wichtigeres für mich als mein Kind.

C Andreas, 19, Fußballer

.... 2 ....
Mein glücklichster Tag in diesem Jahr war der 22. Juni. Unsere Mannschaft hatte an diesem Tag ein ganz wichtiges Spiel. Und ich? Ich musste auf der Bank sitzen und durfte nur zusehen, denn ich hatte mir einige Monate vorher den Fuß gebrochen. Zwar hatte ich in der letzten Zeit wirklich viel trainiert, aber ganz fit war ich leider noch nicht. Nach 85 Minuten stand das Spiel immer noch 0:0. Es war schrecklich zu sehen, wie das eigene Team verliert. Aber dann nahm unser Trainer unsere Nummer 1 vom Feld und schickte mich stattdessen ins Spiel! Und in der allerletzten Spielminute, da kam er, mein Glücksmoment. Das 1:0! Und ich hatte das Tor geschossen! Wahnsinn! Unsere Mannschaft war weiter.

C3 Was war vorher passiert? Markieren Sie in C2 und ergänzen Sie.

A Das Auto stand vor der Tür. — Sie hatte lange dafür gespart.
B Anna kam zur Welt.
C Er saß auf der Bank und musste dem Spiel zusehen.

C4 Wann waren Sie das letzte Mal so richtig glücklich?

Machen Sie Notizen und erzählen Sie Ihrer Partnerin / Ihrem Partner von „Ihrem Glücksmoment".

Mein Glücksmoment: Theaterstück aufgeführt - Publikum war begeistert. Das war vorher: wochenlang geprobt, Hauptdarsteller plötzlich krank geworden, ich als Ersatz eingesprungen, viele Zweifel gehabt

Das war, als wir unser Theaterstück aufgeführt haben und das Publikum begeistert war. In der Zeit zuvor hatten wir wochenlang geprobt …

vierzehn 14 LEKTION 1

Pech gehabt! D 1

D1 Hannas Unfall. Bringen Sie die Bilder in die richtige Reihenfolge. Hören Sie dann und vergleichen Sie.

D2 Hanna meldet ihren Unfall der Versicherung. Markieren Sie auf dem Formular.

- **A** Wann und wo ist der Unfall passiert?
- **B** Wie ist der Unfall genau passiert?
- **C** Wie hoch ist der Schaden?
- **D** Wer hat den Schaden?

Sekur-Versicherung – Schadenmeldung zur Privathaftpflichtversicherung

Ihre Versicherungsnummer	Schadentag
500 / 125346–X–62	15.05.d.J.
Versicherungsnehmer	Uhrzeit
Hanna Krämer	11.15 Uhr
Straße, Ort	Ort
Ziegeleistraße 17, 99817 Eisenach	Goethestraße 28, 99817 Eisenach
E-Mail-Adresse	Ungefähre Schadenhöhe
hanna.kraemer@wobis.net	250 €

Schadenhergang

Ich half einer Bekannten, Ulrike Haas, beim Umzug. Ich holte eine lange Stange aus dem Umzugswagen und wollte sie in die Wohnung tragen. Meine Bekannte trug zur gleichen Zeit zwei Kartons und einen Blumentopf. Ich bemerkte leider nicht, dass sie direkt hinter mir stand, und stieß versehentlich mit der Stange gegen den Blumentopf. Der Blumentopf fiel herunter und traf meinen Hund am Kopf. Daraufhin biss der Hund meine Bekannte leicht ins Bein. Sie erschrak so, dass sie die Kartons fallen ließ. Dabei gingen 11 Weingläser, 6 Tassen und 14 Teller kaputt.

Wir möchten mit dem Geschädigten Kontakt aufnehmen – bitte geben Sie uns seine Daten.

Name	Telefon
Ulrike Haas	

ich **habe geholfen,** ich **habe geholt,** ...   ich **half,** ich **holte,** ...
ich **war** / **hatte** / **wollte** ...   ich **war** / **hatte** / **wollte** ...

hört man oft in Gesprächen   hört man oft in den Nachrichten
liest man oft in einem persönlichen Brief   liest man oft in der Zeitung, in Berichten, in Büchern, ...

Ich habe Ulrike beim Umzug geholfen.   Ich half einer Bekannten ...

D3 Pech gehabt! Erzählen Sie die Geschichte.

gespielt • Wohnzimmer • gestoßen • auf Tisch gefallen • Vase kaputtgegangen • Schaden: circa 100 €

1 E Glücksbringer

E1 Ordnen Sie zu.

1 2 3 4 5 6 7 8

☐ das Hufeisen ☐ das Schwein ☐ die schwarze Katze
☐ das Kleeblatt ☐ Freitag, der 13. ☐ Scherben
☐ der zerbrochene Spiegel ☐ der Kaminkehrer / der Schornsteinfeger

E2 Im Kurs: Was bringt Glück, was bringt Pech?

a Ergänzen Sie die Wörter aus E1.

Glück   Pech

das Hufeisen

b Was bringt in Ihrem Land Glück oder Pech? Sprechen Sie.

> Bei uns in Spanien glauben wir, dass Weintrauben Glück bringen.
> An Silvester muss man um Mitternacht jede Sekunde, also bei jedem
> Glockenschlag, eine Weintraube essen. Dann erfüllt sich jeder Wunsch!

E3 Hören Sie drei Interviews. Ordnen Sie zu.

A B C

Interview	1	2	3
Bild			

E4 Hören Sie noch einmal und kreuzen Sie an: Richtig oder falsch?

richtig falsch

1 Die Frau glaubt, dass ihr der Schlüsselanhänger Glück im Beruf bringt.
Sie hat nur einen Glücksbringer. ☐ ☐

2 Der Mann hat keinen Glücksbringer. Er glaubt aber an ein bestimmtes Ritual.
Er zieht immer erst den linken, dann den rechten Fußballschuh an. ☐ ☐

3 Die Frau hat den Ring von ihrer Großmutter bekommen.
Der Ring erinnert sie an ihre Mutter. ☐ ☐

E5 Erzählen Sie in der Gruppe: Haben Sie einen persönlichen Glücksbringer oder ein Ritual?

... ist mein Glücksbringer. / Ich habe ... als
Glücksbringer.
... bringt mir Glück in der Liebe / im Beruf.
... beschützt mich vor ...
Ich glaube an ...
Wenn ich ..., muss ich ...

> Ich habe eine Muschel als Glücksbringer.
> Die hat mir eine Freundin aus Ägypten mitgebracht.

> Wenn ich morgens aufstehe,
> muss ich immer das Fenster
> aufmachen und ...

Schon fertig?
Schreiben Sie über
Ihren Glücksbringer.

sechzehn 16 LEKTION 1

Grammatik

1 Satzverbindung: *als (Temporalsatz)*

	Konjunktion		Ende
Das ist vor ein paar Jahren passiert,	**als** ich in Österreich		**war**.
(Es ist vor ein paar Jahren passiert.)	(Ich war in der Zeit in Österreich.)		

▶ ÜG, 10.08

2 Präteritum: Konjugation

	regelmäßig	unregelmäßig
	machen	kommen
ich	mach**te**	kam
du	mach**test**	kam**st**
er/es/sie	mach**te**	kam
wir	mach**ten**	kam**en**
ihr	mach**tet**	kam**t**
sie/Sie	mach**ten**	kam**en**

⚠ werden → wurde
verbringen → verbrachte

▶ ÜG, 5.06

3 Plusquamperfekt: Konjugation

	treffen/sparen		umfallen	
ich	hatte		war	
du	hattest		warst	
er/es/sie	hatte	getroffen / gespart	war	umgefallen
wir	hatten		waren	
ihr	hattet		wart	
sie/Sie	hatten		waren	

Gestern bekam ich mein neues Auto. Ich **hatte** lange dafür **gespart**.

▶ ÜG, 5.07

Wichtige Wendungen

über Vergangenes berichten
Stell dir vor: Als ich … •
Das ist vor … Jahren / … Monaten passiert. •
Es war im Sommer / im … •
Also, ich habe / ich bin / ich war einmal … •
Und dann / Und da … • Dann ist es passiert.

Was bringt Ihnen Glück?
Ich habe … als Glücksbringer … •
… ist mein Glücksbringer. •
… bringt mir Glück in der Liebe / im Beruf. •
… beschützt mich vor … •
Ich glaube an … •
Wenn ich …, muss ich … •

einen Unfall schildern
Der Unfall ist am … in … passiert. •
Er / Sie hatte / war gerade … •
Zur gleichen Zeit … •
Versehentlich … •
Und dann/da/daraufhin/dabei …

1 Liebe auf den ersten Blick

Hoppla, was passiert denn jetzt?

Eva, 26
Nach ein paar schlechten Erfahrungen hatte ich keine Lust mehr auf Männer. Dann hat mir eine Kollegin eine Handynummer gegeben. „Du suchst doch immer jemanden, der mit dir ins Stadion geht, oder?" Ich bin nämlich Fußballfan, aber ich gehe nicht gern allein zu den Spielen. Kurz hab ich mir's schon überlegt. Aber dann hab ich die Nummer doch weggeworfen. Ein paar Tage danach hat er mich angerufen. Die Kollegin hatte ihm nämlich meine Handynummer auch gegeben. Seine Stimme war lustig und ich hab gedacht: „Na gut, man kann es mal probieren". Als wir uns dann vor dem Stadion getroffen haben, hatte ich sofort so ein komisches Gefühl im Bauch und dachte: „Hoppla, was passiert denn jetzt?" Na ja, inzwischen sind Daniel und ich seit drei Jahren zusammen ... und immer noch total glücklich.

1 Wählen Sie einen Text. Lesen Sie und erzählen Sie dann den anderen die Geschichte.

2 Welche der drei Geschichten finden Sie am schönsten? Warum?

Liebe ohne Grenzen

Jasmin, 23

Mit meinem Arbeitskollegen Veysel hab ich mich zuerst ganz oft gestritten. Er hat dauernd auf die Deutschen geschimpft und ich auf die Türken. Irgendwann nach der Arbeit hatten wir dann mal eine lange Diskussion über dieses Thema. Danach haben wir uns total gut verstanden. Ein paar Wochen später hat Veysel in einem Gespräch gemeint, dass er sich keine Beziehung mit einer Deutschen vorstellen könnte, wegen der kulturellen Unterschiede und so. Meine Antwort darauf: „Warum denn nicht, wenn beide es wirklich wollen?" An diesem Tag sind wir abends zusammen in einen Club gegangen. Irgendwann beim Tanzen hat es plötzlich bei uns beiden gleichzeitig „Peng!" gemacht. Na ja, inzwischen weiß ich, dass wir alle beide von Anfang an nur auf diesen einen Moment gewartet hatten. Und seitdem ist für uns klar: Es gibt sie, die Liebe ohne Grenzen!

Schnelle Entscheidung

Gregor, 28

Es ist schon eine ganze Weile her. Ich wollte gerade in meine neue Wohnung einziehen und stand mit meinem Miet-Lkw mitten auf der Straße. Weil's dort so eng ist, kam kein anderes Auto mehr durch. Plötzlich steigt eine Frau aus ihrem Wagen und kommt auf mich zu. Ich denke gerade: „Wahnsinn, ist die hübsch!", da schreit sie mich an: „Sie sind wohl verrückt geworden, oder? Lassen Sie mich sofort durch! Ich muss zu einem wichtigen Termin!" Eigentlich wollte ich antworten: „Na, dann helfen Sie mir doch, dann geht's schneller!" Aus meinem Mund kamen aber ganz andere Worte. Ich sagte: „Du bist meine Traumfrau. Willst du mich heiraten?" Sie hat mich ein paar Sekunden lang ganz still angesehen. Dann hat sie laut losgelacht und ich hatte eine Idee. Mein eigenes Auto stand nämlich vor dem Lkw. Also haben wir Autoschlüssel getauscht, und sie konnte weiterfahren. Und ein halbes Jahr später haben Sandra und ich Ringe getauscht.

3   Glauben Sie an die „Liebe auf den ersten Blick"?

4   Kennen Sie auch „Kennenlern-Geschichten"? Möchten Sie sie erzählen?

2 Unterhaltung

FOLGE 2: *DER STAR*

1 **Der Star Heiko**

a Sehen Sie die Fotos an. Was glauben Sie? Welche Wörter passen zu dem „Star" Heiko? Arbeiten Sie mit Ihrer Partnerin / Ihrem Partner. Markieren Sie.

Volksmusik • Autogrammkarte • Album • Hit • Konzert • Fan • Hip-Hop • Rockmusik • Goldene Schallplatte • Star • Band

b Schreiben Sie mit Ihrer Partnerin / Ihrem Partner eine Geschichte zu den Fotos. Schreiben Sie zu jedem Foto 1–2 Sätze. Verwenden Sie dabei die markierten Wörter aus a.

2 Sehen Sie die Fotos an und hören Sie.

3 Was war in Ihrer Geschichte anders?

4 Erzählen Sie.
- Wie finden Sie Heiko?
- Wie finden Sie seinen Song?
- Wie lebt er wohl? Was glauben Sie?

Mir tut Heiko ein bisschen leid. Er lebt in der Vergangenheit.

Ich finde Heiko irgendwie lustig.

2 A Sie erkennen mich nicht, **obwohl** ich ein Star bin?

A1 Ergänzen Sie *weil* oder *obwohl*.

a Nasseer erkennt Heiko nicht, *obwohl* .... Heiko ein Star war.
b Nasseer erkennt Heiko nicht, ... Nasseer sehr jung war, als Heiko ein Star war.
c Heiko spielt Nasseer einen Song vor, ... Nasseer keine Zeit hat.
d Heiko spielt Nasseer einen Song vor, ... er stolz auf den Song ist.

> Nasseer erkennt Heiko nicht, **obwohl** Heiko ein Star war.

A2 Was sagen die Leute zu dem Thema „Konzert"?

a Wer geht gern zu Konzerten, wer hört lieber zu Hause Musik?
Hören Sie und ergänzen Sie K (= geht gern zu Konzerten) oder H (= bleibt zu Hause).

Bianca Vogt: .... Lasse Petersen: .... Nick Habermann: ....

b Hören Sie noch einmal. Welche Stichworte passen zu wem? Ergänzen Sie die Namen.

zu teuer sein • Musik ganz anders genießen • andere Leute gehen auf die Nerven • bequemer Mensch sein	....
nach der Arbeit meistens zu müde sein • zu Hause ganz einfach andere CD einlegen können • Musik in einem Konzert intensiver erleben	....
billiger sein • bequemer sein • gemütlicher sein • Songs günstig im Internet runterladen • für jede Stimmung die passende Musik haben	....

c Bilden Sie Sätze.
Bianca Vogt geht nicht oft zu Konzerten, weil ... / obwohl ...
Lasse Petersen geht gern zu Konzerten, weil ... / obwohl ...
Nick Habermann hört gern zu Hause Musik, weil ... / obwohl ...

> Nick Habermann geht nicht oft zu Konzerten, weil er nach der Arbeit meistens zu müde ist.

A3 Ihre Meinung: Musik im Konzert oder zu Hause? Sprechen Sie in der Gruppe.

> Obwohl es zu Hause gemütlicher ist, gehe ich lieber ins Konzert. Dort ...

> Also, bei mir ist das anders: ...

> Ich bleibe lieber zu Hause, weil ...

> Mir ist das egal. Hauptsache, die Musik ist gut.

zweiundzwanzig 22 LEKTION 2

Sie sind noch **ziemlich jung**.

B 2

B1 Hören Sie und ergänzen Sie.

besonders • echt • total • nicht so • wirklich • ziemlich • ziemlich • überhaupt nicht

A
▲ Erinnern Sie sich denn .....überhaupt nicht........ an „Heiko"?
● „Heiko"? Tut mir .... leid. Das war wohl vor meiner Zeit.
▲ Na ja, Sie sind noch .... jung.
● Waren Sie .... berühmt? Wann war denn das?

B
■ Wie kann man nur so ein Album machen?
Das ist ja .... langweilig.
▼ Langweilig? Ich verstehe dich nicht.
Das sind doch .... schöne Songs.
Na ja, die letzten beiden sind .... traurig,
das stimmt. Die finde ich auch .... gut.

total	
echt	
besonders	
wirklich	langweilig /
ziemlich	interessant / …
nicht so	
nicht besonders	
gar nicht	
überhaupt nicht	

B2 Interview. Wie finden die Leute das Konzert?

a Wer findet das Konzert und/oder die Musiker gut? Hören Sie und kreuzen Sie an.

☐ Mann 1 ☐ Frau 1 ☐ Mann 2 ☐ Frau 2 ☐ Mann 3 ☐ Frau 3

b Hören Sie noch einmal. Welche Wörter hören Sie? Markieren Sie.

gut • ernst • berühmt • komisch • laut • spannend • interessant •
klasse • super • bekannt • kurz • sportlich • furchtbar • arrogant • toll •
traurig • sympathisch • unsympathisch • fantastisch • uninteressant •
hübsch • langweilig • hässlich • schlecht • lustig • blöd • perfekt • süß

c Ordnen Sie die Wörter aus Aufgabe b.

☺ fantastisch   😐 ernst   ☹ furchtbar

B3 Mit welchem Star würden Sie gern einen Abend verbringen? Warum?
Was würden Sie mit dieser Person machen? Worüber würden Sie sprechen?

1 Donald Duck 2 Xavier Naidoo 3 Heidi Klum 4 Johnny Depp 5 Prinz William 6 Carla Bruni

● Ich würde gern Heidi Klum treffen.
▲ Warum?
● Ich finde, die sieht doch wirklich super aus.
▲ Und was würdet ihr unternehmen?
● Wir würden vielleicht …

Schon fertig?
Sie haben tatsächlich mit ihr/ihm
einen Abend verbracht!
Wie war der Abend? Schreiben Sie.

2 C Du bist die Frau, **die** mich wirklich liebt.

C1 Was sagt Heiko? Ergänzen Sie.

~~die~~ • der • das • die

a Du bist die Frau, ..die.... mich wirklich liebt.

b So heißt das Lied, ... mich über Nacht berühmt gemacht hat.

c Sie sind der Pizzamann, ... letzte Woche auch schon hier war.

d Wo sind die Leute, ... das nicht verstehen.

der Mann,	**der**	letzte Woche ... war
die Frau,	**die**	mich ... liebt
das Lied,	**das**	mich .... gemacht hat
die Leute,	**die**	das ... verstehen

C2 Ergänzen Sie. Hören Sie und vergleichen Sie.

a Alle finden **den** Film gut. — Das ist der Film, *den*...... alle gut finden.

b **Der** Film hat auf dem Festival die meisten Preise gewonnen. — Kennst du den Film, ... auf dem Festival die meisten Preise gewonnen hat?

c Ich habe dir **das** Buch geschenkt. — Hast du das Buch gelesen, ... ich dir geschenkt habe?

d **Die** Schauspielerin hat einen Oscar bekommen. — Da hinten sitzt doch die Schauspielerin, ... einen Oscar bekommen hat.

e Der Kritiker hat **die** Schauspieler gestern so gelobt. — Wie heißen die drei Schauspieler, ... der Kritiker gestern so gelobt hat?

der Oscar

Das ist	*der Film,*	**den**	
	das Buch,	**das**	alle gut finden.
	die Schauspielerin,	**die**	
Das sind	*die Schauspieler,*	**die**	

Kennst du *den Film,* **der** die meisten Preise gewonnen hat?

C3 Hören Sie und variieren Sie.

a

● Wo **ist** denn **das Kinoprogramm**?
▲ Welches Kinoprogramm?
● Na **das, das** hier auf dem Tisch **war**.
▲ Keine Ahnung.

Varianten:
der Roman • die Eintrittskarte • die Fernsehzeitschriften • das Foto

b

● **Holst** du bitte **den Film ab, den** ich gestern **in der Videothek bestellt habe**?
▲ Mal sehen. Eigentlich habe ich keine Zeit.

Varianten:
die Theaterkarte (abholen) – telefonisch reserviert •
der Brief (einwerfen) – auf den Tisch gelegt •
die CDs (mitbringen) – im Auto gelassen •
das Buch (zurückbringen) – in der Bücherei ausgeliehen

C 2

C4 Hören Sie und ordnen Sie zu: Welches Gespräch passt zu welcher Schlagzeile?

☐ **Fehler im Studio: Millionen schauten drei Sportlerinnen beim Duschen zu!**

☒ **Pech für Schauspieler: Rolls-Royce war weg!** *1*

☐ **Nach dem Sieg gegen Real: Unbekannter schickt 100 000 Euro in bar**

☐ **1000 Rosen per Post für Jazzsängerin**

C5 Hören Sie noch einmal und ergänzen Sie.

1. Du kennst doch diesen Schauspieler – jetzt fällt mir der Name nicht mehr ein … na ja, egal, den Schauspieler auf jeden Fall, ... man seinen Rolls-Royce weggenommen hat.
2. Hast du den Artikel gelesen über das Fußballteam, ... man nach dem Spiel gegen Real 100 000 Euro in bar geschickt hat?
3. Die schreiben hier von einer Jazzsängerin, ... jemand per Post tausend Rosen geschickt hat. Das ist ja ziemlich verrückt!
4. Hast du das schon gelesen von den drei Sportlerinnen, ... man im Fernsehen beim Duschen zugeschaut hat?

Du kennst doch			
den Schauspieler,	**dem**	man …	weggenommen hat.
das Fußballteam,	**dem**	man …	geschickt hat.
die Jazzsängerin,	**der**	man …	geschickt hat.
die Sportlerinnen,	**denen**	man …	zugeschaut hat.

C6 Fragen Sie und antworten Sie.

Beginnen Sie Ihre Fragen mit:
- Hast du einen Freund, …
- Kennst du / Gibt es Leute, …
- Erinnerst du dich an eine/die Person, …

alles gelingen • schon einmal einen wichtigen Rat gegeben haben • alles erzählen können • das Auto leihen würden • regelmäßig zum Geburtstag gratulieren • zuletzt auf den Anrufbeantworter gesprochen haben • zuletzt etwas geschenkt haben • gern zuhören • gern mal zufällig begegnen würden • …

> Hast du einen Freund, dem immer alles gelingt?

> Ja. Johnny. Er hat relativ viel Glück im Leben.

C7 Spiel: Wer hat den längsten Satz? Schreiben Sie zu zweit. Lesen Sie dann vor.

> Das ist der Mann, …
> der in dem gelben Haus wohnt,
> den ich gestern beim Einkaufen getroffen habe,
> den ich zum Tee eingeladen habe,
> …

> Das ist die Frau,
> die genauso heißt wie ich,
> der die kleine Katze gehört,
> …

> Das ist das Buch,
> das ich immer bei mir habe,
> das …

2 D Fernsehprogramm

A
18:10 Sportschau
20:00 Tagesschau
20:15 Die Leiche im Fluss
Krimi, D 1999
Mit Manfred Krug
Regie: Jörg Bacher
In Köln wird der Direktor einer Schokoladenfabrik tot am Rheinufer gefunden. Für die beiden Kommissare Maier und Müller beginnt damit ein komplizierter Fall: Wer lügt warum? Warum haben alle Angst vor der Polizei? Welche Rolle spielt die Ehefrau von Müller: Auf einem Foto sieht man den Toten und die Frau zusammen auf einem Segelboot. Ist das Foto echt?
| Action | Humor | Spannung | Niveau | Liebe |
| ** | * | *** | ** | ** |

B
19.25 Unser Otto
Familienserie
Otto findet eine Freundin – und bringt damit Chaos in die Familie. Lustige Familienkomödie.
20.15 Wetten, dass …?
Spiel-Show mit vielen berühmten Stars aus aller Welt.
Moderation: Thomas Gottschalk
Live aus Nürnberg
22.30 Heute-Journal
Nachrichten

C
21.00 Wo wir leben
Pflanzen- und Tierwelt unserer Heimat – heute zu Gast in Thüringens Wäldern. Unterwegs mit dem bekannten Naturforscher Professor Gottfried Heim.

D
19.05 Explosiv
Polit-Magazin mit aktuellen Themen und Fragen.
Moderation: Petra Schweers
20.15 450 Passagiere in Todesangst
3 Männer überfallen ein Flugzeug auf dem Flughafen in Düsseldorf. Was wollen sie? Den teuren Schmuck einer berühmten Schauspielerin? Die geheime Akte des international bekannten Firmenchefs? Oder sind es Terroristen? Die Polizei braucht Hilfe: Exkommissar Ludwig Hund soll den Fall lösen und die Passagiere retten.
| Action | Humor | Spannung | Niveau |

D1 Fernsehen und Rundfunk

Sehen Sie die Angebote im Abendprogramm an. Ordnen Sie zu. Wo finden Sie …?

einen Liebesfilm   *E* ....   eine Sportsendung   ....
einen Zeichentrickfilm ....   eine Kindersendung   ....
eine Show   ....   eine Komödie   ....
einen Naturfilm   ....   ein Politmagazin   ....
einen Krimi   ....   ein Quiz   ....

D2 Sehen Sie die Bilder an. Welcher „Fernsehtyp" passt zu welchen Filmen und Sendungen?

Typ A – der Lustige
Typ B – der Krimifan
Typ C – der Ökotyp
Typ D – der Sportfan
Typ E – der Sentimentale
Typ F – der Professor

1 Familienserie, Krankenhausserie, Liebesfilm   passt zu Typ   *E* ......
2 Trickfilm, Komödie   passt zu Typ   ......
3 Quiz, Politmagazin, Wissenschaftssendung   passt zu Typ   ......
4 Krimi, Actionserie, Science-Fiction, Detektivserie   passt zu Typ   ......
5 Tierfilm, Naturfilm, Gesundheitsratgeber   passt zu Typ   ......
6 Sportmagazin, Fußball, Tennis, Leichtathletik, Formel 1 passt zu Typ   ......

D3 Was für ein „Fernsehtyp" sind Sie? Entscheiden Sie sich.

D4 Diskussion: Einigen Sie sich auf einen gemeinsamen Fernsehabend.

a Ordnen Sie zu.

Wir könnten doch … • Ich finde das besser, weil … • Ja, das ist schon möglich, aber … • Das ist doch viel besser als … • Das möchte ich wirklich nicht. • Gut, dann … • Einverstanden! • Genau! • Wie wäre es, wenn … • Das kommt für mich nicht infrage. • Natürlich! • Lasst uns doch … • In Ordnung! • Ich würde (doch) lieber … • Das können wir schon, obwohl … • Wir sollten … • Da hast du völlig recht. • Das finde ich auch. • Das ist kein guter Vorschlag.

etwas vorschlagen	etwas begründen	zustimmen
Wir könnten doch …		
etwas ablehnen	einen Gegenvorschlag machen	sich einigen

b Bilden Sie Gruppen. In jeder Gruppe sollte mindestens ein Vertreter jedes „Fernsehtyps" sein. Sehen Sie sich das Fernsehprogramm noch einmal gemeinsam an. Versuchen Sie, die anderen in der Gruppe von Ihrer Lieblingssendung zu überzeugen. Diskutieren Sie und einigen Sie sich auf einen gemeinsamen Fernsehabend.

● Wie wäre es, wenn wir uns heute Abend mal diesen Krimi ansehen?
■ Einen Krimi? Oh nein, furchtbar! Krimis sind mir zu spannend. Hinterher kann ich nie einschlafen.
● Aber der hier ist sicher besonders gut.
▲ Ja, das ist schon möglich. Aber ich würde lieber …

c Präsentieren Sie Ihr Ergebnis im Kurs.

D5 Lesen, Musik hören, fernsehen, im Internet surfen

a Machen Sie Notizen. Was machen Sie am liebsten? Wie oft? Wie lange? Wann? Wo?

	Was?	Wie oft? / Wie lange?	Wann?	Wo?
Fernsehen	Krimis, Nachrichten	fast jeden Tag ca. 2 Stunden	abends	zu Hause
Musik	Jazz, Klassik			
Lesen	Sachbücher, Gedichte	fast jeden Abend	vor dem Einschlafen, am Wochenende / im Urlaub	

b Sprechen Sie mit Ihrer Partnerin / Ihrem Partner.

▲ Was liest du am liebsten?
● Ach, ich weiß nicht, Sachbücher über Natur und …

▲ Und liest du oft?
● Ja, fast jeden Abend vor dem Einschlafen.

Schon fertig?
Schreiben Sie einen kurzen Text über Ihren Lieblingsfilm.

2 E Roman

E1 Lesen Sie nur die ersten drei Abschnitte einmal durch: Was für ein Buch ist das?
- ☐ Ein Liebesroman?
- ☐ Ein Kriminalroman?
- ☐ Ein Theaterstück?

E2 Lesen Sie weiter und beantworten Sie dann die Fragen.

a Wo sind die drei Männer?
- ☐ Bei der Polizei.
- ☐ Am Tatort.
- ☐ Am Seeufer.

b Was ist passiert?
- ☐ Die Sicherung ist kaputt.
- ☐ Jemand hat ein Bild gestohlen.
- ☐ Die Kriminalpolizei sucht einen Mörder.

E3 Wer ist wo im Zimmer?

- ☐ der Mann
- ☐ Kramer
- ☐ der Kriminalbeamte

E4 Für Rätselfans: Warum wusste Kramer, dass der Mann nicht die Wahrheit sagte?

Die Zeichnung hilft Ihnen.

Kramer setzte sich an den Tisch und sah den Mann an, der ihm gegenübersaß. „Also, noch einmal. Sie sind gestern Abend nach Hause gekommen ..."

Der Mann war ganz grau im Gesicht. Er sah auf den Boden und
5 antwortete mit leiser Stimme: „Ja, gegen zehn Uhr. Ich war bei Bekannten eingeladen, die ihre Silberhochzeit feierten."

„Stimmt, Chef", sagte der Kriminalbeamte, der bei der Zimmertür stand. „Das haben wir überprüft." „Ja, gut. – Dann erzählen Sie jetzt noch einmal ganz genau, was dann passiert ist."

10 Der Mann legte seine Hände auf den Tisch. „Ich schloss unten die Haustür auf und hinter mir wieder zu. Ich zog meinen Mantel aus. In diesem Moment hörte ich oben ein Geräusch. Ich ging ..."

„Was für ein Geräusch? Bitte so genau wie möglich." Es wurde langsam dunkel im Zimmer. Kramer sah durch das eine große Fenster
15 hinaus auf den See und die Berge, hinter denen gerade die Sonne unterging. Das Gesicht des Mannes war kaum noch zu erkennen.

„Es war das Geräusch, das ein schwerer Gegenstand macht, der auf den Boden gestellt wird. Ich ging gleich die Treppe hinauf. Oben wollte ich Licht machen, aber das Licht ging nicht an."

20 „Stimmt, Chef", sagte der Kriminalbeamte bei der Tür. „Die Sicherung für den ganzen ersten Stock war ausgeschaltet. Das haben wir geprüft."

„Ja, danke", sagte Kramer. Und zu dem Mann: „Erzählen Sie weiter."

25 „Ich hörte wieder ein Geräusch, hier aus diesem Zimmer. Ich machte leise die Tür auf und ging ein paar Schritte ins Zimmer hinein. Ich stand etwa da ..." Der Mann zeigte auf eine Stelle, die in der Mitte zwischen dem Tisch und der Tür lag. „Der Vollmond schien direkt ins Zimmer, deshalb war es ziemlich hell. Plötzlich ..."

30 „Stimmt, Chef", sagte der Kriminalbeamte. „Wir ..."
„Ja, ja, ich weiß, Sie haben es geprüft! – Weiter, bitte."

Kramer schaute nachdenklich zum Fenster, während der Mann weitererzählte. „Ja, also, es war hell im Zimmer, weil der Vollmond auf den Boden schien. Wie ich so an dieser Stelle stand, kam plötzlich
35 der Dieb aus der Ecke dort, mit dem Bild unter dem Arm, und rannte an mir vorbei zur Tür und hinaus und die Treppe hinunter. Ich konnte ihn genau sehen, es war ..."

In diesem Moment schlug Kramer mit der Hand auf den Tisch. „Hören Sie auf!", rief er. „Ich weiß zwar noch nicht, was hier genau
40 passiert ist und wer der Täter ist, aber ich weiß, dass Sie lügen! Jetzt erzählen Sie endlich die Wahrheit!"

 E5 Im Kurs: Suchen Sie einen Titel für das Buch.
Benutzen Sie dafür mindestens zwei dieser Wörter:

der Dieb • der Diebstahl • das Fenster • die Lüge • der Mond • das Mondlicht • der Mord • die Nacht • das Opfer • das Schloss • der Schuss • der Schreck • der See • die Strafe • die Schuld • die Tat • der Täter • der Tod • der Tote • die Untersuchung • das Verbrechen • der Verdacht • der Zeuge

Grammatik

1 Satzverbindung: *obwohl* (Konzessivsatz)

	Konjunktion	Ende
Nasseer erkennt Heiko nicht,	**obwohl** Heiko ein Star	**war.**
(Nasseer erkennt Heiko nicht.)	(Heiko war ein Star.)	

▶ ÜG, 10.09

2 Relativpronomen und Relativsatz

maskulin
Nominativ			der	berühmt	ist.
Akkusativ	Das ist der	Mann,	den	ich gestern	gesehen habe.
Dativ			dem	ich einen Brief	geschickt habe.

neutral
Nominativ			das	berühmt	ist.
Akkusativ	Das ist das	Kind,	das	ich gestern	gesehen habe.
Dativ			dem	ich einen Brief	geschickt habe.

feminin
Nominativ			die	berühmt	ist.
Akkusativ	Das ist die	Frau,	die	ich gestern	gesehen habe.
Dativ			der	ich einen Brief	geschickt habe.

Plural
Nominativ		Männer,	die	berühmt	sind.
Akkusativ	Da sind die	Kinder,	die	ich gestern	gesehen habe.
Dativ		Frauen,	denen	ich einen Brief	geschickt habe.

▶ ÜG, 10.14

3 Gradpartikel

ziemlich • besonders • wirklich • echt • total •	langweilig / interessant
nicht so • nicht besonders • gar nicht • überhaupt nicht	

▶ ÜG, 7.03

Wichtige Wendungen

sich nach Personen erkundigen und diese beschreiben
Erinnerst du dich an ..., der/den/dem ... •
Kennst du ..., der/den/dem/...

etwas vorschlagen
Wir könnten doch ... • Wie wäre es, wenn ...? •
Lasst uns doch ... • Wir sollten ...

etwas ablehnen
Das möchte ich wirklich nicht. • Das kommt für
mich nicht infrage. • Das ist kein guter Vorschlag.

einen Gegenvorschlag machen
Ich würde (doch) lieber ... •
Ja, das ist schon möglich, aber ...

etwas begründen
Ich finde das besser, weil ... •
Das können wir schon, obwohl ... •
Das ist doch viel besser als ...

zustimmen
Einverstanden! • Genau! •
Natürlich! • Da hast du völlig recht. •
Das finde ich auch.

sich einigen
Gut, dann ... • Einverstanden! •
In Ordnung!

2 Tausendmal gehört ... Mein Lieblingssong

1   Sehen Sie die Fotos an. Von wann sind sie? Wie alt sind die Personen auf den Fotos? Warum liegen die Fotos auf dem Küchentisch? Was glauben Sie?

CD 1 38   2   Hören Sie das Gespräch. Wer spricht? Worüber sprechen die Personen? Erzählen Sie.

CD 1 39   3   Hören Sie jetzt das Lied *1000 und 1 Nacht* und singen Sie den Refrain mit.

4   Haben Sie einen Lieblingssong? Welche Personen und Erlebnisse verbinden Sie mit ihm? Erzählen Sie.

ZWISCHENSPIEL | www.hueber.de/schritte-plus

1000 und 1 Nacht
(Klaus Lage Band)

Du wolltest dir bloß den Abend vertreiben,
Und nicht grad allein geh'n und riefst bei mir an,
wir waren nur Freunde und wollten's auch bleiben,
ich dacht' nicht im Traum, dass was passieren kann.
Ich weiß nicht, wie ewig wir zwei uns schon kennen,
Deine Eltern sind mit meinen damals Kegeln gefahr'n,
wir blieben zu Haus, Du schliefst ein vorm Fernseh'n,
wir war'n wie Geschwister in all den Jahr'n.

Tausendmal berührt,
tausendmal ist nix passiert,
tausend und eine Nacht
und es hat Zoom gemacht.

Erinnerst Du Dich, wir ha'm Indianer gespielt,
und uns an Fasching in die Büsche versteckt,
was war eigentlich los, wir ha'm nie was gefühlt,
so eng nebeneinander und doch gar nix gecheckt.
War alles ganz logisch, wir kennen uns zu lange,
als dass aus uns noch mal irgendwas wird.
Ich wusst' wie Dein Haar riecht, und die silberne Spange
hatt' ich doch schon tausendmal beim Tanzen berührt.

Tausendmal ...

3 Gesund bleiben

FOLGE 3: BANDSCHEIBEN

1 Was passt? Ordnen Sie zu.

- die Schulter
- der Po
- der Oberkörper
- der Oberschenkel
- die Muskulatur
- die Bandscheibe
- der Nacken
- die Wirbelsäule

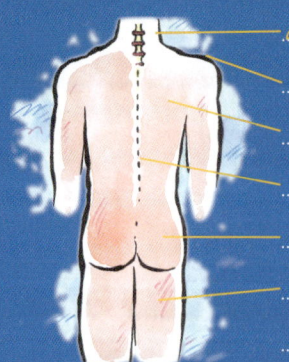

der Nacken

der Muskel – Alle Muskeln sind zusammen die Muskulatur.

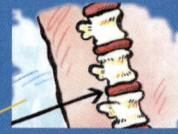

2 Sehen Sie die Fotos an. In welcher Reihenfolge passen die folgenden Wörter zur Geschichte?

☐ Krankengymnastin ☐ Küchentisch ☐ Oberkörper ☐ Rückenschmerzen ☐ Telefongespräch

1 40-47 **3** Sehen Sie die Fotos an und hören Sie.

4 Was passiert? Ordnen Sie die Sätze.

☐ Sie glaubt, dass es die Bandscheiben sind. Sie erzählt, dass sie von Beruf Krankengymnastin ist, und zeigt ihm eine Übung zur Entspannung der Rückenmuskulatur.

☐ Das Handy klingelt. Maja fragt Nasseer, wo er so lange bleibt. Nasseer erzählt, was er macht. Maja versteht überhaupt nichts mehr.

☐ Nasseer soll sich auf den Bauch legen und den Oberkörper nach unten hängen lassen. Also legt er sich auf den Küchentisch von Frau Bollmann. Plötzlich sind die Schmerzen weg.

☐ Nasseer will eine Pizza zu Frau Bollmann bringen. Plötzlich hat er starke Rückenschmerzen. Frau Bollmann sieht gleich, dass er Schmerzen hat.

5 Nasseer legt sich bei Frau Bollmann auf den Tisch. Wie finden Sie das?

dreiunddreißig **33** LEKTION 3

3 A Hören Sie auf den Rat **einer Spezialistin**.

A1 Tipps für Ihre Gesundheit

a Was passt? Ordnen Sie zu.

  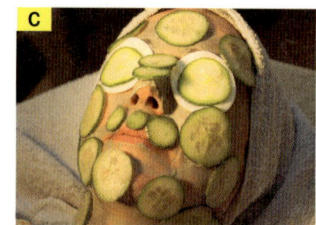

☐ Sie sitzen zu viel und haben zu wenig Bewegung? Hören Sie auf den Rat eines Fachmanns und machen Sie regelmäßig Gymnastik zur Kräftigung der Beine.

☐ Sie fühlen sich gestresst? Machen Sie eine Gurkenmaske, das ist gut für die Entspannung des Gesichts und die Pflege der Haut.

☐ Sie haben Rückenschmerzen? Hören Sie auf den Rat einer Spezialistin: Legen Sie sich auf einen Tisch und lassen Sie den Oberkörper hängen. – Das Wichtigste ist die Entspannung des Rückens. Das ist besser als die Einnahme eines Medikaments!

b Lesen Sie die Texte noch einmal, markieren Sie die Wörter wie im Beispiel und ergänzen Sie.

.... Rückens .... Fachmanns
.... Gesichts *eines* Medikaments *auch so:* kein-, mein-, ...
.... Haut .... Spezialistin
der Beine ⚠ **von** Medikamenten / mein**er** Medikamente

A2 Halten Sie sich fit!

a Was passt? Ordnen Sie zu und ergänzen Sie.

Machen Sie diese Übungen ...

☐ **... zur Dehnung** .... **Oberschenkelmuskels:**
– einen Fuß an den Po ziehen (der zweite Fuß steht fest auf dem Boden)
– mit dem anderen Bein wiederholen

☐ **... zur Dehnung** *der* **Brust:**
– einen Arm über den Kopf heben
– die Hand gegen die Hand .... Partners drücken

☐ **... zur Entspannung** .... **Augen:**
– das Gesicht in die offenen Hände legen
– tief atmen
– etwas Schönes träumen

☐ **... zur Entspannung** .... **Gesichts:**
– eine Grimasse schneiden
– die Stirn runzeln, die Nase hochziehen

> das Auge, -n
> die Brust
> das Gesicht, -er
> der Oberschenkelmuskel, -n

b Hören Sie und probieren Sie zu zweit die Übungen aus.

A3 Kennen Sie weitere Fitness- und Entspannungsübungen?

a Schreiben Sie und zeichnen Sie zu zweit eine kurze Anleitung wie in A2.
b Tauschen Sie Ihre Anleitung mit einem anderen Paar und probieren Sie die Übung aus.

zur Entspannung
des Rückens:
– locker stehen
– mit der Hüfte kreisen
–

Und was würden Sie mir empfehlen? B 3

B1 Hören Sie das Gespräch A noch einmal und spielen Sie dann weitere Gespräche (B, C).

A
● So jung und schon Bandscheibenprobleme? Dagegen müssen Sie unbedingt was tun!
▲ Ja, aber was? Können Sie mir einen Rat geben? Kennen Sie vielleicht ein gutes Medikament?
● Oh, oh. Passen Sie bloß mit Medikamenten auf. Damit habe ich nur schlechte Erfahrungen gemacht.
▲ Und was würden Sie mir empfehlen?
● …

die Tabletten ● der Saft ●
der Kräutertee ●
die Tropfen ● die Salbe ●
der Umschlag ●
die Entspannungsübung ● …

B
■ Du hast Kopfschmerzen? Dagegen musst du unbedingt etwas tun!
▼ Ja, aber was? Was kannst du mir empfehlen?
■ Ich kenne … Damit habe ich sehr gute Erfahrungen gemacht.

C
▼ Oje, Ihr Hals tut weh? Dagegen …
■ Ja, aber was? Können Sie mir was raten?
▼ Ich empfehle/rate Ihnen … / Ich würde an Ihrer Stelle … / Es ist am besten, Sie … / Du solltest …

B2 Radiosendung: Die Gesundheitssprechstunde

a Hören Sie den Anfang des Gesprächs. Was ist das Thema? Kreuzen Sie an.
☐ Krankenversicherung ☐ Rückenschmerzen ☐ Gesunde Ernährung

b Hören Sie das Gespräch weiter. Machen Sie Notizen zu den Fragen. Vergleichen Sie dann die Antworten im Kurs.
1 Wie alt ist sie? ....
2 Was arbeitet sie? ....
3 Seit wann hat sie die Schmerzen? ....
4 Wie bekommt man einen „Hexenschuss"? ....

B3 Hören Sie nun das ganze Gespräch. Was ist richtig? Kreuzen Sie an. Es können mehrere Antworten richtig sein.

a Was empfiehlt Dr. Wirt Frau Müller?
☐ einen Besuch beim Orthopäden ☐ ein Schmerzmittel ☐ Krankengymnastik

b Bezahlt die Krankenkasse die Kosten für diese Behandlung?
☐ Ja, zu 100%. ☐ Nein. ☐ Ja, aber nur einen Teil.

c Was schlägt Dr. Wirt Frau Müller vor, falls ihre Schmerzen nicht weggehen?
☐ sehr viel Sport ☐ eine spezielle Untersuchung ☐ eine Spritze

d Wie lange dauert eine Kernspintomografie normalerweise?
☐ eine knappe halbe Stunde ☐ etwa eine Stunde ☐ ca. 90 Minuten

e Was empfiehlt Dr. Wirt Frau Müller für die Arbeit?
☐ regelmäßige Pausen ☐ einen neuen Bürostuhl ☐ spezielle Übungen

f Wo kann Frau Müller Informationen bekommen?
☐ bei der Krankenkasse ☐ beim Arzt ☐ in der Apotheke

B4 Kennen Sie auch „Hausmittel" gegen Rückenschmerzen oder gegen andere Beschwerden? Geben Sie Ihrer Partnerin / Ihrem Partner Tipps.

> Man kann z.B. Kartoffeln kochen und in ein Tuch wickeln. Dann muss man … Das hilft bei …

fünfunddreißig 35 LEKTION 3

3 C ... und am Ende **werden** Sie dann trotzdem **operiert**.

C1 Ergänzen Sie.

wird ... geröntgt • werden ... gerufen • wird ... gemacht • werden ... operiert

   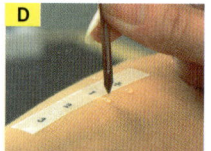

A Und es hilft auch nichts ... und am Ende *werden* Sie dann trotzdem *operiert* .

B Warten Sie bitte einen Augenblick, Sie .... gleich ....

C So, nun .... Ihr Arm .... – und dann wissen wir mehr.

D So, und jetzt .... ein Allergietest ....

C2 Allergien

Auf welche Stoffe kann man allergisch reagieren? Was sind die Reaktionen? Ordnen Sie zu.

> **Wiederholung**
> Sie **werden operiert**.
> Ihr Arm **wird geröntgt**.

☐ *Ursache:* bestimmte Nahrungsmittel
  Reaktion: Jucken der Haut, Hautausschlag

☐ *Ursache:* Tierhaare
  Reaktion: Jucken der Haut, Tränen der Augen, Niesen, Husten, Atemnot

☐ *Ursache:* Staub
  Reaktion: Niesen, Husten, Atemnot

☐ *Ursache:* Pollen
  Reaktion: Jucken der Nase, Niesen

> **Pollen**, *der -s, -*: der feine Staub einer Blüte, der in der Luft ist

C3 Lesen Sie die Fragen und unterstreichen Sie die Antworten im Text in drei Farben.

Was ist ein Prick-Test?   Was sind Allergene?   Was wird bei einem Prick-Test gemacht?

Reagieren Sie vielleicht allergisch?
Lassen Sie sich testen!

Ihre Augen jucken und tränen, Ihre Nase läuft ...
Ist es nur eine Erkältung – oder vielleicht doch eine Allergie?

Dr. med. Klaus Bohling, Facharzt für Hautkrankheiten und Allergien

Was können Sie tun? Wir raten Ihnen: Lassen Sie sich einmal untersuchen: Allergien können nämlich mit einem sogenannten Prick-Test nachgewiesen werden. Durch diesen Test kann heutzutage festgestellt werden, auf welche Stoffe Sie allergisch reagieren. Diese Stoffe werden Allergene genannt. Das können z. B. Gräser, Blütenpollen, Staub, Tierhaare oder Nahrungsmittel sein. Bei dem Prick-Test werden die Allergene auf Ihre Haut gebracht. Wenn Sie allergisch sind, wird Ihre Haut an dieser Stelle rot und juckt. Sollte das bei Ihnen der Fall sein, so muss in einem anschließenden Gespräch mit dem Arzt über Lösungen nachgedacht werden. Es gibt dabei verschiedene Möglichkeiten.

C4 Lesen Sie noch einmal und ergänzen Sie.

a Allergien .... nämlich mit einem sogenannten Prick-Test ....

b Durch diesen Test .... heutzutage .... , auf welche Stoffe Sie allergisch reagieren.

c Diese Stoffe .... Allergene ....

d Bei dem Prick-Test .... diese Allergene auf Ihre Haut ....

e So .... in einem anschließenden Gespräch mit dem Arzt über Lösungen ....

Allergien **können** mit einem sogenannten Prick-Test **nachgewiesen werden**.
auch so: müssen, dürfen, wollen, sollen

> **Schon fertig?**
> Finden Sie 10 Wörter zum Thema „Gesundheit".

C5 Hören Sie und variieren Sie.

Varianten:

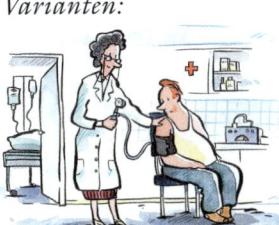

der Blutdruck – messen

das Gewicht – prüfen

■ So, wir **röntgen** jetzt **Ihr Knie**.
◆ Habe ich Sie richtig verstanden – **mein Knie** muss **geröntgt werden**?
■ Ja, genau.

die Herztöne – abhören

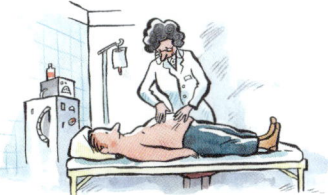

der Bauch – untersuchen

C6 Was muss noch alles gemacht werden? Schreiben Sie mindestens fünf Sätze.

Zwei Patienten müssen noch behandelt
Die Blumen

> **Schon fertig?**
> Was muss in der Küche, im Hotel, im Garten, im Bad … gemacht werden?

3 D Vorsorge

D1 Lesen Sie die Angebote und schreiben Sie eine passende Überschrift.

A ....

Wer schon einmal versucht hat, sich allein von der Nikotinsucht zu befreien, der weiß, wie schwer das ist. Kaum jemand weiß aber, dass es auch ganz einfach sein kann: Von heute auf morgen können auch Sie vom Raucher zum Nichtraucher werden. Mit einer Kombination aus Verhaltenstherapie und Hypnose ist das Aufhören ganz einfach. Absolut wichtig ist dazu aber der eigene Wille: „Ich werde Nichtraucher."

Sybille Schwarz, Dipl.-Psych.
Termin: Sonntag, 15.02., 10.00–17.00 Uhr **Ort:** Schule am Galgenbachweg, vhs-Eingang, Raum 41

Therapie, die -, -n: alle Maßnahmen zur Heilung einer bestimmten Krankheit

B ....

Sehr geehrte Mitarbeiter und Mitarbeiterinnen,

ab sofort können Sie sich wieder gegen Grippe (Influenza) impfen lassen.
Eine Impfung empfehlen wir besonders älteren Menschen (über 60 Jahre), chronisch Kranken und Mitarbeitern, die besonders viel Kontakt zu anderen Menschen haben. Die Grippeschutzimpfung findet am Mittwoch, den 1. Oktober statt (von 8.30 Uhr bis 13.00 Uhr im Hauptgebäude, Zimmer 136 im Erdgeschoss). Eine Anmeldung ist nicht nötig.
Bringen Sie bitte Ihren Impfpass mit.

Dr. med. Jürgen Bihler, Betriebsarzt

Impfung, die -, -en: Schutz gegen eine Krankheit; Medikament wird geschluckt oder gespritzt;
impfen v tr.; Impfung geben

C ....

Sehr geehrte Patientinnen und Patienten,

ab März bieten wir einen Kurs für alle an, die sich für die Prävention und die Behandlung von **Rückenschmerzen** interessieren. Teilnehmen kann jeder, der Rückenprobleme hat oder sich davor schützen möchte. In diesem Kurs machen wir Kräftigungs- und Entspannungsübungen. Außerdem lernen wir, was wir bei der Arbeit und im Alltag beachten müssen, um den Rücken zu schonen.

Anmeldung am Empfang oder telefonisch.
10 Stunden, Donnerstag, 9–10 Uhr,
80 Euro
Leitung: Bettina Süß, **Physiotherapeutin**
Die meisten Krankenkassen übernehmen einen Teil der Kosten.
Bitte fragen Sie bei Ihrer Krankenkasse.

Prävention die, -en: eine Maßnahme zur Vermeidung einer Krankheit

D ....

 ### Der erfolgreiche Weg zum Wunschgewicht

- **Dauerhaft:** Nehmen Sie dauerhaft und gesund ab. Die AOK zeigt Ihnen den erfolgreichen Weg zu Ihrem Wunschgewicht.
- **Esslust:** Schlank werden ohne Hungerdiäten – während dieses Programms essen Sie sich immer satt. Und das Essen bleibt ein Genuss.
- **Individuell:** Unsere Experten betreuen Sie ganz individuell. Mit Briefen oder E-Mails, einer Telefon-Hotline, einem Forum und (auf Wunsch) SMS-Botschaften werden Sie von ihnen beraten.
- **Alltagstauglich:** Das Programm passt sich Ihrer Lebenssituation an, nicht umgekehrt. Arbeitsplatz, Familie, Party – „Abnehmen mit Genuss" funktioniert immer und überall.

Machen Sie mit und melden Sie sich an.
Im Internet finden Sie weitere Informationen
unter www.abnehmen-mit-genuss.de

D2 Welches Angebot aus D1 haben die Leute gelesen? Hören Sie und ordnen Sie zu.

D3 Was tun Sie zur Vorsorge? Lesen Sie den Fragebogen. Machen Sie dann ein Interview mit Ihrer Partnerin / Ihrem Partner.

Vorsorgemaßnahmen	regelmäßig/ meistens	manchmal	selten	nie
Nehmen Sie sich Zeit zum Essen?				
Ernähren Sie sich gesund (Obst, Gemüse, wenig Fett)?				
Trinken Sie Mineralwasser, Tees oder Fruchtsäfte?				
Gehen Sie zu Vorsorgeuntersuchungen?				
Lassen Sie sich impfen?				
Schlafen Sie ausreichend?				
Machen Sie Entspannungsübungen?				
Treiben Sie Sport?				

D4 Machen Sie eine Kursstatistik: Wie gesund lebt unser Kurs?

die **Hälfte** des Kurses
ein **Drittel** der Gruppe
ein **Viertel** der Teilnehmer

▶ **Über eine Statistik sprechen**
*Die Hälfte unserer Gruppe achtet meistens darauf, dass …
Drei Viertel unseres Kurses macht regelmäßig …
Ein Drittel der Kursteilnehmer … manchmal …
Die meisten von uns … nur selten …
Alle in unserem Kurs …
Zwei … grundsätzlich nie …*

D5 Was tun Sie für Ihre Gesundheit? Erzählen Sie.

Ich trinke mindestens einen Liter Tee am Tag. Ich habe nämlich gehört, dass Trinken sehr wichtig für den Körper und auch für den Kreislauf ist.

Und ich esse morgens immer Magerquark mit Früchten. Das hat Vitamine und ist gesund.

Ich gehe regelmäßig joggen. Ich trainiere, damit meine Kondition besser wird.

3 E Hilfe für Ihre Gesundheit

E1 Krank – und nun?
Welcher Arzt kann Ihnen bei diesen Beschwerden helfen? Ordnen Sie zu.

Sie leiden unter ...   Wer hilft? Ein ...
1 Grippe   a Orthopäde
2 Bienenallergie   b HNO-Arzt
3 Asthma   c Arzt für Allgemeinmedizin
4 Nackenschmerzen   d Dermatologe/Allergologe
5 Magenschmerzen   e Augenarzt
6 Kurzsichtigkeit   f Facharzt für Inneres
7 Herzrhythmus-Störungen   g Kardiologe

E2 Sie haben Nackenschmerzen und gehen zum Orthopäden. Er empfiehlt Ihnen ein Wärmepflaster. Zu Hause lesen Sie die Packungsbeilage.

a Was bedeuten die Begriffe? Ordnen Sie zu.

a Anwendungsgebiete   1 Wie lange sollten Sie das Medikament anwenden?
b Wirkungsweise   2 Wie sollten Sie das Medikament anwenden?
c Nebenwirkungen   3 Wo und wie sollten Sie das Arzneimittel aufbewahren?
d Aufbewahrung   4 Welche unerwünschten Reaktionen kann der Körper zeigen?
e Gegenanzeigen   5 Bei welchen Beschwerden soll man das Arzneimittel nehmen?
f Dauer der Anwendung   6 Was spricht gegen eine Anwendung?
g Art der Anwendung   7 Wie wirken die Inhaltsstoffe?

a	b	c	d	e	f	g
				6		

b Was passt? Lesen Sie die Packungsbeilage und ergänzen Sie die Begriffe aus a.

> **Wärmepflaster Capsicum 123**
> **Anwendungshinweise**
>
> _Anwendungsgebiete_
> Muskelschmerzen (Myalgien) z.B. Verspannungen, Zerrungen, Entzündungen der Muskeln. Nur zur äußerlichen Anwendung.
>
> ....
> Jugendliche ab 12 Jahren und Erwachsene verwenden ein Pflaster pro Tag. Kleben Sie es auf eine saubere, trockene Hautstelle. Vorsicht: Nicht auf offene Wunden kleben. Waschen Sie sich nach der Anwendung die Hände.
>
> ....
> Das Arzneimittel sollte 4-12 Stunden auf der Hautstelle bleiben. Ohne ärztlichen Rat sollten Sie es nicht länger als 3 Wochen anwenden.
>
> ....
> - Überempfindlichkeit gegen die Inhaltsstoffe
> - Offene Verletzungen, Entzündungen der Haut und Ekzeme. Es kann Arzneimittel geben, die zu Wechselwirkungen führen.
>
> ....
> Selten kann es zu Überempfindlichkeitsreaktionen kommen (z.B. Hautirritationen). Bemerken Sie eine Veränderung, wenden Sie sich bitte an Ihren Arzt oder Apotheker.
>
> ....
> Das Arzneimittel muss vor Hitze geschützt aufbewahrt werden. Es darf nach Anbruch höchstens 3 Monate verwendet werden!
>
> ....
> Der Inhaltsstoff Capsaicin entstammt der Pflanze Cayennepfeffer. Auf diese Substanz reagiert die Haut mit Brennen und erwärmt sich.

c Kreuzen Sie an: Richtig oder falsch?   richtig falsch
1 Das Wärmepflaster ist auch für Kleinkinder geeignet. ☐ ☐
2 Wenn die Schmerzen nach drei Wochen nicht besser werden, sollte man zum Arzt gehen. ☐ ☐
3 Das Arzneimittel ist vollkommen ungefährlich. ☐ ☐
4 In wenigen Fällen kann die Haut empfindlich reagieren. ☐ ☐
5 Man sollte die Verpackung kühl lagern. ☐ ☐
6 Das Arzneimittel ist pflanzlich. ☐ ☐

E3 Was kann man gegen Nackenschmerzen tun?
Welche Behandlungsmethoden kennen Sie? Sprechen Sie im Kurs.

Akupunktur •
Krankengymnastik •
Operation •
Massage • ...

Ich habe gehört/gelesen, dass ... gut helfen soll. ... kann ich nur empfehlen.
Mit ... habe ich (nur) gute/schlechte Erfahrungen gemacht. ... soll wirklich gut sein.

Kennt jemand von euch/Ihnen ...?
Hat jemand von euch/Ihnen schon mal ... gemacht?

Grammatik

1 Genitiv

		Genitiv	
		mit bestimmtem Artikel	mit unbestimmtem Artikel / Possessivartikel
Singular	maskulin	**des** Rückens	ein**es** / mein**es** Fachmanns
	neutral	**des** Gesichts	ein**es** / mein**es** Medikaments
	feminin	**der** Haut	ein**er** / mein**er** Spezialistin
Plural		**der** Beine	**von** Medikamenten / mein**er** Beine

auch so: dein-, sein-, ihr-, unser-, euer-, kein-

▶ ÜG, 1.03, 2.01, 2.04

2 Wiederholung von Passiv: Präsens

ich	werde	
du	wirst	
er/es/sie	wird	**gerufen**
wir	werden	
ihr	werdet	
sie/Sie	werden	

▶ ÜG, 5.13

3 Passiv Präsens mit Modalverb

		Position 2	
Passiv Präsens		wird	... geröntgt.
Passiv Präsens mit Modalverb	Er / Es / Sie	muss	... geröntgt werden.

▶ ÜG, 5.14

Wichtige Wendungen

einen Rat suchen

Können Sie mir einen Rat geben? • Kennen Sie vielleicht ein gutes Medikament? • Was können / würden Sie mir empfehlen/raten? • Kennt jemand von euch/Ihnen …? • Hat jemand von euch/Ihnen schon mal gemacht?

einen Vorgang beschreiben

(Das) … wird … gemacht / … •
(Das) … muss / kann / soll / darf gemacht / … werden.

etwas empfehlen / einen Rat geben

Dagegen müssen Sie unbedingt was tun! •
Mit … habe ich (nur) gute / schlechte Erfahrungen gemacht. • Es ist / wäre am besten, Sie … • Ich würde an Ihrer Stelle … • Ich empfehle/ rate Ihnen … • Sie sollten … • Ich habe gehört/ gelesen, dass … gut helfen soll. • … kann ich nur empfehlen. • … soll wirklich gut sein. •

über eine Statistik sprechen

Die Hälfte unserer Gruppe … •
Drei Viertel unseres Kurses … •
Ein Drittel der Kursteilnehmer … •
Die meisten von uns … nur selten … •
Alle in unserem Kurs … •
Zwei … grundsätzlich nie … •

3 Lachen ist gesund

Haben Sie schon mal fünf oder zehn Minuten lang richtig herzlich gelacht? Dann kennen Sie bestimmt dieses tolle Gefühl danach: Man ist entspannt, man fühlt sich wohl, der Stress ist weg und so manches Problem erscheint plötzlich nicht mehr so groß wie zuvor. Man fühlt sich so ähnlich wie nach einer Stunde Joggen, einer warmen Dusche und einer schönen Tasse Tee. Wissenschaftler haben entdeckt, dass häufiges Lachen unserem Körper und unserer Psyche oft besser hilft als Medikamente. Wirklich neu ist diese Information aber nicht. Schon ein altes deutsches Sprichwort sagt ja: „Lachen ist die beste Medizin." Damit diese ‚Medizin' auch richtig gut wirken kann, sollte man möglichst oft und lange lachen. Dabei ist es gar nicht so wichtig, warum man lacht. Hauptsache, man lacht von ganzem Herzen. An dieser Stelle ein Tipp: Ein paar gute Witze können ein prima Start ins gemeinsame Lachen sein.

Wussten Sie schon, ...

... dass Kinder etwa 400-mal pro Tag lachen, Erwachsene aber nur 15-mal?
... dass 2 Minuten Lachen so gesund sind, wie 20 Minuten Joggen?
... dass durchs Lachen Stoffe im Körper entstehen, die glücklich machen?
... dass Babys ihre Mütter in den ersten sechs Monaten bis zu 30.000-mal anlächeln?

---

1 **Lesen Sie den Text oben.**
  a Worüber können Sie am meisten lachen? Was finden Sie besonders lustig? Erzählen Sie.
  b Haben Sie schon mal ganz lange und laut gelacht? Warum? Erzählen Sie.

2 **Lesen Sie jetzt die Witze.**
  a Welcher Witz gefällt Ihnen am besten?
  b Sicher kennen Sie selbst auch Witze. Erzählen Sie doch mal!
  c Es gibt sehr viele „Treffen sich"-Witze. Kennen Sie auch einen? Erzählen Sie ihn.

ZWISCHENSPIEL | www.hueber.de/schritte-plus

Eine Frau geht spätabends mit ihrem Hund spazieren. Da kommt ein Mann aus einer Kneipe. Er ist betrunken und kann kaum noch gehen. Erstaunt sieht die Frau, dass er mit einer Hand über die Dächer der geparkten Autos streicht. Neugierig fragt sie: „Was machen Sie denn da?"
Er antwortet: „Ich suche mein Auto."
„Na, so werden Sie es aber nie finden!"
„Doch, auf meinem ist oben ein Blaulicht drauf."

„Warum haben Elefanten rote Augen?"
„Weiß ich nicht. Sag schon!"
„Das ist ein Trick, damit sie sich besser in Kirschbäumen verstecken können."
„Pah! So ein Quatsch! Ich habe noch nie einen Elefanten in einem Kirschbaum gesehen!"
„Da siehst du mal, wie gut der Trick funktioniert!"

Eine Frau brät ein Spiegelei.
Da kommt ihr Mann in die Küche und ruft: „Hey, was machst du? Pass doch auf! Mehr Butter! Du brauchst mehr Butter! Es wird noch anbrennen! Achtung! Umdrehen jetzt! Umdrehen! Los! Oh mein Gott! Pass doch auf! Das Salz! Vergiss nicht das Salz!"
Die Frau: „Was soll das? Ich weiß selbst, wie man Spiegeleier macht!"
Der Mann: „Und jetzt weißt du auch, wie es mir geht, wenn du beim Autofahren neben mir sitzt!"

„Treffen sich"-Witze

Treffen sich zwei Kühe. Sagt die eine: „Muh!"
Denkt die andere: „Genau das wollte ich auch grad sagen."

Treffen sich zwei Erbsen im Flur.
Sagt die eine: „Pass auf, da kommt eine Trepp-pe-pe-pe-pe-pe!"

Treffen sich zwei Spaziergänger in der Wüste. Fragt der eine:
„Warum hast du eine Telefonzelle dabei?" Antwortet der andere:
„Ganz einfach: Wenn ein Löwe kommt, gehe ich rein und mache die Tür zu. Und warum trägst du so einen schweren Stein?" – „Ganz einfach", sagt der erste, „den werfe ich weg, wenn ein Löwe kommt. Dann kann ich schneller laufen."

Treffen sich zwei Augen und zwei Füße an der Bushaltestelle.
Sie warten und warten, aber der Bus kommt nicht.
Da sagen die Augen: „Wenn er nicht bald kommt, gehen wir!"
Antworten die Füße: „Na, das möchten wir sehen!"

4 Sprachen

FOLGE 4: *GÖHRESCHDASE?*

1 In welchen Straßennamen finden Sie Planeten? Kreuzen Sie an.

☐ Jupiterstraße ☐ Königstraße ☐ Göttinger Straße
☐ Goethestraße ☐ Merkurstraße ☐ Marsstraße
☐ Venusstraße

2 Sehen Sie die Fotos an.
a Fotos 1–2: Was ist Nasseers Problem? Was meinen Sie?
b Fotos 3–4: Was antwortet der Mann? Was meinen Sie? Spielen Sie einen Dialog.

   Entschuldigen Sie bitte, …   Ja, natürlich, kein Problem. …

3 Sehen Sie die Fotos an und hören Sie.

4 Ergänzen Sie.
a Nasseer findet die Marsstraße nicht, weil …
b Nasseer fragt …
c Nasseer versteht den Mann sehr schlecht, weil …
d Nasseer glaubt, dass die Marsstraße in der Nähe sein muss, weil …
e Der Mann fährt zusammen mit Nasseer in die Marsstraße, weil …

5 Haben Sie eine ähnliche Situation auch schon einmal erlebt? Erzählen Sie.

Ja, so etwas Ähnliches ist mir schon öfter passiert. Viele Leute sprechen einfach zu schnell. Einmal zum Beispiel …

Mein Problem ist, dass meine Kollegen alle Dialekt sprechen und oft …

fünfundvierzig 45 LEKTION 4

4 A Wenn Sie etwas deutlicher sprechen würden, könnte ich Sie besser verstehen.

A1 Ordnen Sie zu.

a Wenn Sie etwas deutlicher sprechen würden, würde ich sie Ihnen schenken.
b Wenn mein Stadtplan nicht kaputt wäre, könnte ich Sie besser verstehen.
c Wenn Sie nicht so erkältet wären, müsste ich Sie nicht nach dem Weg fragen.
d Wenn ich Halstabletten dabei hätte, dann könnte ich mich mit Ihnen unterhalten.

Wenn Sie etwas deutlicher **sprechen würden**, (dann) **könnte** ich Sie besser **verstehen**.

Wiederholung
ich spreche → ich würde … sprechen
ich habe → ich hätte
ich bin → ich wäre
ich kann → ich könnte

A2 Was denkt Herr Böhmke? Ergänzen Sie.

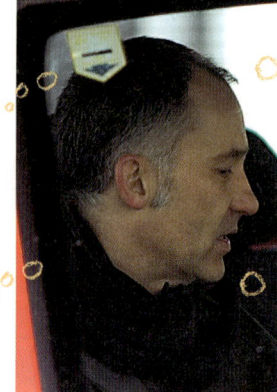

A Wenn ich nicht erkältet .... (sein), ..könnte.... (können) ich mich jetzt mit ihm unterhalten.

B Wenn ich seinen Job .... (haben), ... ich den ganzen Tag Pizza .... (essen).

C Wenn ich mit ihm reden .... (können), ... ich mit ihm über sein Heimatland .... (sprechen).

D Wenn ich sein Auto .... (haben), ... ich damit in den Urlaub .... (fahren) und darin .... (übernachten).

A3 Was würden Sie machen, wenn …? Fragen und antworten Sie.

- eine Reise nach Berlin gewinnen
- Deutschlehrer/in sein
- etwas an der deutschen Sprache ändern können
- 20 Sprachen fließend sprechen können
- Lehrbuchautor/in sein
- …

Was würdest du machen, wenn du 20 Sprachen fließend sprechen könntest?

Wenn ich 20 Sprachen sprechen könnte, würde ich als Diplomatin arbeiten.

A4 Was wäre, wenn …

Arbeiten Sie in kleinen Gruppen. Schreiben Sie einen Text. Stellen Sie ihn dann im Kurs vor.

Was wäre, wenn …
- Lehrer Schüler wären
- Katzen Mäuse wären
- Kinder Erwachsene wären
- …

Wenn Lehrer Schüler wären, …
Wenn sie in die Schule gehen würden, müssten sie Sprachen lernen.
Wenn sie Sprachen lernen würden, müssten sie Hausaufgaben machen.
Wenn sie Hausaufgaben machen würden, hätten sie gute Noten.

Wenn Katzen Mäuse wären, …
Wenn Katzen Mäuse wären, würden sie tanzen.
Wenn Katzen Mäuse wären, hätten sie Appetit auf Käse.

Meinen Sie damit, dass ich ...

B 4

B1 Ergänzen Sie die Gespräche. Hören Sie dann noch einmal und vergleichen Sie.

Meinen Sie damit • Ach so • können Sie mir sagen, wo hier die Marsstraße ist • Wie bitte • Ach! Goethestraße

a
▲ Entschuldigung, ...
....?
● *Dumilein ... Kannischpän.*
▲ ....?
● *Kannischpän.*
▲ ....!
  Sie können nicht sprechen.
● Genau.

b
● Göhreschdase!
▲ *Göreschtase?*
● Neinn! Göööhhdeschdase!
▲ ....!
● Haa ... *üwä* die *Göhreschtase*
▲ ....,
  dass ich auf die andere Seite der Goethestraße fahren soll?
● Ja.

B2 Schwierige Gespräche.

a Was ist richtig? Hören Sie und kreuzen Sie an.

1. ☐ Die Frau versteht ein kompliziertes Wort nicht. Der Beamte versteht das Problem nicht.
   ☐ Die Frau möchte mit dem Beamten sprechen. Der Beamte möchte das aber nicht.
2. ☐ Der Mann spricht sehr undeutlich. Deshalb kann die Frau ihm nicht weiterhelfen.
   ☐ Die beiden wollen einen Termin vereinbaren. Das ist schwierig, aber es klappt am Ende doch.

b Hören Sie noch einmal. Ergänzen Sie die Redemittel.

... etwas nicht (ganz) verstanden haben:	... um Wiederholung bitten:	... zurückfragen, ob man richtig verstanden hat:
Das letzte Wort habe ich	*Sie sprechen so schnell –* ....?	*Bedeutet das, dass ich* ....?
Tut mir leid, aber ich	*Könnten Sie* ....?	*Entschuldigung, meinten Sie* ....?

c Spielen Sie Gespräche.

Vereinbaren Sie einen Termin mit ... Fragen Sie nach, wenn Sie etwas nicht verstehen.	Machen Sie einen Terminvorschlag. Sprechen Sie sehr schnell.
Fragen Sie, wo ... ist. Fragen Sie nach, wenn Sie etwas nicht verstehen.	Erklären Sie den Weg. Sprechen Sie undeutlich.

B3 Kommunikation ohne Worte. Was bedeuten diese Gesten? Ordnen Sie zu.

1 Ach so! Jetzt habe ich's verstanden! • 2 Kommen Sie doch her! • 3 Keine Ahnung! Ich weiß es nicht! • 4 Das ist ja super! • 5 WAS?! • 6 Bitte sprechen Sie langsamer!

☒3 A ☐ B ☐ C ☐ D ☐ E ☐ F

B4 Spiel: Pantomime

Spielen Sie eine typische Geste aus Ihrem Heimatland. Die anderen raten, was sie bedeutet.

▲ Die Geste habe ich noch nie gesehen! Die kenne ich nicht.
■ Bedeutet das, dass es heiß ist?
● Bei uns heißt das, dass man gerade noch mal Glück gehabt hat.
■ Ach so! Du meinst, dass man das macht, wenn ...?

4 C Darum denke ich mir, dass die Marsstraße hier irgendwo sein muss.

C1 Was könnte man noch sagen? Kreuzen Sie an.

> Und da hinten sind die Merkurstraße und die Venusstraße. Der Mars ist doch auch ein Planet, nicht wahr? *Darum* denke ich mir, dass die Marsstraße hier irgendwo sein muss.

☐ *Trotzdem* denke ich, …   ☐ *Deshalb* denke ich, …

C2 Eine Umfrage im Radio

a Hören Sie den Anfang einer Radiosendung. Was ist das Thema? Kreuzen Sie an.
☐ Die Europäische Union   ☐ Fremdsprachen lernen – warum?   ☐ Schule und Sprache

b Hören Sie die ganze Sendung. Wer lernt welche Sprache?

 A
 B
 C
 D

A ....
B ....
C ....
D ....

c Hören Sie noch einmal. Welche Aussage passt zu wem? Ordnen Sie die Personen aus b zu.

☐ Sehr gute Sprachkenntnisse brauche ich für meinen Beruf. Deswegen besuche ich diesen Kurs.
☐ Wenn man in den Urlaub fährt, möchte man auch mit den Leuten dort sprechen können.
☐ Wegen meines Freundes, ich möchte seine Sprache unbedingt lernen.
☐ Ich möchte ein Praktikum in der Türkei machen. Daher lerne ich die Sprache.
☒ In dem Sprachkurs lernt man auch, wie die Menschen leben und denken. Auch aus diesem Grund sind wir mit dem Kurs zufrieden.

Warum? Wieso? Weshalb? Weswegen?
darum
daher   = deshalb
deswegen
aus diesem Grund

| wegen | des Freundes
eines Praktikums
meiner Freundin
der Menschen |

Das hören Sie auch oft:
wegen **dem/einem** Freund

C3 Machen Sie Notizen und erzählen Sie.

- Wieso lernen Sie Deutsch?
- Haben Sie schon andere Fremdsprachen gelernt? Wo? Weshalb?
- Welche Sprachen würden Sie noch gern lernen? Warum?

> Deutsch
> Kinder

> Französisch
> Pflicht

> Deutsch
> Prüfung
> Arbeit

> Ich lerne wegen meiner Kinder Deutsch. Sie gehen hier in die Schule und …

> Ich komme aus Marokko. Und bei uns in der Schule war Französisch Pflicht, darum habe ich Französisch gelernt.

> Ich möchte in Deutsch gern die Prüfung machen, weil ich dann leichter eine Arbeit finde.

C4 Fremdsprachen lernen – aber wie?

a Lesen Sie die Überschrift in b und schauen Sie sich die Zeichnungen an. Worum geht es in diesem Text? Was meinen Sie?

b Lesen Sie nun den Text und lösen Sie das Quiz. Vergleichen Sie Ihre Ergebnisse im Kurs.

Wie lernen wir eigentlich Fremdsprachen? Lösen Sie unser Quiz!

Fremdsprachen lernen, ja klar! Aber wie? Es gibt viele Wege, eine Sprache zu lernen. Und: Es gibt keinen richtigen oder falschen Weg. Wichtig ist nur, dass jeder erkennt, welche Methode für ihn selbst am besten funktioniert. Doch was sind das für Methoden? Wir haben für Sie einige „Lerntypen" gezeichnet. Erkennen Sie, wie die Leute lernen? Dann ordnen Sie die Aussagen unten den Lerntypen zu.

- ☐ Ich muss immer erst genau verstehen, wie die Sprache funktioniert. Dann kann ich auch etwas sagen.
- ☐ Für mich ist das Hören der Sprache besonders wichtig. Was ich oft höre, das kann ich dann auch verstehen und sprechen.
- ☐ Ich muss die Dinge fühlen und – am allerwichtigsten – in die Hand nehmen, dann kann ich es mir besser merken.
- ☐ Ich muss vor allen Dingen sprechen – das ist total wichtig für mich. Dabei lerne ich eigentlich alles automatisch.
- ☐ Mir helfen Farben und Symbole beim Lernen. Ich stelle mir zum Beispiel ein neues Wort in einer bestimmten Farbe vor – und dann kann ich es auch.

c Konnten Sie unser kleines Quiz lösen? Vergleichen Sie mit der Lösung auf Seite 53.

C5 Welcher Lerntyp ist Ihnen ähnlich? Wie lernen Sie am liebsten? Sprechen Sie.

> Also, so genau kann ich das gar nicht sagen. Ich mache gern Grammatikübungen. Ich höre aber auch viel Radio. Ich bin dann wohl Lerntyp A und Lerntyp C.

> Ich weiß gar nicht, Manches habe ich noch gar nicht ausprobiert. Vielleicht bin ich Lerntyp D.

C6 Plakat mit Lerntipps

a Schreiben Sie Ihren persönlichen Lerntipp auf einen Zettel.

Vokabelkarten machen   Radio hören

> Ich mache Vokabelkarten. Ich schreibe jedes neue Wort auf ein Karteikärtchen. Auf die Rückseite schreibe ich immer die Übersetzung und ich schreibe auch immer einen Satz dazu.

b Hängen Sie Ihren Lerntipp an ein Plakat und stellen Sie ihn im Kurs vor. Erklären Sie: Was ist wichtig? Warum ist das wichtig?

Wichtigkeit ausdrücken	Meinung begründen
Ich finde es total wichtig, dass …	…, weil …
Für mich ist … wichtig, weil …	…, denn …
Am allerwichtigsten ist …	Deshalb / Deswegen / Darum / Daher …,

4 D In zwei Sprachen leben

D1 Welches Zitat gefällt Ihnen am besten? Warum?

„Sprache ist die Musik des Denkens."

„Sprache ist ein Stück Heimat – überall auf der Welt."

„Mit jeder neu gelernten Sprache bekommst du eine neue Seele."

D2 Lesen Sie die Informationen über die Autorin und einen Auszug aus ihrem Buch.

Die Journalistin Hatice Akyün wurde in der Türkei geboren und kam als kleines Kind mit ihrer Familie nach Deutschland. In ihrem Buch „Einmal Hans mit scharfer Soße: Leben in zwei Welten" erzählt sie von ihrem Leben als junge Türkin in Deutschland.

Schon damals hörte ich oft den Satz: „Sie sprechen aber gut Deutsch." Anfangs bedankte ich mich noch für das Kompliment, aber allmählich ging mir der Satz auf die Nerven. Was ist denn so merkwürdig daran, dass eine junge Frau, die seit über dreißig Jahren in Deutschland lebt, Dativ und Genitiv korrekt verwenden kann und auch noch den richtigen Artikel vor ein Substantiv stellt? „Danke, Sie aber auch!" war meine bevorzugte Antwort. [...]
Andererseits leben meine Eltern ebenso lange wie ich in Deutschland, sprechen aber kaum Deutsch. Wenn ich meine Mutter frage, warum sie kein Deutsch gelernt hat, legt sie die Stirn in Falten und sagt unwillig: „Sechs Kinder habe ich großgezogen. Seid ihr verhungert oder verdurstet, habt ihr gefroren oder gelitten?" Darauf kann ich ihr nichts antworten. [...]
Mit meinen Geschwistern spreche ich einen Mix aus beiden Sprachen. Wir können nicht nur in Sekundenschnelle von der einen Sprache in die andere wechseln, sondern mischen deutsche Wörter mit türkischen Sätzen und erfinden so unsere eigene Sprache: „Ich muss noch akşam yemeği kochen", sagt Ablam vor dem Abendessen, oder ich frage: „Arabanın Schlüssellini geben yaparmısın?" (Kannst du mir bitte den Autoschlüssel geben?) Solche Sprachkreationen lehnt meine Mutter allerdings strikt ab. Sie besteht darauf, dass in ihrem Haus nur Türkisch gesprochen wird.

Was steht im Text? Was ist richtig? Kreuzen Sie an.

a Die Autorin Hatice Akyün
- ☐ spricht besser Türkisch als Deutsch.
- ☐ ist stolz darauf, dass sie sehr gut Deutsch spricht.
- ☐ findet es ganz normal, dass sie sehr gut Deutsch spricht.

b Ihre Mutter spricht
- ☐ genauso gut Deutsch wie sie.
- ☐ fast kein Deutsch.
- ☐ korrektes Deutsch, aber mit türkischem Akzent.

c Mit ihren Geschwistern spricht Hatice Akyün
- ☐ nur Deutsch.
- ☐ nur Türkisch.
- ☐ eine Mischung aus Deutsch und Türkisch.

> **Schon fertig?**
> Ergänzen Sie die Sätze:
> *Deutsch ist für mich ...*
> *Meine Muttersprache ist für mich ...*

D 4

D3 Ihre Sprachen

a Übersetzen Sie einige dieser Wörter in Ihre Muttersprache und vergleichen Sie sie mit den deutschen Wörtern. Wie werden sie gebildet? Sprechen Sie im Kurs.

> die Muttersprache • die Fremdsprache • der Sprachkurs • der Ausländer • der Freund • die Heimat • …

> Muttersprache heißt auf Englisch *mother tongue*. *Tongue* heißt aber eigentlich Zunge – klar: Mit der Zunge spricht man ja …

b Arbeiten Sie zu zweit. Fragen Sie Ihre Partnerin / Ihren Partner und notieren Sie die Antworten.

1 Woher kommen Sie?

2 Was ist Ihre Muttersprache?

3 Wie viele Sprachen/Fremdsprachen sprechen Sie? Welche?

4 Welche sprechen Sie gut, welche ein bisschen?

5 Helfen Ihnen Ihre Fremdsprachenkenntnisse beim Deutsch lernen?

6 Gibt es eine Sprache, die Sie gern noch lernen würden? Warum?

7 Was fällt Ihnen auf, wenn Sie Ihre Muttersprache mit der deutschen Sprache vergleichen?

8 Welche Sprachen sprechen Sie mit Ihrer Partnerin / Ihrem Partner, Ihren Kindern, Ihren Kollegen und mit Ihren Freunden?

9 In welcher Sprache fluchen oder träumen Sie?

c Stellen Sie Ihre Partnerin / Ihren Partner im Kurs vor.

> Eva kommt aus Ungarn. Sie spricht Ungarisch, aber sie spricht auch genauso gut Serbisch. Das ist ihre Muttersprache. Serbisch hat eine andere Schrift als Deutsch. …

> Alexej spricht drei Sprachen. Zu Hause mit seinen Kindern und mit seiner Frau spricht er nur Russisch. Russisch hat kein „der/das/die". Das findet er viel einfacher.

einundfünfzig **51** LEKTION 4

4 E Kinder lernen Deutsch

E1 „Deutsch aus dem Zaubersack"
Was könnte das Thema dieser Radiosendung sein? Kreuzen Sie an.

☐ Zaubertricks mit dem Wörterbuch   ☐ ein Sprachkurs für Kinder   ☐ ein Radiosprachkurs für Kinder

E2 Hören Sie die Radiosendung. Was ist richtig? Kreuzen Sie an.

a In die Kurse gehen
  ☐ nur ausländische Kinder.
  ☐ alle Kinder im Kindergarten.

b Im Kurs lernen sie
  ☐ Deutsch.
  ☐ ihre Muttersprache.

c Für die Kinder ist es wichtig, dass …
  ☐ sie zwei oder mehrere Sprachen können.
  ☐ schreiben lernen.

E3 Hören Sie noch einmal und kreuzen Sie an: Richtig oder falsch?

		richtig	falsch
a	Sarah konnte schon Deutsch sprechen, als sie in den Kindergarten kam.	☐	☐
b	Seit 1998 gibt es in Münchner Kindergärten Sprachkurse für Kinder mit ausländischer Herkunft.	☐	☐
c	Im Zaubersack sind verschiedene Dinge versteckt. Die Kinder fühlen und raten, was das ist.	☐	☐
d	Sarah spielt am liebsten mit ausländischen Kindern, weil es dann nicht schlimm ist, wenn sie Fehler macht.	☐	☐
e	Die Kinder sollen lernen, dass es positiv ist, wenn sie zwei Sprachen sprechen können.	☐	☐
f	Die Kinder sollen die Hausaufgaben ohne die Eltern machen.	☐	☐
g	Kinder, die einen Kurs besucht haben, haben weniger Probleme in der Schule.	☐	☐

E4 Wie viele Sprachen braucht man eigentlich?

a Brieffreundschaften. Welche Sprachen sprechen die beiden? Welche Sprachen lernen die beiden?

Hallo, ich bin Elias, ich komme aus Mexiko. Ich bin 17 Jahre alt, ich gehe noch zur Schule. Ich spreche Spanisch, klar, und lerne Englisch und Deutsch. Mein Hobby ist Sprachen lernen. Deshalb suche ich Brieffreunde. Wie heißt du und wie alt bist du? Welche Sprachen sprichst du? Antworte mir schnell!!!!

Hallo Elias, ich finde Fremdsprachen lernen auch toll. Bei uns ist das so, dass man schon in der dritten Klasse Englisch lernen kann, und spätestens in der fünften Klasse muss man. Ich habe dann noch Französisch dazu gewählt. Aber das Lustige bei mir ist, dass ich erst mal Deutsch lernen musste, wir stammen nämlich aus Rumänien. Und deshalb kann ich auch Rumänisch. Meine Eltern finden, dass das zu viel ist. Aber mir macht es Spaß, dass ich viele Sprachen lernen kann. Ach so, ich bin 15 Jahre alt und würde mich freuen, wenn du antworten würdest. Welche Hobbys hast du noch, und wo wohnst du genau? Julia

Elias spricht: ....   Julia spricht: ....
Er lernt: ....   Sie lernt: ....

b Julias Eltern finden, dass sie zu viele Sprachen lernt. Was meinen Sie? Wie viele Sprachen sollte man als Kind lernen?

Grammatik

1 Wiederholung von Konjunktiv II Gegenwart: Konjugation

	haben	sein	können	sprechen
ich/er/es/sie	hätte	wäre	könnte	würde ... sprechen

→ ÜG, 5.17

2 Satzverbindungen: Irrealer Bedingungssatz

Konjunktion		Ende		Position 2	
Wenn	ich Halstabletten	hätte,	(dann) würde	ich sie Ihnen	schenken.
Wenn	Sie etwas deutlicher	sprechen würden,	(dann) könnte	ich Sie besser	verstehen.
Wenn	ich mit ihm	reden könnte,	(dann) würde	ich mit ihm über sein Heimatland	sprechen.
Wenn	Katzen Mäuse	wären,	(dann) hätten	sie Appetit auf Käse.	

→ ÜG, 5.18, 10.11

3 Präposition: *wegen* (mit Genitiv)

		Genitiv
maskulin		des Freundes
neutral	wegen	eines Praktikums
feminin		meiner Freundin
Plural		der Menschen

Warum lernen Sie Arabisch? **Wegen** meines Freund**es**.

Das hören Sie auch oft: Wegen mein**em** Freund

→ ÜG, 6.04, 1.03

Wichtige Wendungen

über ähnliche Erlebnisse berichten

Ja, so etwas Ähnliches ist mir schon öfter passiert. Viele Leute sprechen einfach zu schnell. Einmal zum Beispiel ... • Mein Problem ist, dass meine Kollegen alle ... sprechen und oft ...

über irreale Bedingungen sprechen

Wenn ich ... könnte, (dann) ... • Wenn ich ... hätte, (dann) ... • Wenn ich (nicht) ... wäre, (dann) ... • Wenn ich nicht ... müsste, (dann) ...

Wichtigkeit ausdrücken

Ich finde es total wichtig, dass ... • Für mich ist ... wichtig, weil ... • Am allerwichtigsten ist ...

die Meinung sagen und begründen

Ich finde / denke / glaube / meine, (dass) ... • ..., weil ... • ..., denn ... • Deshalb / Deswegen / Darum / Daher ... • Aus diesem Grund ... • Wegen ...

nachfragen und darauf reagieren

Das letzte Wort habe ich nicht verstanden • Tut mir sehr leid, ich habe das nicht verstanden.

Sie sprechen so schnell / ..., könnten Sie bitte etwas langsamer sprechen? • Könnten Sie das bitte noch einmal sagen / wiederholen?

Bedeutet das, dass ich ...? • Entschuldigung, meinten Sie damit ...? • Können Sie mir sagen, was das bedeutet / ist?

... habe ich noch nie gehört. • ... kenne ich nicht. Bei uns heißt das, dass ... • Ach, du meinst, dass ... • Ich kann dir leider auch nicht sagen, was das bedeutet.

über sich sprechen: Sprachbiografie

Russisch/Serbisch ist/ hat ... • ... ist meine Muttersprache. • ... hat eine andere Schrift. • Das finde ich viel einfacher. • Ich kann gut Englisch/ ... sprechen. • Und jetzt kann ich (auch) schon (ein bisschen) Deutsch.

Lösungen von Seite 49: A C B E D

4 Wortspielspaß

DieWortspielspaßideentrainingsanleitungsdoppelseite

Bei kleinen Kindern kann man sehr gut beobachten, dass Spielen und Lernen zusammengehören: Sie spielen den ganzen Tag und lernen dabei besonders schnell und viel. Könnte man das nicht auch für uns Erwachsene nutzen? Wer weiß denn, wie viele gute Ideen auf dieser Welt Tag für Tag nicht entstehen, weil wir zu wenig spielen? Die Lernforschung hat längst bewiesen: Wer bis ins Alter kreativ und geistig fit sein will, der sollte öfter mal was völlig Anderes denken, was Neues ausprobieren, sich selbst überraschen. Kurz: Er sollte spielen! Das Schönste ist: Dazu benötigt man nicht mal Spielsachen. Papier, Bleistift und ein paar Worte genügen und schon geht's los!

1 Zungenbrecher

sind Worte oder Sätze, die man nicht gleich richtig aussprechen kann. Versuchen Sie es doch mal! Übung macht den Meister.

Heut kommt der Hans zu mir, freut sich die Lies'.
Ob er aber über Oberammergau
oder aber über Unterammergau
oder aber überhaupt nicht kommt,
ist nicht gewiss.

In Ulm und um Ulm
und um Ulm herum.

Blaukraut bleibt Blaukraut,
Graubrot bleibt Graubrot und
Brautkleid bleibt Brautkleid.

Selten ess' ich Essig.
Ess' ich Essig, ess' ich Essig nur im Essen.
Vergess' ich Essig, ess' ich Essig nie.

---

1 Lesen Sie die Einleitung. Fassen Sie den Inhalt in einem Satz zusammen.

2 Bilden Sie Gruppen. Überfliegen Sie die vier Spiele und wählen Sie ein Wortspiel. Probieren Sie es aus!

3 Kennen Sie ein Wortspiel aus Ihrer Muttersprache? Stellen Sie es im Kurs vor.

ZWISCHENSPIEL | www.hueber.de/schritte-plus

2 Aus eins mach mehr!

In jedem Wort stecken viele andere Wörter. Man muss nur die Buchstaben nehmen und etwas Neues aus ihnen machen. Ein Beispiel: Aus dem Wort *Zwischenspiel* kann man ein *e* und ein *i* nehmen und ein *Ei* daraus machen. Nimmt man noch ein *s* dazu, hat man ein *Eis*. Plus *c*, *h*, *w* und *n* – fertig ist das *Schwein*. In *Schweinepilz* fehlt nur noch ein *s* und man hätte alle Buchstaben benutzt.
Machen Sie selbst neue, möglichst lange Wörter. Sie können gern auch ein neues Startwort wählen.

3 Wörter umdrehen

Es gibt Wörter, die vorwärts und rückwärts gelesen genau gleich sind, z. B. die Vornamen *Anna* oder *Otto*. Die meisten Wörter klingen rückwärts aber ganz anders als vorwärts. Drehen Sie mal Ihren Vornamen um. Und dann stellt sich jeder mit seinem *Rückwärtsnamen* vor.

„Hallo, ich heiße Enailuj" …

4 Wer hat das längste Wort?

In der deutschen Sprache kann man unendlich lange Wörter machen. Man muss nur Hauptworte nehmen, wie zum Beispiel *Speise* und *Eis* und schon hat man ein *Speiseeis*. Das kann man immer so weiter machen, bis man eine *Speiseeisverkäuferinnenmützenputzmaschinenbedienungsanleitung* hat oder eine *Samstagmorgenbutterbrezeleinkaufstasche*. Nun Sind Sie dran. Machen Sie ein möglichst langes und lustiges Wort.
Verwenden Sie dazu Ihren Wortspielspaßideenkugelschreiber.
Zeichnen Sie Ihr zusammengesetztes Hauptwort und lassen Sie die anderen Kursteilnehmer raten.

Bratpfannenreinigungsmittelpackung

5 Eine Arbeit finden

FOLGE 5: *PIZZA MAFIOSO*

1 Sehen Sie Foto 1 an. Beschreiben Sie den Mann: Welchen Beruf hat er? Was meinen Sie?

> Ich glaube, er ist ...   Er sieht ... aus.

2 Sehen Sie die Fotos 6–8 an. Was ist das für ein Päckchen? Was passiert damit? Was meinen Sie?

CD 2 2–9

3 Sehen Sie die Fotos an und hören Sie.

4 Beantworten Sie die Fragen. Machen Sie Notizen und berichten Sie.

a Wie ist Herr Bohnemann am Telefon?
b Wie verhält sich Herr Bohnemann zuerst, als Nasseer die Pizza abliefern will? Und danach?
c Was soll Nasseer für Herrn Bohnemann machen?
d Was will er Nasseer dafür zahlen? Finden Sie das normal?
e Wie reagiert Nasseer zuerst? Dann trifft er die Nachbarin. Was macht er dann?

5 Ordnen Sie Nasseers Antworten zu. Hören Sie dann noch einmal und vergleichen Sie.

a Ist das nicht ziemlich stressig, den ganzen Tag quer durch die Stadt zu fahren?
b Ihr Job gefällt Ihnen also?
c Verdienen Sie denn wenigstens ordentlich?
d Darf ich fragen, wie viel Sie bekommen? Dreitausend doch mindestens? Oder mehr?
e Ärgern Sie sich nie darüber?

Manche Leute verdienen weniger als ich, aber das sind bestimmt nicht viele.
Na ja, es geht.
Ach nein, das macht mir gar nichts aus.
Ich verdiene nicht einmal halb so viel.
Na ja, manchmal denke ich: Es wäre schon toll, etwas mehr zu verdienen.

6 Wie finden Sie den Job von Nasseer? Würden Sie ihn gern machen? Nennen Sie Vor- und Nachteile.

Ich finde den Job ganz interessant, weil …

Aber er muss so viel …, deshalb …

Das stimmt schon. Trotzdem …

siebenundfünfzig **57** LEKTION 5

5 A  Ich **habe** keine **Lust**, Ärger **zu** bekommen.

A1 Hören Sie noch einmal und ergänzen Sie.

a Du kennst den Boss. Ich habe keine Lust, Ärger *zu bekommen* .
Also hör endlich auf, Probleme ....

b Ist das nicht ziemlich stressig, den ganzen Tag quer durch die Stadt .... ?

Ich habe keine Lust,	Ärger	**zu**	bekommen.	*auch so nach:*
Hör endlich auf,	...	**zu**	...	Interesse/Zeit/Angst/... haben, ...
Ist es nicht stressig,	...	**zu**	...	versuchen, vergessen, anfangen, ...
				Es ist leicht/toll/anstrengend, ...

A2 Wie möchten Sie gern arbeiten?

a Lesen Sie und kreuzen Sie an.

Möchten Sie ...	ja	nein		ja	nein
... viel reisen?	☐	☐	... etwas mit den Händen machen?	☐	☐
... im Team arbeiten?	☐	☐	... Verantwortung übernehmen?	☐	☐
... im Büro tätig sein?	☐	☐	... künstlerisch tätig sein?	☐	☐
... im Freien arbeiten?	☐	☐	... Schicht arbeiten?	☐	☐
... in einer Werkstatt tätig sein?	☐	☐	... etwas Neues entwickeln?	☐	☐
... am Computer sitzen?	☐	☐	... sich selbstständig machen?	☐	☐
... Menschen beraten?	☐	☐	... Teilzeit arbeiten?	☐	☐
... anderen helfen?	☐	☐	... Karriere machen?	☐	☐

b Fragen Sie nun Ihre Partnerin / Ihren Partner und machen Sie Notizen.

Hast du Lust, ...?
Hast du Interesse (daran), ...?
Findest du es (nicht) anstrengend/leicht/schwer, ...?
Kannst du dir vorstellen, ...?

– Hast du Lust, viel zu reisen?
– Nein, ich habe Familie und möchte deshalb lieber mehr zu Hause sein.
– Und findest du es anstrengend, den ganzen Tag am Computer zu sitzen?
– Ja, das mag ich gar nicht. ...

Reisen?
Nein: Familie, mehr zu Hause sein

Computer?

A3 Im Kurs: Stellen Sie Ihre Partnerin / Ihren Partner vor. Welchen Beruf würden die anderen ihr/ihm empfehlen?

... möchte nicht reisen, denn er hat Familie und will deshalb lieber mehr zu Hause sein. Er würde gern im Team arbeiten und wenn möglich auch im Freien. Auf keinen Fall will er am Computer arbeiten, weil er viel lieber etwas mit den Händen macht. Karriere ist ihm nicht wichtig, aber der Job soll ihm Spaß machen. Welchen Beruf würden Sie ihm empfehlen?

Vielleicht Gärtner?

Oder Maler?

A 5

A4 Lesen Sie den Text und ordnen Sie die Fragen den Abschnitten zu.

☐ Wie können Sie sich vorbereiten? ☐ Wer sind wir? Was tun wir? ☐ Was bieten wir Ihnen an?

Die Berufsberatung stellt sich vor

neutral – kompetent – unentgeltlich
Die Berufsberatung der Agentur für Arbeit:
Ein Dienstleistungsangebot für alle!
www.arbeitsagentur.de

1 Wir sind ein Team aus Berufsberaterinnen und -beratern. Wir helfen Jugendlichen und jungen Erwachsenen bei ihrer Berufswahl und unterstützen Berufstätige bei der beruflichen Umorientierung.

2
- Sie wissen noch nicht, was Sie werden wollen? Wir zeigen berufliche Möglichkeiten auf.
- Sie suchen eine Lehrstelle? Wir vermitteln Ausbildungsplätze und Praktika.
- Sie möchten sich weiterbilden? Wir haben die Kontakte.
- Sie suchen eine neue Stelle? Wir kennen die Firmen.
- Sie müssen einen neuen Beruf erlernen? Wir haben die Umschulungsprogramme.

3 Sie können sich auf das Gespräch bei uns vorbereiten. Versuchen Sie doch einfach mal, folgende Fragen zu beantworten: Welche Interessen haben Sie? Wo sind Ihre besonderen Fähigkeiten? Welche Erfahrungen bringen Sie mit? Was können Sie vorweisen (Schulabschlüsse, Fortbildungen und sonstige Kenntnisse)? In einem Einzelgespräch besprechen wir mit Ihnen Ihre aktuelle Situation und beantworten alle Ihre Fragen.

Kontakte und Rückfragen: Sie können uns telefonisch und/oder persönlich in der Agentur für Arbeit erreichen.

A5 Lesen Sie noch einmal und schreiben Sie Stichworte zu den Fragen.

Wer? *Team aus Berufsberatern*

Berufsberatung

Was? ....

Wie? ....

Wen? *Jugendliche und* ....

A6 Rollenspiel: Bei der Berufsberatung

a Zur Vorbereitung: Lesen Sie noch einmal die Fragen in A4, Abschnitt 3 und machen Sie Notizen dazu. Sie sind bei der Berufsberatung und suchen Rat (B).

b Ihre Partnerin / Ihr Partner übernimmt die Rolle des Berufsberaters und hilft Ihnen (A). Spielen Sie Gespräche. Danach tauschen Sie die Rollen.

A ist Berufsberaterin / Berufsberater	**B** sucht Rat
Guten Tag. Kommen Sie doch bitte herein.	Guten Tag, mein Name ist … Ich habe einen Termin bei Ihnen.
Ja, bitte setzen Sie sich doch, Frau … / Herr … Was kann ich für Sie tun?	Ich muss … / Ich möchte …
Gut. Was haben Sie zuletzt gemacht?	Ich habe … gearbeitet. / besucht. / gelernt.
Haben Sie Berufserfahrung oder Praktika?	Ja, ich habe … / Nein, ich …
Haben Sie noch andere Kenntnisse? Zum Beispiel Computer oder Sprachen?	Ja, ich kann …. / Ich habe einen …-Kurs gemacht. / Ich habe …
Und welche Wünsche, Vorstellungen haben Sie?	Ich würde gern … / Ich möchte gern … Ich kann mir auch vorstellen, …
Haben Sie sich schon irgendwo beworben / vorgestellt?	Ja, … bei … / Nein, noch nicht. / Nein, ich beende gerade meine Ausbildung / meinen … -Kurs / …

neunundfünfzig **59** LEKTION 5

5 B Sie **brauchen** gar **nicht** weiterzureden.

B1 Ergänzen Sie. Hören Sie dann noch einmal und vergleichen Sie.

a ■ Guten Tag, Herr … äh … Bohnemann! … Ich komme vom …
▲ Sie brauchen gar nicht .... (weiterreden).
Ich kaufe nie an der Wohnungstür!

b ▲ Dieses Päckchen muss ganz schnell und ganz sicher zu jemandem gebracht werden. Wenn Sie das jetzt sofort für mich machen, können Sie den Rest behalten.
■ Den Rest von 200 Euro?
▲ Ja. Sie brauchen es nur dort .... (hinbringen) und
.... (abgeben) und das war's dann.

Sie *brauchen* **nicht** weiter**zu**reden. = Sie *müssen* nicht weiterreden.
Sie *brauchen* es **nur** hin**zu**bringen. = Sie *müssen* es nur hinbringen.

B2 Was brauchen die Leute? Was brauchen sie nicht? Sprechen Sie.

Ich bin selbstständig.   Ich bin angestellt.   Ich bin pensioniert.

A   B   C

nicht pünktlich sein • morgens *nicht* früh aufstehen • seinen Kaffee *nicht* selbst kochen • sich *nicht* mehr bewerben • *nicht* mit Kollegen streiten • *nicht* in der Kantine essen • *nicht* den Chef fragen • *keine* Angst vor der Kündigung haben • *kein* Geld verdienen • *keine* Stellenanzeigen lesen • *keine* Leute entlassen • *nur* bis 16 Uhr arbeiten • sich *nur* auf seine Freizeit konzentrieren

Wenn man selbstständig ist, braucht man nicht …

B3 Sich selbstständig machen

a Arbeiten Sie zu zweit. Entwickeln Sie eine Geschäftsidee:
Was brauchen Sie? Was brauchen Sie nicht?
Machen Sie eine Liste.

Garten-Service • Mietkoch • Mobiler Tanzlehrer •
Computer-Notdienst rund um die Uhr • Haushüter • …

Garten-Service
Wir brauchen: *Wir brauchen kein/e/n:*
Gummistiefel   *Büro*
Gartengeräte   *Partner*
Wir brauchen:
nur Annoncen aufgeben
und Zettel aushängen

b Stellen Sie Ihre Geschäftsidee vor. Entscheiden Sie im Kurs:
Welche Geschäftsidee gefällt Ihnen am besten?

Wir gründen einen Garten-Service. Dazu brauchen wir gar nicht viel. Nur Gartengeräte und die richtige Kleidung: Gummistiefel und so. Gut ist auch, dass wir kein Büro brauchen. Wir brauchen nur Annoncen aufzugeben und überall Zettel aufzuhängen, dann …

C 5 Smalltalk: Von der Arbeit erzählen

C1 Zufällige Begegnungen

a Hören Sie drei Gespräche. Worüber reden die Leute in welchem Gespräch? Ergänzen Sie. Finden die Leute das positiv oder negativ? Ergänzen Sie ☺ oder ☹.

	Gespräch	
neue Leute kennenlernen	☐	....
abwechslungsreiche Aufgaben	☐	....
keine Aufträge	1	☹
viele Überstunden	☐	....
Angst, Fehler zu machen	☐	....
zu viel Arbeit	☐	....
Schicht arbeiten	☐	....

b Ergänzen Sie die Redemittel. Hören Sie dann noch einmal.

> Ich muss jetzt leider los. Mein Bus kommt. • dringend meine Tochter abholen. • an den neuen Job gekommen? • dich mal wiederzusehen. Bis zum nächsten Mal. • so viel Arbeit? • deine neue Stelle? • bei dir in der Firma? • nachts zu arbeiten? • eigentlich genau? • die Stelle zu wechseln? / dich selbstständig zu machen?

sich nach der Arbeit erkundigen	ein Gespräch beenden
Wie läuft's denn so _bei dir in der Firma?_	Oh, gleich acht. ....
Ist das nicht stressig, dauernd	Also dann tschüs. Es war schön, ...
Noch immer	Schade, ich muss jetzt leider ....
Was machst du jetzt	
Wie bist du	
Wie ist denn	
Hast du noch nie daran gedacht, ...	

C2 Rollenspiel: Zufällige Begegnungen

A Sie treffen im Supermarkt jemanden, den Sie schon länger nicht gesehen haben. Erkundigen Sie sich nach seiner Arbeit.

B Wählen Sie eine Rollenkarte.

> **Hannes Meier:**
> **Neue Stelle als Installateur**
> ☹ kennt den Meister und die Kollegen noch nicht so gut
> ☹ muss manchmal am Wochenende arbeiten
> ☺ hat viele interessante Aufträge
> ☺ ist in ganz Deutschland unterwegs

> **Nicole Köhler:**
> **Seit fünf Jahren Verkäuferin beim Bäcker**
> ☺ verkauft gern Brot, Brötchen, Kuchen
> ☺ hat viele nette, treue Stammkunden
> ☺ um halb acht kommen die Schulkinder
> ☹ macht um sechs Uhr den Laden auf
> ☹ kocht Kaffee und macht belegte Brötchen

über die Arbeit sprechen
Ich hab (doch) eine neue Stelle ...
Ich bin jetzt als ... bei ...
Es ist interessant, stressig, toll, anstrengend, ...
Ich muss eine Kollegin / einen Kollegen vertreten / halt viel arbeiten ...

ein Gespräch beenden
Oh! Ich muss jetzt leider los. Mein Bus kommt.
Also dann, tschüs. Es war schön, dich/Sie mal wiederzusehen. Bis zum nächsten Mal.
Schade, ich muss jetzt leider ...

sich nach der Arbeit erkundigen
Wie läuft's denn so in der Firma / im Betrieb?
Noch immer so viel Arbeit/los?
Was machst du / machen Sie eigentlich genau?
Wie ist denn deine/Ihre neue Stelle?
Wie bist du / sind Sie an den neuen Job gekommen?
Ist das nicht stressig / ...?
Und hast du / haben Sie nie daran gedacht, die Stelle zu wechseln?

5 D Sich schriftlich bewerben

D1 In welchen Branchen werden Leute gesucht? Welche Anzeige passt? Notieren Sie.

Hotel, Gastronomie .... Handwerk .... Pflege ....
Handel .... Minijobs, Nebentätigkeit .... Andere A, ...

A
155 Euro täglich möglich! www.fun-im-job.de

B
Geld ab sofort
Bevorzugt 20–35-jährige Berufstätige
(keine Waren, kein Außendienst).
Rufen Sie uns an – es lohnt sich für Sie.
Telefon 069/27 30 8
Mi, Do, Fr und Mo ab ca. 15.30 Uhr

C
Wir suchen für die Fertigung und Montage
von Photovoltaikanlagen und Solarsystemen
einen berufserfahrenen

Elektroinstallateur bzw.
Elektroanlageninstallateur

Wir erwarten mehrjährige Kenntnisse im Elektro-
installationsbereich, gute Deutschkenntnisse,
sicheres schwindelfreies Arbeiten in der Höhe,
Zuverlässigkeit, eine selbstständige Arbeitsweise.
Wir bieten Ihnen eine leistungsgerechte Entlohnung.
Führerscheinklasse B ist Voraussetzung.

Bewerben Sie sich bei Herrn Januschke,
Mannheimer Straße 239, Bad M...

D
Wir suchen ab sofort freundliche und
zuverlässige **Kassiererinnen**
Rufen Sie uns an.
Frau Berger 0857357   Feinkost Kölle

E
Su. deutschsprachige **Putz- und Bügelhilfe**
in Festanstellung, mit Referenzen, 2 x i.d.
Wo, halbtags, je 4 Std. nach Grünwald,
☎ 098/45 35 8

F
Altenbetreuerin
für eine alleinstehende ältere Dame gesucht.
Hauswirtschaftliche Aufgaben und leichter
Pflegedienst; Kenntnisse / Erfahrung
im hauswirtschaftlichen Bereich von Vorteil,
Arbeitszeit Mo–Fr (evtl. auch Samstag),
ca. 30 Std./Monat, nach Absprache, gern
Hausfrauen, Pkw-Führerschein erforderlich.

Bewerbung an: Christian Jung,
Tel. 0796 / 45 72, Heimstraße 24

G
Für eine Wohnanlage (46 Wohnungen)
suchen wir ab sofort einen nebenberuflichen

Hausmeister (m/w)

Gute Deutschkenntnisse vorausgesetzt.
Durchführung kleinerer handwerklicher Tätigkeiten.
Schriftliche Bewerbung mit aussagefähigen
Unterlagen und Lichtbild an Fa. Mies & Co., Herr
Nuss, Tel. 0687 / 48 37, Parkstraße 9 in Lauda-König

H
Wir suchen ab Juni befristet auf 3 Monate
eine/n erfahrene/n

Servicemitarbeiter/in

zur Verstärkung unseres Teams
für unser persönlich geführtes Hotel.
Eine Unterkunft wird Ihnen auf Wunsch gestellt.
Gern stehen wir Ihnen für weitere
Informationen zur Verfügung.

Hotel Bellevue
Familie Götzenberger
CH–4023 Basel
Telefon: +41(0)61 966 28
Fax: +41(0)61 966 29

D2 Stellenanzeigen auswerten

a Unterstreichen Sie in den Stellenanzeigen:
Welche beruflichen und persönlichen Fähigkeiten werden verlangt?

b Wo würden Sie sich (nicht) bewerben? Warum?

> Bei der ersten Stellenanzeige steht zum Beispiel gar keine Firma. Da würde ich mich nicht bewerben.

zweiundsechzig 62 LEKTION 5

D 5

D3 **Das Bewerbungsschreiben**

a Lesen Sie das Bewerbungsschreiben. Auf welche Stelle aus D1 bewirbt sich Dario? Ergänzen Sie im Brief.

b Notieren Sie die Fähigkeiten und Anforderungen aus der Anzeige, auf die sich Dario bezieht.

Bewerbung als ....

Sehr geehrter Herr Januschke,

mit großem Interesse habe ich Ihre Anzeige gelesen und möchte mich auf die Stelle bewerben.

Wie Sie aus meinen Unterlagen sehen können, war ich in Kroatien nach meiner Ausbildung zum Elektromaschinenmonteur mehrere Jahre als Angestellter in einem Betrieb für Anlageninstallation tätig. Dort habe ich auch Erfahrungen in der Montage von Solaranlagen gesammelt, sodass ich auch in Höhe problemlos arbeiten kann.

Meine Muttersprache ist Kroatisch, ich spreche aber auch etwas Englisch und gut Deutsch.
Es macht mir Freude, selbstständig Aufgaben zu übernehmen. Ich bin es gewohnt, schnell und zuverlässig zu arbeiten und besitze auch einen Führerschein der Klasse B. Über eine Einladung zu einem persönlichen Gespräch würde ich mich sehr freuen.

Mit freundlichen Grüßen

Dario Simic

Anlagen: Lebenslauf, Zeugnisse

mehrjährige Kenntnisse im Elektroinstallationsbereich

Schon fertig?
Welche Wörter sind wichtig für Sie? Sammeln Sie.

D4 **Wählen Sie eine Stellenanzeige aus D1 oder aus dem Internet / einer Tageszeitung und schreiben Sie ein Bewerbungsanschreiben. Die Satzanfänge helfen Ihnen beim Text.**

Mit großem Interesse …
Wie Sie aus meinen Unterlagen ersehen können, war ich in meiner Heimat / in … / … als … tätig.
Ich habe dort bei … gearbeitet. Das ist eine große Firma … / ein großes Unternehmen, die / das … herstellt / produziert / verkauft / importiert / exportiert.
Ich konnte in verschiedenen Bereichen Erfahrungen sammeln. So war ich …
Dabei habe ich … Zu meinen Tätigkeiten gehörte auch …
Ich bin es gewohnt, … / Ich kann mir sehr gut vorstellen, … / Es fällt mir leicht … / Es macht mir Freude …
Über eine Einladung …

dreiundsechzig 63 LEKTION 5

5 E Sich telefonisch vorstellen

E1 Anruf auf eine Stellenanzeige

a Lesen Sie die Stellenanzeigen und hören Sie die Gespräche. Welches Gespräch passt zu welcher Anzeige? Ergänzen Sie.

Wir suchen ab Juni befristet auf 3 Monate eine/n erfahrene/n
Servicemitarbeiter/in
zur Verstärkung unseres Teams

Altenbetreuerin
für eine alleinstehende ältere Dame gesucht.
Hauswirtschaftliche Aufgaben und leichter

b Hören Sie noch einmal und machen Sie Notizen.

	Gespräch 1	Gespräch 2
Aufgaben		
Arbeitszeit		
Bezahlung		

c Fragen an die Bewerber. Hören Sie weiter. Welche Fragen werden in welchem Gespräch gestellt? Ordnen Sie in d zu.

d Was antworten die Bewerber? Hören Sie noch einmal und machen Sie Notizen.

Fragen	Antworten
☐ Darf ich fragen, woher Sie kommen?	
☐ Und Sie könnten auch schon mal am Wochenende arbeiten?	
☒ Haben Sie denn Berufserfahrung?	
☐ Und Sie haben eine Arbeitsgenehmigung?	
☐ Haben Sie denn einen Führerschein?	
☐ Sie haben keine Ausbildung in diesem Bereich, oder?	
☐ Könnten Sie sich denn möglichst bald bei uns vorstellen?	
☐ Und was machen Sie zurzeit?	
☐ Was haben Sie denn bisher gemacht?	

E2 Rollenspiel: Spielen Sie Gespräche am Telefon.

Sie besitzen ein kleines Restaurant und möchten eine Kellnerin oder einen Kellner einstellen

Sie bewerben sich auf die Stelle als Kellnerin/Kellner. Wählen Sie eine der Rollen (A/B).

Suche zuverlässige/n und freundliche/n
Kellner/in
über Mittag und am Wochenende.
Rufen Sie an:
Taj of India, Herr Jahan,
Indisches Spezialitätenrestaurant

A  Sie sind Hausfrau und Mutter. • Sie haben noch nie als Kellnerin gearbeitet. • Sie haben schon viele Familienfeiern organisiert. • Sie können unter der Woche ab 17.30 Uhr.

B Sie suchen einen Nebenverdienst. Ihre Eltern hatten ein Restaurant, dort haben Sie als Jugendliche/r gejobbt. • Abends haben Sie ab 19 Uhr Zeit. • Am Wochenende können Sie samstags und sonntags den ganzen Tag.

ein Gespräch beginnen
Spreche ich mit ...?
Würden Sie mich bitte mit ... verbinden?
Ich interessiere mich für die Stelle als ...
Ich rufe wegen Ihrer Anzeige in ... an.
Sie suchen ... Ist das noch aktuell?

darauf reagieren
Ja, am Apparat. /
   Nein, hier ist ...
Gern, einen Augenblick. Bleiben Sie
   am Apparat. Ich verbinde. Moment, bitte.
Ja, die Stelle ist noch frei.

ein Gespräch beenden und einen Termin vereinbaren
Ja, Frau / Herr ..., dann würde ich vorschlagen, dass Sie sich persönlich bei uns vorstellen.
   Passt Ihnen ...?
Ja, dann stellen Sie sich doch einmal persönlich bei uns vor. Wie wäre es ...?
Bringen Sie doch bitte alle Ihre Unterlagen mit, Arbeitsgenehmigung, Aufenthaltserlaubnis ...
Ja, Frau/Herr ..., dann schicken Sie doch bitte Ihre Unterlagen bis ... an ...

Grammatik

1 Infinitiv mit *zu*

		Ende		
Ich **habe** keine **Lust**,	Ärger	**zu** bekommen.	*auch so:* Interesse/Zeit/Angst/… haben, …
Hör endlich **auf**,	Probleme	**zu** machen.	*auch so:* versuchen, vergessen, anfangen, …
Ist es nicht **stressig**,	den ganzen Tag durch die Stadt	**zu** fahren?	*auch so:* Es ist leicht/toll/anstrengend, …

▶ ÜG, 10.07

2 *brauchen*

brauchen + Akkusativ

Ich brauche einen Partner.
Ich brauche keinen Partner.
Einen Partner brauche ich nicht.

nicht brauchen, *nur brauchen* (meist) + Infinitiv mit *zu*

Sie **brauchen** nicht weiter**zu**reden.
Sie **brauchen** es nur hin**zu**bringen.

brauchen + *keine* … (Akkusativ) + Infinitiv (meist) mit *zu*

Man **braucht** *keine* Stellenanzeigen *zu* lesen.

▶ ÜG, 5.11

Wichtige Wendungen

nach Berufswünschen fragen

Haben Sie Lust …? • Haben Sie Interesse …? • Können Sie sich vorstellen, …? • Finden Sie es (nicht)anstrengend / leicht / schwer, …?

Smalltalk über die Arbeit

Wie läuft's denn so in der Firma/im Betrieb? • Noch immer so viel Arbeit / so viel los? • Ist das nicht stressig /…? • Und haben Sie einmal dran gedacht, die Stelle zu wechseln? • Was machen Sie eigentlich genau? • Wie ist denn Ihre (neue) Stelle? • Wie sind Sie an den (neuen) Job gekommen?
Ich hab (doch) eine neue Stelle … • Ich bin jetzt als … bei … • Ich muss eine Kollegin / einen Kollegen vertreten / halt viel arbeiten …

ein Gespräch beenden

Also dann, tschüs. Es war nett/schön, Sie mal wiederzusehen • Oh. Ich muss jetzt leider los. Mein Bus kommt. • Schade, ich muss jetzt leider … • Bis zum nächsten Mal.

über sich sprechen: Berufsbiografie

Ich habe als … bei … gearbeitet •
Ich habe … gelernt/besucht. • Nein, ich habe noch keine Berufserfahrung. Ich habe ein Praktikum / einen Kurs bei … gemacht. •
Ich würde/möchte gern … • Ich kann mir auch vorstellen, … • Ich habe mich noch nirgendwo vorgestellt/beworben. • Ich beende gerade meine Ausbildung / meinen Kurs …

sich schriftlich bewerben

Mit großem Interesse … • Wie Sie aus meinen Unterlagen ersehen können, war ich in meiner Heimat / in … als … tätig. Ich habe dort bei … gearbeitet. Das ist eine große Firma / ein großes Unternehmen, die/das … herstellt/produziert/verkauft/importiert/exportiert. • Ich konnte in verschiedenen Bereichen Erfahrungen sammeln. So war ich … • Dabei habe ich … • Zu meinen Tätigkeiten gehörte auch … • Ich bin es gewohnt, … / Ich kann mir sehr gut vorstellen, … • Es fällt mir leicht / … • Es macht mir Freude, … • Über eine Einladung …

sich telefonisch bewerben

Ich interessiere mich für die Stelle als … •
Ich rufe wegen Ihrer Anzeige in … an. •
Sie suchen … Ist das noch aktuell?
Ja, Frau/Herr …, dann würde ich vorschlagen, dass Sie sich persönlich bei uns vorstellen. •
Passt Ihnen / Wie wäre es …? •
Bringen Sie doch bitte alle Ihre Unterlagen mit. •
Dann schicken Sie doch bitte Ihre Unterlagen bis … an …

am Telefon

Spreche ich mit …? • Würden Sie mich bitte mit … verbinden?
Ja, bitte / Ja, am Apparat. • Nein, hier ist …
Gern, einen Augenblick. / Bleiben Sie am Apparat. Ich verbinde. / Moment, bitte.

5 Lust, mitzusingen?

1 Sehen Sie nur das Bild an, lesen Sie den Liedtext noch nicht! Was denken die Leute? Schreiben Sie für einige Personen auf dem Bild eine Gedankenblase.

> Was wollen die denn hier?
> Ich muss doch gleich weiterarbeiten

2 Hören Sie das Lied und singen Sie mit.

ZWISCHENSPIEL | www.hueber.de/schritte-plus

1

Macht's euch denn wirklich Spaß,
um sechs Uhr aufzustehen?
Habt ihr denn immer noch Lust,
in diese Firma zu gehen?
Ist es für euch nicht frustrierend,
die müden Gesichter zu sehen?
Habt ihr noch nicht genug davon,
euch dauernd nur im Kreis zu drehen?

Hey! Es ist Zeit, mal endlich aufzuwachen.
Ja, es ist Zeit, die Dinge anders zu sehen.
Hört bitte auf, die Welt so grau zu machen!
Fangt lieber an, auf neuen Wegen zu gehen!

2

Macht's euch denn gar nichts aus,
immer nur zu funktionieren
und diesen täglichen Superstress
auch noch mitzuorganisieren?
Wir sollten wirklich versuchen,
nicht noch mehr Zeit zu verlieren.
Drum lasst uns jetzt gleich beginnen,
etwas Neues auszuprobieren.

Hey, es ist Zeit, nun endlich aufzuwachen.
Ja, es ist Zeit, die Dinge anders zu sehen.
Wir fangen an, gemeinsam loszulachen.
Wir fangen an, gemeinsam loszugehen.

3 Es ist Zeit, ... Was würden Sie gern in Ihrer Arbeit / zu Hause oder im Deutschunterricht verändern?
Finden Sie mit Ihrer Partnerin / Ihrem Partner mindestens fünf Sätze.

Macht es euch wirklich Spaß, ...   Wir sollten wirklich beginnen, ...
Habt ihr immer noch Lust, ...   Es ist Zeit, ...
Habt ihr noch nicht genug davon, ... Hört bitte auf, ...
Wir sollten wirklich versuchen, ... Fangt lieber an, ...

6 Kundenwünsche

FOLGE 6: KUNDENKONTAKT

1 Sehen Sie die Fotos an. Was meinen Sie? Worüber unterhalten sich wohl Nasseer und die beiden anderen Personen?

> Vielleicht über die Familie.

> Ich spreche beim Friseur immer über …

2 Sehen Sie noch einmal die Fotos an. Welche Wörter passen Ihrer Meinung nach zu welcher Person? Ergänzen Sie und sprechen Sie.

Schnitt/Shampoo   Pharmabranche/Marketing   Gastronomiebranche/Spezialitäten

Pharma- was mit Medikamenten zu tun hat, z.B. Pharmabranche, Pharmaindustrie, Pharmavertreter

 Frau Walther: ....

 Herr Kugler: ....

 Nasseer: ....

3 Sehen Sie die Fotos an und hören Sie.

4 Beantworten Sie die Fragen.

a Herr Kugler spricht über …

☐ seine Arbeit. ☐ Kultur. ☐ Urlaubsreisen. ☐ Leute, die seiner Meinung nach nicht genug arbeiten.
☐ seine Hobbys. ☐ seine Kinder. ☐ die Wirtschaft. ☐ seine Kundenkontakte.

b Finden Sie Herrn Kugler sympathisch? Warum oder warum nicht?
c Wie vergleicht Frau Walther die Arbeit von Herrn Kugler und von Nasseer? Warum tut sie das wohl?
d Was meinen Sie: Findet Frau Walther Herrn Kugler sympathisch? Warum oder warum nicht?
e Finden Sie, dass Frau Walther gut mit ihren Kunden umgeht? Warum oder warum nicht?

5 Der Kunde ist König! Stimmt das wirklich? Wann und wo haben Sie gute oder schlechte Erfahrungen gemacht?

> Unser Gemüsehändler ist immer sehr nett …

6 A  Man muss heute direkt zum Kunden gehen, **um** Erfolg **zu** haben.

A1 Was ist richtig? Hören Sie und kreuzen Sie an.

a Herr Kugler reist zu den Kunden,
☐ um Erfolg zu haben.
☐ um Land und Leute kennenzulernen.

b Herr Kelmendi fährt mit seiner Familie im Sommer immer in seine Heimat,
☐ damit seine Kinder die Großeltern sehen können.
☐ um Ruhe zu haben.

Herr Kelmendi fährt in seine Heimat, **um** Ruhe **zu haben**.
Herr Kelmendi fährt in seine Heimat, **damit** *seine Kinder* die Großeltern **sehen können**.

A2 Warum fährt Herr Kelmendi in seine Heimat? Was sagt er?
Verbinden Sie die Sätze mit *um ... zu* oder *damit*. Sprechen Sie.

Meine Kinder lernen ihre Verwandten kennen. • Ich möchte den Kontakt nicht verlieren. • Meine Frau kann sich erholen. • Ich möchte meine ganze Familie sehen.

> Ich fahre in meine Heimat, damit meine Kinder ihre Verwandten kennenlernen.

A3 Urlaubswünsche.

a Sehen Sie nun die Statistik an und ergänzen Sie.

Reisende mit Reisegruppen

sich erholen	63%
herumreisen	7%
feiern	10%
Kultur erleben	4%
Sehenswürdigkeiten besuchen	4%
wandern	3%

Fast doppelt so viele • Genauso viele •
Etwas weniger als zwei Drittel • Jeder zehnte

1 .... der Reisenden möchte sich erholen.
2 4% möchten Sehenswürdigkeiten besuchen.
.... möchten Kultur erleben.
.... möchten herumreisen.
3 .... möchte im Urlaub feiern.

b Sehen Sie nun diese Statistik an. Welche Informationen finden Sie? Was finden Sie interessant/ überraschend? Sprechen Sie mit Ihrer Partnerin / Ihrem Partner.

Urlaubswünsche

	Frauen	Männer
sich erholen	59 %	55 %
Sport treiben	12 %	13 %
feiern und sich amüsieren	8 %	22 %
Abenteuer erleben	14 %	7 %
Sehenswürdigkeiten besuchen	7 %	3 %
flirten	4 %	6 %

Über eine Statistik sprechen
Die Statistik zeigt ...
In der Statistik geht es um ...
... doppelt so viele ... wie ...
... genauso viele ... wie ...
... nur halb so viele ... wie ...
... jede/r Zweite / Dritte ...
... mehr/weniger als die Hälfte / ein Drittel / ...
... fast/nur/über ein Viertel / ...

> Die Statistik zeigt, wie sich Männer und Frauen den Urlaub vorstellen.

> Ich finde es überraschend, dass ...

B Man muss was tun, **statt** nur **zu** reden.   6

B1 Berufsalltag. Ergänzen Sie.

a Man muss was tun. Aber man redet nur! — *Man muss was tun, statt nur zu reden.*

b Man sollte immer wieder Pausen machen. Aber man arbeitet die ganze Zeit. — *Man* ....

c Man sollte sich gesund ernähren. Aber man trinkt dauernd Kaffee. — *Man* ....

> Man muss was tun, **statt** nur **zu** reden.

B2 Hören Sie ein Gespräch. Was ist richtig? Kreuzen Sie an.

a Die Chefin ist sauer, weil die Sekretärin
☐ Kunden unfreundlich behandelt hat.
☐ eine Dienstreise nicht gut vorbereitet hat.

b Die Sekretärin hat
☐ eine Hotelreservierung nicht schriftlich bestätigt.
☐ ein Hotel gebucht, das zu weit entfernt liegt.
☐ vergessen, eine wichtige Nachricht auf den Schreibtisch zu legen.
☐ ihrer Chefin eine wichtige Nachricht nicht mitgeteilt.
☐ einen falschen Rückflug gebucht.
☐ eine falsche Bahnfahrt gebucht.

c Die Chefin findet, dass die Sekretärin nichts entscheiden soll,
☐ ohne sie vorher zu fragen.
☐ ohne mit ihren Kollegen darüber zu reden.

d Die Chefin findet, dass die Sekretärin
☐ zu viele private E-Mails schreibt.
☐ zu viele private Telefongespräche führt.

> Die Sekretärin soll nichts entscheiden, **ohne** die Chefin vorher **zu** fragen.

B3 Wie soll in Zukunft gearbeitet werden?

a Ordnen Sie zu.

Ab jetzt so:	So nicht mehr:
1 Hotelreservierungen immer schriftlich bestätigen	einfach einen Flug buchen
2 bei wichtigen Nachrichten anrufen	es vorher nicht besprechen
3 einen Flug nicht umbuchen	private Telefongespräche führen
4 nichts Wichtiges entscheiden	nur im Hotel anrufen
5 die Flugzeiten absprechen	sie darüber nicht informieren
6 sich mehr auf die Arbeit konzentrieren	die Nachricht nicht nur auf den Schreibtisch legen

b Was sagt die Chefin? Sprechen Sie.

> Sie sollten ab jetzt Hotelreservierungen immer schriftlich bestätigen, statt nur im Hotel anzurufen.

> Sie sollten ab jetzt nichts Wichtiges entscheiden, ohne es vorher mit mir zu besprechen.

B4 Ab jetzt wird alles anders! Arbeiten Sie in kleinen Gruppen und machen Sie ein Plakat mit guten Vorsätzen.

> Taten statt Worte!
> Teodoro lernt ab jetzt jeden Tag 10 Minuten lang, statt einmal in der Woche eine Stunde lang zu lernen!
> Elena macht ab jetzt ihre Hausaufgaben, statt jeden Tag mit Teodoro Kaffee zu trinken.
> Paolo geht nun in den Kurs, ohne einmal die Woche zu schwänzen.

6 C Haben Sie einen bestimmten Wunsch?

C1 Kundengespräche

a Welches Foto passt? Hören Sie und ordnen Sie zu.

Gespräch	1	2	3	4
Foto				

A B C D

b Hören Sie noch einmal und kreuzen Sie an: Richtig oder falsch?

richtig falsch
1 Die Friseurin hat leider keine Zeitschrift mehr.
2 Der Kunde kann sich nicht entscheiden und möchte wiederkommen.
3 Der Kunde kauft das Shampoo sofort, weil es so billig ist.
4 Die Kundin ist sich nicht sicher und will die Reise später buchen.

C2 Ordnen Sie zu.

~~Darf ich Ihnen ... anbieten/empfehlen?~~ • Das ist mir zu teuer / zu ... •
Das muss ich mir noch überlegen. • Dürfte ich Sie etwas fragen? •
Es kommt darauf an, was es kostet. • Haben Sie einen (bestimmten) Wunsch? •
Ich hätte gern ... • Ich kann mich noch nicht entscheiden. •
Ist es möglich ...? • Kann ich sonst noch etwas für Sie tun? • Sie wünschen? •
Vielen Dank für Ihre Mühe/Hilfe. • Wie wär's mit ...?

- den Kunden ansprechen: ....
- um Hilfe/Information bitten: ....
- dem Kunden etwas anbieten: *Darf ich Ihnen ...... anbieten/empfehlen?*
- sich nicht entscheiden können: ....
- das Gespräch beenden: ....

C3 Rollenspiel: Ich hätte gern ...

a Wählen Sie eine Situation aus.

In der Drogerie
Sie wollen eine Zahnpasta, eine Zahnbürste und ein Waschmittel kaufen.

Im Reisebüro
Sie wollen mit Ihrer Familie einen Skiurlaub buchen.

Im Buchladen
Sie wollen einen Reiseführer kaufen.

Beim Optiker
Sie suchen eine Brille für Ihre kleine Tochter.

Im Schmuckladen
Sie suchen ein Geschenk für Ihre Frau.

Im Spielzeugladen
Sie suchen ein Geschenk für Ihre Nichte / Ihren Neffen.

b Spielen Sie.

A Verkäuferin/Verkäufer	**B** Kundin/Kunde
Sie begrüßen den Kunden und bieten Hilfe an.	Sie grüßen und sagen, was Sie möchten.
Sie empfehlen etwas.	Sie können sich nicht entscheiden.
Sie überzeugen die Kundin / den Kunden.	Sie entscheiden sich.
Sie fragen, wie die Kundin / der Kunde zahlen möchte.	Sie möchten bar / mit ec-Karte zahlen.
Sie verabschieden sich. Sie bedanken sich.	Sie bedanken sich. Sie verabschieden sich.

● Guten Tag. Kann ich etwas für Sie tun?
▲ Guten Tag. Ja, ich hätte gern …
● Wie wär's mit …?

C4 Spiel: In der Fußgängerzone

Sie sind Tourist und haben kein Geld mehr für Ihr Zug- oder Flugticket nach Hause. Deshalb müssen Sie den Leuten in der Fußgängerzone (den anderen Teilnehmern) unbedingt Ihr Produkt verkaufen.

ein deutsch-chinesisches / deutsch-finnisches / … Wörterbuch	Postkarten aus Ihrem Land	eine Handy- oder Telefonkarte
ein typisches Souvenir aus Ihrem Land	den Mantel, den Sie gerade anhaben	einen spannenden Roman
Ihr Deutschbuch	eine Packung Taschentücher	…

übertreiben
Damit können Sie …!
Eine einmalige Gelegenheit!
Das ist ganz toll / super / perfekt / ungewöhnlich, weil …!
Sensationell. Direkt aus …
(Das ist) genau das Richtige für Sie!
Es ist eine besonders gute Qualität.
Das brauchen Sie unbedingt!
Und es kostet nur …
Greifen Sie zu!

unsicher reagieren
Wirklich? Also, ich weiß nicht.
Das ist mir zu teuer / langweilig …
Das muss ich mir noch überlegen.
Ich brauche das nicht.
Warum sollte ich das kaufen?
…

D Reisebroschüre zu Deutschland

D1 Urlaub in Deutschland. Sie bekommen Besuch von Freunden aus Ihrem Land. Was würden Sie ihnen zeigen? Sammeln Sie.

Kassel: viele Museen — Städte — Deutschland — Seen: Bodensee

D2 Lesen Sie die Reiseinformationen über Deutschland. Welche Überschrift passt zu welchem Abschnitt? Ordnen Sie zu.

A Was kann ich in Deutschland erleben?
B Deutschland – ein Magnet für Touristen aus der ganzen Welt.
C Wie ist das Wetter in Deutschland?
D Was für Spezialitäten gibt es?

REISEINFORMATIONEN FÜR DEUTSCHLAND-TOURISTEN

Vom Wattenmeer bis zum Ostseestrand, von der Mecklenburgischen Seenplatte durch den Harz in die Alpen – auf einer Fläche von fast 360 000 Quadratkilometern warten traumhafte Urlaubsregionen auf die Besucher. Abwechslungsreiche Landschaften, der Charme der kleinen Orte mit Fachwerkhäusern, hunderte mittelalterliche Schlösser und Burgen, berühmte Kirchen und architektonische und kulturelle Vielfalt – dafür steht das Urlaubsland Deutschland. Da ist jede Menge Freizeitspaß garantiert.

Deutschland liegt im Bereich des kühl gemäßigten Klimas. Große Temperaturschwankungen sind eher selten und Niederschläge fallen zu allen Jahreszeiten. Die Alpenregion verzeichnet die höchsten Niederschläge und die niedrigsten Temperaturen. Eine der schönsten Reisezeiten ist der Frühling, wenn die Tage länger werden und alles blüht. Der Frühling lässt sich jedoch oft Zeit. Oft ist es im April noch eher kühl und feucht. Die Sommer sind mäßig warm. Im Juli liegen die Mittelwerte bei 18 Grad im Norden und bei 20 Grad im Süden. Die Regenwahrscheinlichkeit ist ziemlich hoch. Der „Goldene Herbst" bringt noch einmal viel Sonne und es gibt Tage mit milden Temperaturen. Kalte Winter lassen die Temperaturen weit unter den Gefrierpunkt fallen, oft ist es dann mehrere Wochen lang unter 0 Grad. In Höhenlagen schneit es nicht selten schon ab November.

Deutschland ist auch kulinarisch eine Reise wert. Denn in Deutschland wird nicht nur gern gegessen, sondern auch hervorragend gekocht. Die deutsche Küche ist jedoch regional sehr unterschiedlich. Hier eine kleine Auswahl regionaler Spezialitäten, die man unbedingt probieren sollte: In Norddeutschland gibt es zahlreiche Fischspezialiäten, z.B. Matjes – gesalzener Hering mit Zwiebeln und Sahnesauce. Aus Ostdeutschland kommt die Thüringer Bratwurst und der weltberühmte Dresdner Christstollen. Der Westen und die süddeutschen Regionen sind eher bekannt für deftige Fleischgerichte: Pfälzer Saumagen, Schweinebraten mit Sauerkraut und Knödel oder Münchener Weißwürste. Aber auch Vegetarier kommen nicht zu kurz: Schwaben beispielsweise ist bekannt für unzählige Spätzlevariationen. Weltbekannt ist auch der deutsche Kartoffelsalat. Bier ist immer noch das beliebteste alkoholische Getränk in Deutschland. Am besten schmeckt es unter freiem Himmel in den Biergärten.

Egal ob Kultur, Natur, Sport oder Erholung – es ist für jeden Urlaubstyp etwas dabei. Nummer eins unter den meistbesuchten Städten ist die Hauptstadt Berlin. Auf den nächsten Plätzen der beliebtesten Städte folgen Hamburg, München, Köln und Dresden. Jede Stadt wartet mit interessanten Sehenswürdigkeiten und vielen Museen auf den Kulturbegeisterten. Bei Sightseeing Touren ist es z. B. möglich, die Kuppel im Berliner Reichstag zu begehen. Und im Hamburger Hafen fahren riesige Containerschiffe am Besucher vorbei. Das Märchenschloss Neuschwanstein mit seinen vielen Türmen ist wohl eins der beliebtesten Ausflugsziele in Bayern. Aber auch der Kölner Dom und die Dresdner Frauenkirche erfreuen sich jedes Jahr vieler Besucher.

Naturfreunde werden ebenfalls nicht enttäuscht sein. Abwechslungsreiche Landschaften und Naturparks laden zu Wanderungen ein. Strandurlauber können an den Küsten oder Seen relaxen. Und auch für den begeisterten Sportler gibt es viele Möglichkeiten zu Land und zu Wasser: Segeln und Surfen auf unzähligen Seen oder am Meer, Wandern, Fahrrad fahren und Klettern in den Bergen. Es lohnt sich auch, im Winter nach Deutschland zu fahren. Denn Deutschland hat viele fantastische Gegenden für Wintersport-Fans.

es in festen Wendungen
Es ist möglich/leicht/schwierig /
   für jeden etwas dabei ...
Es gibt ...
Es schmeckt.
Es lohnt sich.

Tages-und Jahreszeiten
Es ist Nacht / Sommer ...

Wetter
Es schneit/regnet.
Es ist kühl/heiß/ ...
Es wird heiß/dunkel ...
Im Winter ist es oft unter 0 Grad.

D3 Lesen Sie noch einmal.

a Machen Sie Notizen.

Klima: *gemäßigt, ...*
Frühling:
Sommer: *es regnet oft,*
Herbst:
Winter:

Essen
Spezialitäten:
Getränke:

b Welche Tipps zum Urlaub in Deutschland können Sie geben? Wählen Sie ein Thema.
Machen Sie Notizen und erzählen Sie dann in der Klasse.

Tipps für den Naturliebhaber:
*Landschaft abwechslungsreich,
ans Meer fahren*

**Tipps für den
Kulturinteressierten:**
*Schöne Architektur
(Fachwerkhäuser), ...*

Tipps für den Sportbegeisterten:
*Schwimmen an Nord- und Ostsee
oder in Seen. ...*

Also der Sportbegeisterte hat viele
Möglichkeiten. Er kann ans Meer fahren und ...

D4 Ihr Lieblingswetter. Sprechen Sie mit Ihrer Partnerin / Ihrem Partner.

a Was ist Ihr Lieblingswetter? Was machen Sie dann am liebsten? Wo sind Sie dann gern?

Am liebsten ist es mir, wenn die Sonne
scheint und es heiß ist! Dann mache ich mit
meiner Familie gern ein Picknick.

Kälte, Eis und Schnee mag ich gar nicht.
Wenn es am Wochenende schneit, dann ...

b Welche Landschaft mögen Sie besonders gern? Warum?

Ich liebe es, in den Bergen zu sein, vor allem in
Südtirol. Dort gibt es auch wunderschöne Täler.

Ich liebe den Wald.
Ich gehe jeden Tag ...

 ### D5 Eine Reise im August in ein Land Ihrer Wahl

a Arbeiten Sie in Gruppen. Machen Sie ein Plakat.

b Stellen Sie den anderen Gruppen „Ihr" Land vor.

Wir stellen euch die Türkei vor. Im August ist es
in der Türkei sehr heiß. Manchmal sind es über
vierzig Grad! Man kann dort ...

Schon fertig?
Schreiben Sie kleine Texte
für eine Reisebroschüre.

6 E Besuch in Wuppertal

E1 Wo bekommt man welche Information? Notieren Sie die Überschrift.

a Sie suchen Veranstaltungen, die für Ihre Kinder interessant sind.   *Tipps für die Kleinen*
b Sie möchten wissen, welche Übernachtungsmöglichkeiten es gibt.   ....
c Sie suchen Geschäfte, die typische Souvenirs verkaufen.   ....
d Sie wollen wissen, ob es ein Schwimmbad gibt.   ....
e Sie möchten herausfinden, wie Sie am besten nach Wuppertal kommen.   ....

www.wuppertal.de

Anreise
Alle Wege führen zu uns.
Informationen zur An- und Abreise mit Bahn, Flugzeug und Auto finden Sie hier.

Kultur
Unsere beliebtesten Museen:

Museum für Industrialisierung
Soziale und technische Veränderungen der Arbeitswelt im Wuppertaler Raum von 1780 bis 1850.
Öffnungszeiten: Di.–So. 10–13 Uhr, 15–17 Uhr, Mo. geschlossen
Zur Museums-Homepage

Fuhlrott-Museum
In unserem regionalen Naturkunde-Museum begegnen Sie auf Schritt und Tritt der Natur des Bergischen Landes. Unsere Abteilungen: Lebensräume der Tiere und Pflanzen sowie der Dinosaurier, die Geschichte des Menschen, Gesteinskunde.
Öffnungszeiten: Di.–Do. 11–18 Uhr, Sa.+So. 11–16 Uhr, Fr. 10–13 Uhr, Mo. geschlossen Zur Museums-Homepage

Stadtrundfahrten
Die Stadt von oben entdecken? Das gibt's nur in Wuppertal – mit der weltberühmten Schwebebahn.

Frühschoppenfahrt hoch über der Wupper
Abfahrt: 11.00 Uhr in Wuppertal-Vohwinkel

Abendfahrt durchs Häuser- und Lichtermeer. Schweben Sie mit!
Abfahrt: 18.50 Uhr in Wuppertal-Vohwinkel
Bei diesen Fahrten gibt es Bergische Kottenbutter und Bier oder Mineralwasser (Limo für Kinder).

Kaffeefahrt im Kaiserwagen
Mit Kuchen, Kaffee bzw. Kakao für die Kinder.
Abfahrt: 15.00 Uhr / 17.00 Uhr in Wuppertal-Vohwinkel
Tickets: 14,50 € für Erwachsene und 8,50 € für Kinder.
Information und Anmeldung

Unterkunft
Ob Luxushotel mit Voll- oder Halbpension, gemütliche Pension oder Privatzimmer: Buchen Sie bequem online!

Hotels vom 5-Sterne-Hotel bis zur einfachen Pension Suchen und buchen

Privatunterkünfte die gute Alternative zum Hotel Suchen und buchen

Jugendherbergen und Gästehäuser Ideal für Jugendliche und Gruppen Suchen und buchen

Camping Information und Adressen

Tipps für die Kleinen
Märchenführungen
Einen „märchenhaften Abend im Zoo" können Kinder bei diesen Führungen durch den dunklen Zoo erleben. Information und Termine

Kindergeburtstage im Fuhlrott-Museum
Die Geburtstagsparty ist für Kinder von sechs bis zwölf Jahren. Die Kinder suchen gemeinsam einen Schatz im Museum – mit vielen Überraschungen. Information und Anmeldung

Müllers Marionettentheater
Alles vom *Räuber Hotzenplotz* bis zu Grimms Märchen!

Programm und Karten

Sport
Veranstaltungskalender
Alle Sportveranstaltungen im Überblick

Städtische Bäder
Alle städtischen Hallen- und Freibäder im Überblick

Sportvereine von A bis Z

Einkaufsführer
Rubriken von A – Z:
Von A wie Anzug bis Z wie Zündholz – alles, was Sie suchen, finden Sie in unserer übersichtlichen Artikelsuche

E2 Suchen Sie die Informationen im Internet und ergänzen Sie. Hören Sie dann das Gespräch. Welche falschen Informationen gibt die Touristeninformation? Ergänzen Sie.

	Internet	Touristeninformation
Fuhlrott-Museum, Öffnungszeiten		
Schwebebahn		
Abfahrtszeiten, Preise		
Marionettentheater		

Grammatik

1 Konjunktionen: *um zu* + Infinitiv und *damit* (Finalsatz)

			Ende
Herr Kelmendi fährt in seine Heimat,	**um**	Ruhe	**zu haben**.
		den Kontakt nicht	**zu verlieren**.
	damit	*seine Kinder* die Großeltern	**sehen**.
		seine Frau sich	**erholen kann**.

→ ÜG, 10.10

2 Konjunktionen: *statt / ohne … zu* + Infinitiv

			Ende
Man muss was tun,	**statt**	nur	**zu reden**.
Die Sekretärin soll nichts entscheiden,	**ohne**	die Chefin vorher	**zu fragen**.

→ ÜG, 10.12

3 *es* in festen Wendungen

allgemein:	es ist möglich / leicht / schwierig / …
	es schmeckt
	es gibt / es lohnt sich
Befinden:	Wie geht es Ihnen? Wie geht's? Mir geht's gut.
Wetter:	es regnet, es ist kühl, es ist neblig, es wird heiß …
Tages- und Jahreszeiten:	es ist Nacht / Sommer / …

→ ÜG, 5.25

Wichtige Wendungen

Verkaufsgespräch

Haben Sie einen (bestimmten) Wunsch? •
Kann ich etwas für Sie tun? •
Sie wünschen? •
Darf ich Ihnen … anbieten/empfehlen? •
Wie wär's mit …? •
(Das ist) genau das Richtige für Sie. •
Es ist eine besonders gute Qualität. •
Eine einmalige Gelegenheit. •
Das ist ganz toll/ungewöhnlich, weil … •
Sensationell. Direkt aus … •
Das brauchen Sie unbedingt. •
Kann ich noch etwas für Sie tun? •
Zahlen Sie bar oder mit ec-Karte? •
Wenn Sie noch Wünsche haben, melden Sie sich bei uns. • Greifen Sie zu!

Ich hätte gern … • Dürfte ich Sie etwas fragen? •
Ist es möglich …? •
Ich kann mich noch nicht entscheiden. •
Das ist mir zu teuer / zu … •
Es kommt darauf an, was es kostet. •
Kann ich auch mit ec-Karte / Kreditkarte bezahlen? •
Vielen Dank für Ihre Mühe/Hilfe.

über sich sprechen: das Heimatland

Ich stelle Ihnen die … vor. •
Im August / Im Sommer ist es … sehr heiß / … . Manchmal sind es über … Grad! • Man kann dort … besichtigen, zum Beispiel …

über eine Statistik sprechen

Die Statistik zeigt … •
In der Statistik geht es um … •
doppelt so viele … wie … •
genauso viele … wie … •
nur halb so viele … wie … •
jede/r Zweite/Dritte … •
mehr/weniger als die Hälfte / ein Drittel / ein Viertel / … •
fast/nur/über … ein Viertel / …

unsicher reagieren

Wirklich? • Also, ich weiß nicht. •
Das muss ich mir noch überlegen. •
Das ist mir zu teuer / langweilig … •
Ich brauche das nicht. • Warum sollte ich das kaufen?

6 Schnell, schnell ...

1 Sehen Sie das Bild an und hören Sie die Texte. Ordnen Sie zu.

Hörtext	1	2	3	4
im Bild				

2 Hören Sie die Texte noch einmal.

1 ■ Was kritisiert der Zuhörer?
■ Geben Sie selbst Ratschläge:

| Machen Sie schneller, damit ... | Genießt das Leben, statt ... | Werdet schneller, um ... |

2
- Für was für eine Maske wird hier Werbung gemacht?
- Hätten Sie gern so eine Maske? Warum (nicht)?
- Wem würden Sie gern eine solche Maske schenken?

3
- Warum ist der Kunde so sauer auf den Hotdog-Verkäufer?
- Suchen Sie weitere Wörter mit „gehen" und „fahren" und bilden Sie Sätze.
  Beispiele: *gehen:* „Wie geht's?" • *angehen:* „Das geht dich nichts an." • *abfahren:* „Der Zug ..."

4
- Suchen Sie Kurt und seine Mutter. Wo sind die beiden? (4 Orte)
- Bilden Sie weitere Sätze mit „schnell mal" und „kurz mal":
  Beispiele: „Ich muss noch schnell mal telefonieren." / „Kannst du das kurz mal halten?"

7 Rund ums Wohnen

FOLGE 7: DIE TRAUMWOHNUNG

1 Lesen Sie die Anzeige und beantworten Sie die Fragen.
Wie viele Zimmer hat die Wohnung?
Ist sie mit oder ohne Möbel?
Wie hoch ist die Warmmiete (mit Heizung)?

> Schöne möblierte 1-Zi-Wohnung, Südstadt, 350 Euro + NK 95 Euro, von privat, Tel. 01234/56 78 91 01

2 Sehen Sie die Fotos an.

a Fotos 1–5: Beschreiben Sie das Gebäude: Wie gefällt es Ihnen?

- Ich finde es ..., besonders das ...
- Ich glaube, es hat ...
- Das gefällt mir auch sehr gut.
- Der Garten ist bestimmt ...

b Fotos 6–8: Was ist passiert? Was meinen Sie?

3 Sehen Sie die Fotos an und hören Sie.

4 Erzählen Sie Nasseers Traum. Die Fragen helfen Ihnen.

Wie viele Zimmer hat das Haus? ● Wie sind die Zimmer? ● Wie teuer ist es? ● Wer wohnt da? ● Was bietet ihm die Besitzerin an?

> Nasseer hatte einen schönen Traum. Er war in ...

> ...

> ... Dann klingelte der Wecker und Nasseer ist aufgewacht und musste aufstehen.

5 Wie sieht Ihre Traumwohnung oder Ihr Traumhaus aus? Zeichnen Sie. Stellen Sie dann Ihre Traumwohnung oder Ihr Traumhaus vor.

> Ich hätte gern ein supermodernes Glashaus auf dem Mond, mit Aussicht auf die Erde.

> Auf dem Mond? Nein, da ist es mir zu kalt. Ich würde lieber auf einer Insel wohnen, in einer netten kleinen Wohnung mit ...

einundachtzig 81 LEKTION 7

7 A Die Wohnung ist nämlich **nicht nur** sehr groß, **sondern auch** sehr billig.

A1 Hören Sie noch einmal und ergänzen Sie.

zwar … aber … • entweder … oder … • nicht nur … sondern auch …

a Warten Sie, das Beste kommt erst noch. Die Wohnung ist nämlich ……………… sehr groß, ……………… sehr billig.

b Das Haus ist mir viel zu groß. Ich brauche ……………… viel Platz, ……………… doch keine neun Zimmer.

c Nein, das ist zu schön, um wahr zu sein. ……………… ich träume, ……………… ich bin verrückt geworden.

A2 Wohnungsbesichtigungen

nicht nur …, sondern auch …
zwar …, aber …
entweder … oder …

a Ordnen Sie zu.

A B C D

das Reihenhaus ☐
das Hochhaus ☐
der Altbau ☐
der Neubau *B*

b Welche Wohnungen aus a werden besichtigt? Hören Sie und notieren Sie: ☐ und ☐.

c Welche Informationen über die Wohnungen bekommen Sie? Hören Sie noch einmal und machen Sie Notizen.

	Miete / Nebenkosten	Größe	Zimmer	Termin	Balkon/Garten
Wohnung 1					
Wohnung 2					

d Welche Vor- und Nachteile haben die Wohnungen? Ergänzen Sie. Vergleichen Sie.

1 Die Wohnung liegt *nicht nur* in der Fußgängerzone, ……………… sie hat *auch* einen Parkplatz. Der Parkettboden ist ……………… alt, ……………… dafür aus echtem Holz. Es gibt ……………… einen Ölofen im Gang ……………… einen in der Küche.

2 Die Kinder können ……………… im Vorgarten ……………… auf dem Spielplatz nebenan spielen. Das Haus hat ……………… nur ein kleines Wohnzimmer, ……………… dafür eine sehr große Wohnküche. Man kann es ……………… kaufen ……………… mieten.

A3 Rollenspiel. Das Maklerspiel. Arbeiten Sie zu dritt.

Einmalige Gelegenheit: Wohnung schön und preiswert!

Person A: Sie suchen eine Wohnung und haben diese Wohnungsanzeigen gesehen. Notieren Sie sich Fragen. Rufen Sie die Makler an und fragen Sie. Entscheiden Sie sich am Ende für eine Wohnung.

Super Wohnung mit Terrasse günstig zu vermieten.

Person B / Person C: Sie sind Makler und haben Anzeige 1 / Anzeige 2 aufgegeben. Sie wollen Ihre Wohnung unbedingt vermieten. Machen Sie sich Notizen. Überzeugen Sie Person A von Ihrer Wohnung.

übertreiben
Die Wohnung ist einfach super! Sie …
Stellen Sie sich nur vor, …
Das Beste kommt noch! …

Erstaunen ausdrücken
Unglaublich! / Wahnsinn!
Ach, wirklich? Das ist ja nicht zu glauben!
Das ist zu schön, um wahr zu sein.

unsicher reagieren
Also ich weiß nicht.
Das muss ich mir noch überlegen.
Das ist mir zu teuer / …

Lage:
Göße:
Zimmer:
Miete:
Termin:

B 7

Hätte ich doch bloß weitergeträumt!

B1 Nasseers Wünsche. Ordnen Sie zu und ergänzen Sie.

Schade, dass ich nicht weitergeträumt habe.

Hätte ich doch bloß weitergeträumt!

Hätte ich doch bloß **weitergeträumt**!
Wäre ich bloß nicht so früh **aufgewacht**!

a Wie dumm, dass ich so früh aufgewacht bin.
b Schade, dass ich den Wecker gehört habe.
c Zu dumm, dass der Wecker so laut geklingelt hat.

.... der Wecker bloß nicht so laut geklingelt!
.... ich bloß nicht so früh aufgewacht!
.... ich doch nur den Wecker nicht gehört!

B2 Zu spät gekommen! Was denkt die Person? Sprechen Sie.

Beginnen Sie die Sätze mit:
Ach! Hätte ich doch bloß/nur …
Wäre ich doch bloß/nur …

Hätte ich | nur …
Wäre ich | doch …
          | (doch) bloß …

die Anzeige früher lesen • sofort anrufen • den Bus nicht verpassen • die Straße finden • nicht im Stau stehen • gleich hierher fahren • nicht so lang bei meinem Freund bleiben • …

Hätte ich die Anzeige doch nur früher gelesen!

B3 Rollenspiel: Nach dem Umzug in die neue Wohnung

In der alten Wohnung.

In der neuen Wohnung.

Du kannst es dir nicht vorstellen. Ich fühle mich so unwohl. Hätte ich doch bloß die alte Couch nicht verschenkt! Die war so gemütlich. Und hätte ich den …

A
Sie sind aus einer kleinen engen, aber gemütlichen Wohnung in eine große, moderne gezogen. Sie haben die Wohnung neu eingerichtet. Aber Sie fühlen sich in der modernen Umgebung nicht wohl. Sie rufen Ihre Partnerin / Ihren Partner an und beklagen sich.

die Couch – verschenken • der Papagei – in den Zoo geben • der Hund – der Oma geben • die drei Katzen – auf dem Bauernhof abgeben • die Blumenvase – im Internet verkaufen • die Bilder – auf dem Flohmarkt verkaufen • die Bücher – in den Papiercontainer werfen • die alten Stühle – im Ofen verbrennen

B
Ihre Partnerin / Ihr Partner ist umgezogen. Nun beklagt sie/er sich bei Ihnen. Reagieren Sie.

Sympathie zeigen
Das kann ich gut verstehen. / Du Arme. / Ja, wirklich. / Ja, hättest du mal nicht … / Ja, jetzt ist es zu spät. / Oje! / Und kannst du nicht …?

dreiundachtzig   83   LEKTION 7

7 C Leben im Mehrfamilienhaus

C1 Leben im Mehrfamilienhaus: Was glauben Sie: Was ist erlaubt? Kreuzen Sie an.

Das ist erlaubt / nicht erlaubt.

1. Sie haben Besuch von Freunden mit Kindern. Die Kinder spielen auf dem Spielplatz im Hof. ☐ ☐
2. Ihr Nachbar hat sein Fahrrad ins Treppenhaus gestellt. ☐ ☐
3. Sie haben diese Woche das Treppenhaus nicht geputzt, obwohl Sie laut Putzplan an der Reihe wären. ☐ ☐
4. Trotz des Regens haben Sie das Dachfenster nicht geschlossen. ☐ ☐
5. Sie hängen Ihre Wäsche zum Trocknen im Garten auf, weil so schönes Wetter ist. ☐ ☐
6. Ihre Nachbarin setzt sich zum Lesen in den Garten. ☐ ☐
7. Ihr Nachbar liebt Vögel und hat 20 Wellensittiche in seiner Wohnung. ☐ ☐

C2 Regeln und Pflichten. Was ist das Thema? Ordnen Sie zu.

Sicherheit • Kinder • Fahrzeuge • Reinigung • Tierhaltung • Wasch- und Trockenräume • Gartennutzung

trotz des Regens = **obwohl** es regnet

Hausordnung   Am Brummweg 14

Die Hausordnung regelt das Zusammenleben aller Mitbewohner des Hauses. Sie enthält Rechte und Pflichten. Sie gilt für alle Bewohner. Alle Bewohner werden sich nur dann wohlfühlen, wenn alle gegenseitig aufeinander Rücksicht nehmen.

A _Kinder_
Aus Sicherheitsgründen dürfen sich Kinder nicht alleine im Keller und in der Tiefgarage aufhalten. Sie dürfen auf dem Hof und der zum Haus gehörenden Wiese spielen, soweit dies nicht zu unzumutbarer Belästigung für die Mitmieter oder Schädigung der Anlage führt. Die Spielplätze sind auch für Freunde und Freundinnen der im Haus wohnenden Kinder.

B ....
Haus und Grundstück sind in einem sauberen und reinen Zustand zu erhalten. Nach einem Reinigungsplan müssen die Mieter abwechselnd Flure, Treppen und Dachbodenräume (einschließlich der Fenster), den Hof, den Standplatz der Müllcontainer und den Bürgersteig vor dem Haus säubern.

C ....
Das Abstellen von Fahrrädern ist ausschließlich auf den dafür vorgesehenen Flächen und im Fahrradkeller erlaubt. Das Abstellen von Mopeds und Motorrädern auf dem Hof oder vor der Garage ist nicht gestattet.

D ....
Haustüren, Kellereingänge und Hoftüren sind in der Zeit von 22.00 bis 6.00 Uhr ständig geschlossen zu halten. Keller-, Speicher- und Treppenhausfenster sind in der kalten Jahreszeit geschlossen zu halten. Dachfenster sind bei Regen und Sturm zu verschließen.

E ....
Das Waschen und Trocknen von Wäsche in den Mieträumen ist erlaubt. Im Keller stehen Räume mit Waschmaschinen und Trockner zur Verfügung, die von allen Hausbewohnern gegen Entgelt benutzt werden können. Wäsche darf nicht im Garten aufgehängt werden.

F ....
Der Aufenthalt im Garten ist für alle Hausbewohner erlaubt. Jedoch ist Rücksicht auf die Nachbarn zu nehmen. Jeder Mieter / jede Mieterin ist dafür verantwortlich, dass vermeidbarer Lärm unterbleibt.

G ....
Hunde und Katzen, sowie andere Kleintiere, wie Zierfische, Hamster oder Vögel darf der Mieter halten. Bei anderen Tieren muss der Vermieter sein Einverständnis geben. Bei Haustieren ist jedoch darauf zu achten, dass diese sich nicht ohne Aufsicht in den Außenanlagen, im Treppenhaus oder anderen Gemeinschaftseinrichtungen aufhalten. Verunreinigungen sind sofort zu entfernen. Von den Spielplätzen sind die Haustiere grundsätzlich fernzuhalten.

C 7

C3 Vergleichen Sie: Was haben Sie in C1 geantwortet und was steht im Text (C2)? Unterstreichen Sie im Text die wichtigen Informationen.

> **Schon fertig?**
> Schreiben Sie eine Hausordnung für den Kursraum. Beispiel: *Die Teilnehmer dürfen im Unterricht essen und Kaugummi kauen. ...*

C4 Wie ist das bei Ihnen? Gibt es in Ihrem Haus auch Regeln?

Über Gepflogenheiten sprechen

Wer macht eigentlich ...?   Was ist bei euch üblich?
Wer ist zuständig für ...?   Darf / Muss man ...?
Wer kümmert sich um ...?   Ist das bei euch auch so?

Reinigung

Gartennutzung

Fahrzeuge

Waschräume

Haustiere

Satellitenantenne

> Wer kümmert sich bei euch um das Treppenhaus?
> Musst du die Treppen putzen?

> Nein, da haben wir ...

> Mein Nachbar hat vor Kurzem eine Satellitenantenne auf dem Balkon aufgestellt. Darf man das?

> Ja, ich weiß, dass ausländische Bewohner das dürfen, damit sie ihren Heimatsender empfangen können.

fünfundachtzig   **85**   LEKTION 7

7 D Mit Nachbarn leben

D1 Beschwerden unter Nachbarn

a Wer spricht mit wem? Hören Sie sechs Gespräche und ordnen Sie zu. Wie finden Sie die Leute? Freundlich oder unfreundlich? Ergänzen Sie ☺ oder ☹.

b Hören Sie noch einmal und machen Sie Notizen.

Gespräch	Problem	Lösung (wenn möglich)
1	Die Nachbarin wäscht abends um halb elf die Wäsche.	

c Worüber oder über wen ärgern sich die Leute? Warum? Sprechen Sie.

> Die Frau in Situation L ärgert sich über den Lärm.

> Der Mann in Situation D ärgert sich über die Jungen, weil sie im Treppenhaus spielen.

sich ärgern über
Person – über wen?
Sie ärgert sich **über die Nachbarin**.
Sache – **worüber**?
Sie ärgert sich **über den Lärm**.

d Worüber/Über wen würden Sie sich auch ärgern? Worüber/Über wen nicht?

> Ich würde mich nicht über die Jungen ärgern, weil sie im Treppenhaus spielen.

D2 Rollenspiele: Konflikte mit Nachbarn lösen

a Wählen Sie eine Situation aus Aufgabe D1 aus oder denken Sie sich selbst eine Situation aus.
b Schreiben Sie kleine Rollenkarten für die beiden Personen, wählen Sie die passenden Redemittel aus und spielen Sie dann.

höflich Kritik äußern
Ich wollte dich/Sie um etwas bitten …
Ich hätte da eine Bitte an Sie …
Wir hatten doch abgemacht, dass …
Wäre es vielleicht möglich, …?
Könnten Sie bitte …?
Es wäre schön, wenn Sie da etwas Rücksicht nehmen könnten.

auf Kritik erstaunt reagieren
Ach, wirklich? Das ist mir noch gar nicht aufgefallen.
Tatsächlich?
Das ist ja merkwürdig/seltsam.
So was ist mir ja noch nie passiert.
Das ist ja blöd.

auf Kritik freundlich reagieren / sich entschuldigen
Entschuldige bitte! / Entschuldigen Sie bitte!
Das/Es tut mir schrecklich leid.
Daran habe ich gar nicht gedacht.
Klar, geht in Ordnung.
Das verstehe ich doch. Ich werde ab jetzt daran denken.

auf Kritik verärgert reagieren
Meinetwegen.
Das ist ein starkes Stück.
Das geht Sie wirklich nichts an.
Das ist ja wohl die Höhe / eine Frechheit!
Das ist doch nicht mein Problem.
Das ist ja lächerlich.
Wenden Sie sich doch bitte an den Vermieter!

Grammatik

1 Zweiteilige Konjunktionen: *nicht nur ... sondern auch, zwar ... aber, entweder ... oder*

Die Wohnung ist nämlich	**nicht nur**	sehr groß,	**sondern auch** sehr billig.
Ich brauche	**zwar**	viel Platz,	**aber** doch keine neun Zimmer.
Man kann die Wohnung	**entweder**	kaufen	**oder** mieten.

→ ÜG, 10.13

2 Konjunktiv II Vergangenheit: Konjugation

ich	hätte		wäre	
du	hättest		wärst	
er/es/sie	hätte	gehört	wäre	
wir	hätten		wären	aufgewacht
ihr	hättet		wärt	
sie/Sie	hätten		wären	

→ ÜG, 5.18

3 Konjunktiv II Vergangenheit: Irreale Wunschsätze

Hätte ich doch bloß **weitergeträumt**!
Wäre ich bloß nicht so früh **aufgewacht**!

→ ÜG, 5.18

4 Präposition: *trotz*

Sie haben das Dachfenster **trotz des** Regens nicht geschlossen.
... *obwohl* es geregnet hat.

→ ÜG, 6.04

5 Wiederholung: Verben mit Präpositionen

Verb + Präposition	Präpositionaladverb	Präposition + Personalpronomen		Fragewort	
		Sachen	*Personen*	*Sachen*	*Personen*
(sich) ärgern **über**	darüber		über ihn/–/sie	worüber?	**über** wen?
sich interessieren **für**	dafür		für ihn/–/sie	wofür?	**für** wen?
sich treffen **mit**	–		mit ihm/(ihm)/ihr	–	**mit** wem?

→ ÜG, 5.23

Wichtige Wendungen

übertreiben
Die Wohnung ist einfach super! • Stellen Sie sich nur vor, ... • Das Beste kommt noch!

Erstaunen ausdrücken
Unglaublich! / Wahnsinn! • Ach, wirklich? Das ist ja nicht zu glauben! • Das ist zu schön, um wahr zu sein.

Sympathie zeigen
Das kann ich gut verstehen. • Du Arme. • Ja, wirklich. • Ja, hättest du mal nicht ... • Ja, jetzt ist es zu spät. • Oje! Und kannst du nicht ...?

höflich Kritik äußern
Wir hatten doch abgemacht, dass ... • Ich wollte dich / Sie um etwas bitten, ... • Ich hätte da eine Bitte an Sie ... • Wäre es vielleicht möglich, ...? • Könnten Sie bitte ...? • Es wäre schön, wenn Sie da etwas Rücksicht nehmen könnten.

auf Kritik erstaunt reagieren
Ach, wirklich? Das ist mir noch gar nicht aufgefallen. • Tatsächlich? • Das ist ja merkwürdig / seltsam. • So was ist mir ja noch nie passiert. • Das ist ja blöd.

auf Kritik freundlich reagieren
Entschuldigen Sie/Entschuldige bitte. • Das/Es tut mir schrecklich leid. • Daran habe ich gar nicht gedacht. • Klar, das geht in Ordnung. • Das verstehe ich doch. Ich werde ab jetzt daran denken.

auf Kritik verärgert reagieren
Meinetwegen • Das ist ja wohl die Höhe / eine Frechheit! • Das ist ein starkes Stück. • Das geht dich/Sie wirklich nichts an. • Das ist doch nicht mein Problem. • Wende dich/Wenden Sie sich doch bitte an ... • Das ist ja lächerlich.

über Gepflogenheiten sprechen
Wer macht eigentlich ...? • Wer ist zuständig für ...? • Wer kümmert sich um ...? • Was ist bei dir/Ihnen üblich? • Darf/Muss man ...? • Ist das bei dir/Ihnen auch so?

7 Von Tür zu Tür

Räume ohne Fenster gibt es: Kinos oder Garagen zum Beispiel. Aber ein Haus ohne Tür? Das ist undenkbar! Man muss schließlich irgendwie hinein- und wieder herauskommen. Kein Wunder also, dass die Tür in vielen deutschen Redewendungen eine Rolle spielt.

Wenn jeder vor seiner Tür kehrt, wird es überall sauber, sagt ein Sprichwort.

Wenn man mit jemandem etwas priva[t] besprechen möchte, tut man das a[m] besten *hinter verschlossenen Türen* u[nd] sorgt dafür, dass alle anderen *vor ve[r]schlossener Tür stehen*. Ganz anders a[ls]

1 Ein (meist problematisches) Thema zu schnell oder zu direkt ansprechen.

2 Etwas nebenbei machen; etwas schnell mal so machen

3 Jemanden von etwas überzeugen wollen, von dem er längst überzeugt ist.

1 Lesen Sie den Text. Gehen Sie dann von Tür zu Tür und lesen Sie die Situationsbeschreibungen. Wie könnte die deutsche Redewendung lauten? Was meinen Sie?

2 Hören Sie jetzt die Gespräche und notieren Sie die Redewendungen.

ZWISCHENSPIEL | www.hueber.de/schritte-plus

Tag der offenen Tür: Da darf man sogar ins Büro des Bundespräsidenten gehen. Und wenn Weihnachten mal wieder *vor der Tür steht*, wird es höchste Zeit, Geschenke zu kaufen.

Hinter jeder dieser schönen alten Türen finden Sie noch eine weitere häufig benutzte Redewendung.

4 Jemandem sagen, dass er immer willkommen ist.

5 Jemandem sagen, dass er sich um seine eignen Sachen kümmern soll.

3 Gibt es in Ihrer Sprache ähnliche Sprichwörter? Können Sie sie ins Deutsche übersetzen?

4 Kennen Sie noch weitere deutsche Redewendungen oder Sprichwörter? Sammeln Sie im Kurs.

Fragebogen: Was kann ich schon?

Das kann ich sehr gut. / *Das kann ich.* / *Das übe ich noch.*

Hören

Ich kann Interviews verstehen, z.B. zum Thema Glücksbringer.			
Ich kann Radiosendungen zu verschiedenen Themen verstehen, z.B. ein Gesundheitsgespräch, eine Umfrage zum Sprachen lernen oder ein Radioquiz.			
Ich kann Beschreibungen von Entspannungsübungen verstehen: *Zur Dehnung der Brust einen Arm über den Kopf heben …*			
Ich kann Telefonansagen verstehen: *Leider rufen Sie außerhalb unserer Geschäftszeiten an. …*			
Ich kann Angebote für den Kunden verstehen: *Darf ich Ihnen … empfehlen? / Das ist genau das Richtige für Sie.*			
Ich kann bei mündlichen Arbeitsverträgen die wesentlichen Informationen verstehen: *Und das Ganze würden wir auf 400-Euro-Basis im Monat machen.*			
Ich kann bei Besichtigungsterminen von Wohnungen relevante Informationen verstehen: *Die Wohnung ist nicht nur sehr groß, sondern auch …*			
Ich kann wichtige Informationen über Behandlungsmöglichkeiten verstehen: *Das Beste wäre wohl, Sie würden zunächst einmal zu Ihrem Hausarzt gehen.*			

Lesen

Ich kann in einem Fernsehprogramm interessante Sendungen finden: *18:10 Uhr Sportschau …*			
Ich kann einen einfachen Krimi lesen: *Kramer setzte sich an den Tisch …*			
Ich kann Broschüren/Ratgeber/Angebote von Krankenkassen verstehen: *Nehmen Sie dauerhaft und gesund ab. Die AOK zeigt Ihnen den erfolgreichen Weg zu Ihrem Wunschgewicht.*			
Ich kann Erfahrungsberichte lesen: *Auf Klassenreise in London*			
Ich kann Stellenanzeigen auswerten und passende Jobs finden: *Wir suchen ab sofort freundliche und zuverlässige Kassiererinnen.*			
Ich kann Veranstaltungen (im Internet) finden, die mich interessieren: *Besuch in Wuppertal*			
Ich kann Regeln und Vorschriften in einer Hausordnung verstehen: *Aus Sicherheitsgründen dürfen sich Kinder nicht alleine im Keller aufhalten.*			
Ich kann kurze Nachrichtentexte lesen: *Ein 54-jähriger Bremer …*			
Ich kann schriftliche Arbeitsaufträge, Protokolle und Informationen am Arbeitsplatz verstehen: *Für Besprechung (neues Projekt) am Empfang Besprechungsraum reservieren …*			
Ich kann Informationen bei der Arbeitssuche und zur Aus- und Fortbildung verstehen: *Die Berufsberatung stellt sich vor. … Wir vermitteln Ausbildungsstellen und Praktika.*			
Ich kann Prospekte von Versicherungen verstehen: *Mit einer Zusatzversicherung der … Krankenkasse erweitern Sie jederzeit das Angebot Ihrer gesetzlichen Krankenkasse.*			
Ich kann die wichtigsten Informationen auf einem Beipackzettel verstehen: *Anwendungsgebiete, Nebenwirkungen …*			
Ich kann eine Buchungsbestätigung verstehen: *Wir bestätigen hiermit Ihre Buchung: Tag der Anreise: …*			
Ich kann einen Mietvertrag und Schreiben von meinem Vermieter verstehen: *Das Mietverhältnis beginnt am … Laut Garagenmietvertrag vom … müssen Sie einen monatlichen Mietzins von … bezahlen.*			

neunzig

Sprechen

	Das kann ich sehr gut.	Das kann ich.	Das übe ich noch.
Ich kann über Vergangenes berichten: *Stell dir vor: Als ich ... / Es war im Sommer ...*			
Ich kann mit anderen etwas planen und einen Konsens finden: *Wir könnten doch den Liebesfilm ansehen. – Nein, das möchte ich nicht. Lass uns doch lieber ...*			
Ich kann jemandem etwas empfehlen: *Ich empfehle Ihnen ... / An Ihrer Stelle würde ich ...*			
Ich kann über eine Statistik sprechen: *Diese Statistik zeigt, ... / Die meisten Deutschen ...*			
Ich kann Wichtigkeit ausdrücken: *Für mich ist das wichtig, weil ...*			
Ich kann nachfragen, wenn ich etwas nicht verstehe: *Meinen Sie damit, dass ich ...*			
Ich kann über meine Berufsbiografie sprechen: *Ich habe als Ingenieur bei verschiedenen internationalen Firmen gearbeitet ...*			
Ich kann über die Arbeit sprechen (Small Talk): *Wie läuft's denn so in der Firma?*			
Ich kann mich telefonisch bewerben: *Ich rufe wegen Ihrer Anzeige in ... an.*			
Ich kann in Kundengesprächen reagieren: *Ich hätte gern ... / Das ist mir zu teuer.*			
Ich kann übertreiben: *Das Beste kommt noch!*			
Ich kann zeigen, dass ich erstaunt oder nicht erstaunt bin: *Unglaublich! ...*			
Ich kann Sympathie zeigen: *Du Arme!*			
Ich kann Konflikte lösen: *Es wäre schön, wenn Sie da etwas Rücksicht nehmen könnten.*			
Ich kann mich über das Sprachen lernen austauschen: *Ich spreche drei Sprachen. / ... ist meine Muttersprache. / ... hat eine andere Schrift als das Deutsche.*			
Ich kann mit einfachen Worten das Wesentliche von Ausbildungsstruktur und Ausbildungsmöglichkeiten erfragen: *Ich möchte mich gern beruflich neu orientieren. Wo bekomme ich da Informationen?*			
Ich kann mich telefonisch bewerben und auf die Fragen des Gesprächspartners eingehen: *Ich rufe wegen Ihrer Anzeige in ... an.*			
Ich kann mich über das Thema „Gesundheit" austauschen: *Können Sie mir einen Rat geben? / Kennen Sie vielleicht ein gutes Medikament?*			
Ich kann mich über Medien informieren und Medienerfahrungen austauschen: *Ich schau am liebsten Sportsendungen und informiere mich auch oft im Internet über die Fußballergebnisse.*			
Ich kann mich nach Gepflogenheiten und Regeln im Haus erkundigen: *Wer ist zuständig für ...?*			

Schreiben

Ich kann Formulare ausfüllen: *Schadenmeldung*			
Ich kann auf persönliche Briefe antworten: *Liebe/r ..., Du hast mir geschrieben, dass ...*			
Ich kann eine Bewerbung schreiben: *Sehr geehrter Herr ..., mit großem Interesse habe ich Ihre Anzeige gelesen ...*			
Ich kann mit sehr einfachen Worten einen Kaufvertrag schriftlich widerrufen oder ein Abonnement kündigen: *Hiermit kündige ich mein Abonnement der Zeitschrift ...*			
Ich kann ein einfaches Kündigungsschreiben verfassen: *Hiermit kündige ich den mit Ihnen geschlossenen Vertrag über die Wohnung in der ...*			

Inhalt Arbeitsbuch

1 Glück im Alltag
Schritt A–E	94–103
Phonetik	99
Lerntagebuch	96
Projekt	102
Prüfungsaufgabe	103
Lernwortschatz	104–105

2 Unterhaltung
Schritt A–E	106–115
Phonetik	108, 112
Lerntagebuch	107
Projekt	114
Prüfungsaufgabe	114
Lernwortschatz	116–117

3 Gesund bleiben
Schritt A–E	118–129
Phonetik	125
Lerntagebuch	122
Projekt	127
Prüfungsaufgabe	126, 129
Lernwortschatz	130–131

4 Sprachen
Schritt A–D	132–139
Phonetik	133
Lerntagebuch	138
Projekt	136
Prüfungsaufgabe	139
Lernwortschatz	140–141

5 Eine Arbeit finden
Schritt A–E	142–151
Phonetik	145, 146
Lerntagebuch	149
Projekt	151
Lernwortschatz	152–153

6 Kundenwünsche
Schritt A–E	154–165
Lerntagebuch	162
Projekt	164
Prüfungsaufgabe	157, 162, 165
Lernwortschatz	166–167

7 Rund ums Wohnen
Schritt A–D	168–177
Phonetik	171
Prüfungsaufgabe	173
Lernwortschatz	178–179

F Fokus-Seiten
Zu Lektion 1	Alltag	Schriftliche Angebote und Bestellungen verstehen	181
Zu Lektion 2	Alltag	Sich über Einkaufsmöglichkeiten austauschen	182
Zu Lektion 3	Beruf	Sich telefonisch krankmelden und Aufgaben verteilen	183
Zu Lektion 4	Beruf	Ein Stellengesuch in einer Zeitung oder im Internet aufgeben	184
Zu Lektion 5	Beruf	Ein Bewerbungsgespräch gut bewältigen	185
Zu Lektion 6	Beruf	Kundenwünsche	186
Zu Lektion 7	Alltag	Wohnungsanzeigen aufgeben	187

Lektion 1: Glück im Alltag

1 A Das ist vor ein paar Jahren passiert, **als** ich in Österreich wa...

Wiederholung
Schritte plus 1
Lektion 7,
Schritte plus 3
Lektion 1

1 Ergänzen Sie.

passieren • regnen • kennen • verpassen • weglaufen • springen • sich umdrehen • fallen • treffen • losfahren • bekommen • kommen • kontrollieren • werden • helfen • rufen • sterben • einschlafen

	sein		haben
er/sie ist	....	er/sie hat	.gekannt............
	....		....
	....		....
	....		....
	....		....
	....		....
	....		....
es ist	.passiert.........	es hat	.geregnet..........

2 Das ist passiert, als …

a Was passt? Ordnen Sie zu.

1 Ich habe den Führerschein gemacht, — als ich seine Nachricht bekommen habe.
2 Ich habe gestern meinen Schlüssel verloren, — als ich noch ein Kind war.
3 Ich bin nach München gezogen, — als wir letztes Jahr in Berlin waren.
4 Wir haben den Film gesehen, — als ich 18 Jahre alt war.
5 Ich habe ihn sofort angerufen, — als ich zum Bus gelaufen bin.

b Ergänzen Sie die Tabelle mit den Sätzen aus **a**.

Ich.habe.den.Führerschein.gemacht,	..als..	..ich..	...18.Jahre.alt....	....	.war..
Ich.habe.gestern.meinen.Schlüssel.verloren,....	..als..	....	....	....	....

3 Als er …

a Ordnen Sie zu.

lesen lernen • Ausbildung als Koch anfangen • Claudia heiraten • Claudia kennenlernen • in den Kindergarten kommen

A   B   C   D   E

in.den
Kindergarten
kommen

b Ergänzen Sie.

1 Als er drei Jahre alt war, ist.er.in.den.Kindergarten.gekommen.. .
2 Als er in die Schule gekommen ist, ...
3 Als er mit der Schule fertig war, ...
4 Als er in Spanien Urlaub gemacht hat, ...
5 Als er 30 Jahre alt war, ...

A 1

4 Was passt? Ordnen Sie zu.

a Immer wenn wir früher in Urlaub fahren wollten, — war sie vorher sehr nervös.
b Jedes Mal wenn mein Opa uns besucht hat, — habe ich „Fish und Chips" gegessen.
c Immer wenn ich in England war, — ist jemand von uns krank geworden.
d Jedes Mal wenn sie fliegen musste, — habe ich von ihm ein Eis bekommen.

5 Was ist richtig: *wenn* oder *als*? Kreuzen Sie an.

a ☐ Wenn ☒ Als wir letztes Jahr in Frankreich waren, haben wir Campingurlaub gemacht.
b Ich habe kein Wort verstanden, ☐ wenn ☐ als ich das erste Mal in Deutschland war.
c Typisch Papa! Immer ☐ wenn ☐ als wir in Urlaub gefahren sind, hat er etwas vergessen.
d ☐ Wenn ☐ Als ich klein war, durfte ich manchmal bei meinen Großeltern schlafen.

6 *Wenn* oder *als*? Schreiben Sie Sätze.

a ich – Kind sein – Polizist werden wollen
   Als ich ein Kind war, wollte ich Polizist werden.

b wir – letzte Woche in Dresden sein – bei Freunden wohnen
   ....

c jedes Mal – ich – krank sein – Papa mir viele Bücher vorlesen
   ....

d Immer – meine Schwester und ich – zu unseren Großeltern fahren – viel Spaß haben
   ....

e ich – gestern im Kino sein – meinen Freund Rodolfo treffen
   ....

7 *Wenn* oder *als*? Ergänzen Sie.

a *Als* ich gestern nach Hause fahren wollte, hatte die S-Bahn Verspätung.
b Immer .... wir in der letzten Zeit einen Ausflug in die Berge gemacht haben, hatten wir großes Glück mit dem Wetter.
c Wir hatten immer so viel Spaß, ... er uns besucht hat. Jetzt sehen wir uns leider nur noch selten.
d .... sie heute früh losfahren wollte, hatte das Auto kein Benzin mehr.
e .... wir letzten Sommer in Frankreich waren, hat es die ganze Zeit geregnet.

8 Was haben Sie früher gemacht? Schreiben Sie.

a Wenn ich früher krank war, …
b Als ich zum ersten Mal allein im Ausland war, …
c Meinen Eltern habe ich nichts gesagt, wenn ich …
d Immer wenn wir in … waren, …
e Immer wenn ich Liebeskummer hatte, dann …

fünfundneunzig 95 LEKTION 1

1 B Am Nachmittag **kamen** plötzlich dunkle Wolken.

Wiederholung
*Schritte plus 2
Lektion 8,
Schritte plus 3
Lektion 6*

9 Ergänzen Sie in der richtigen Form.

a ▲ Wo *wart* .... ihr denn gestern? (sein)
● Wir .... leider nicht kommen, weil wir Besuch .... (können, haben)

b ▲ Warum .... dein kleiner Bruder nicht auf der Party? (sein)
● Er .... nicht. Meine Eltern waren dagegen. Er .... zu Hause bleiben. (dürfen, müssen)

c ▲ So ein Chaos! Du .... doch das Geschirr spülen. (sollen)
● Ich weiß, Liebling. Ich .... es ja wirklich machen. (wollen) Aber dann .... ich unbedingt die Sportschau sehen. (müssen)

B1
Grammatik entdecken

10 Markieren Sie wie im Beispiel und schreiben Sie.

Nasseer <u>machte</u> mit dem Fahrrad einen Ausflug.	*machen*
Plötzlich <u>kamen</u> dunkle Wolken.	*kommen*
Er stellte sich unter einen Baum.	....
Kurz danach regnete es schon stark.	....
Da hörte er auf einmal eine Stimme.	....
Sie rief: „Lauf schnell weg von hier!"	....
Er lief sofort weg.	....
Dann hörte er einen lauten Knall.	....
Hinter ihm lag der Baum auf dem Boden.	....
Und Nasseer lebte! So ein Wunder!	....

B3

11 Lerntagebuch: Arbeit mit dem Wörterbuch

a Wo finden Sie die Formen aus Übung 10 im Wörterbuch? Markieren Sie.

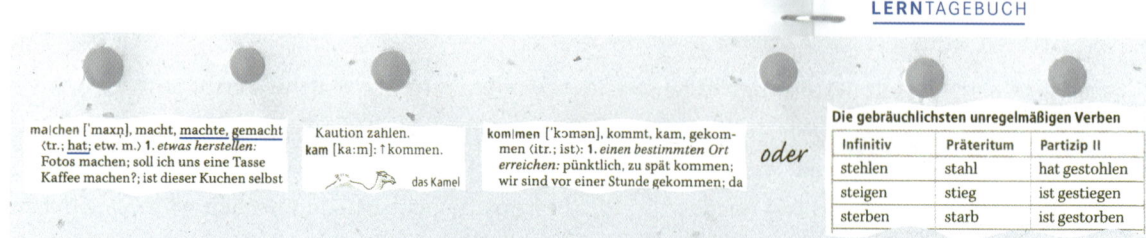

b Schlagen Sie im Wörterbuch nach und ergänzen Sie die Tabelle.

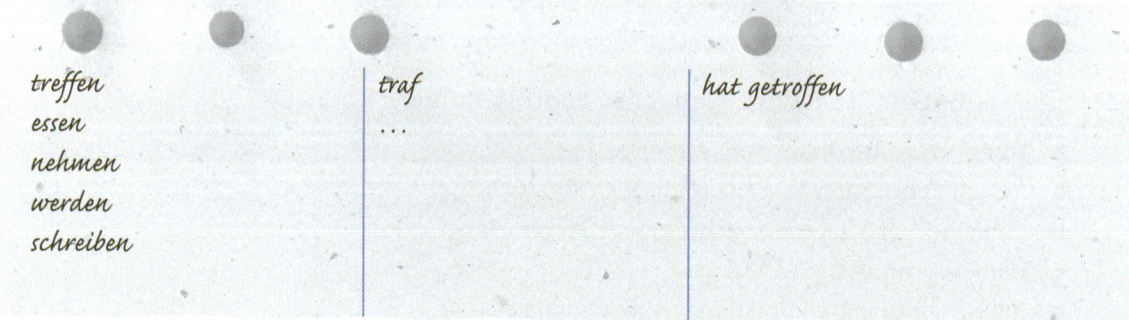

▶ Portfolio

sechsundneunzig 96 LEKTION 1

B 1

12 Ergänzen Sie in der richtigen Form.

Der kleine Mann von Erich Kästner

Eigentlich .hieß............... (heißen) er Mäxchen Pichelsteiner, aber alle Welt
.... (sagen) der „kleine Mann" zu ihm. Denn der kleine Mann
.... (sein) ein Junge, der nur fünf Zentimeter groß
5 .... (sein) und bequem in einer Streichholzschachtel schlafen ....
(können). So unüblich wie seine Kleidergröße .... (sein) auch sein Beruf:
Er .... (arbeiten) bei dem bekannten Professor Jokus von Pokus im Zirkus Stilke.
Er .... (werden) sehr berühmt und .... (bekommen) bald Angebote
von Zirkussen aus aller Welt. Aber plötzlich .... (kommen) er nicht mehr in den Zirkus.
10 Er .... (sein) weg. Niemand .... (können) ihn finden.

13 Was ist mit Mäxchen passiert?

a Machen Sie zuerst zu jedem Bild Notizen.

b Schreiben Sie jetzt die Geschichte weiter. Variieren Sie Ihre Satzanfänge mit:
Glücklicherweise/Zum Glück • Dann/Danach/Plötzlich/Kurze Zeit später •
Überglücklich und erleichtert • Überraschenderweise/Völlig unerwartet •
Am Ende/Schließlich …

Viele Männer – Sie fangen den kleinen Mann und bringen ihn weg.

Plötzlich kamen viele Männer und fingen den kleinen Mann. Sie brachten ihn …

14 Eine Lebensgeschichte. Ergänzen Sie.

be – en – er – fei – ging – hei – ka – ~~lern~~ – lieb – men – ra – ren – ren – ~~te~~ – te –
ten – ten – ten – ver – wa – wa

a Ich .lernte................ meinen Mann schon als Kind kennen. Wir .... Nachbarn.
b Wir .... in dieselbe Schule am Ort.
c Als ich 14 und mein Mann 16 Jahre alt ...., ... wir uns unsterblich.
d Vier Jahre später .... wir und .... bald unser erstes Kind.
e Und gestern .... wir unseren fünfzigsten Hochzeitstag.

15 Eine Liebesgeschichte. Schreiben Sie Sätze.

  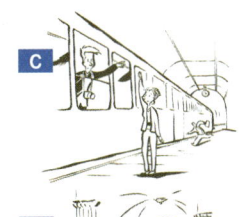

a Vor zehn Jahren machte Bruno Urlaub in Paris. Als er in einem Café war …

1 C Der Blitz **hatte** ihn **getroffen**.

16 Heute kein Kaffee!

a Ordnen Sie die Sätze den Bildern zu.

Bild	A	B	C	D	E
Satz	2				

1 Aber oh nein! Markus hatte auch nicht getankt! Jetzt musste er mit dem Bus fahren.
2 Markus hatte gestern keinen Kaffee gekauft. Nun musste er ohne Kaffee ins Büro fahren.
3 Im Büro wollte er nun endlich einen Kaffee trinken. Aber man hatte die Kantine schon geschlossen.
4 Da wachte er auf. Er hatte alles nur geträumt. Zum Glück!
5 Markus kam an der Bushaltestelle an. Aber der Bus war schon ohne ihn abgefahren.

b Was ist zuerst passiert? Markieren Sie die Sätze in **a** wie im Beispiel.

Markus **hatte** gestern keinen Kaffee **gekauft**. Nun musste er ohne Kaffee ins Büro fahren.

17 Was ist richtig? Lesen Sie und markieren Sie.

Liebe Christiane,

entschuldige, dass ich Dir so lange nicht mehr geschrieben .... (1). (1) habe/hatte
Eigentlich wollte ich Dir aus Schweden schreiben, aber jetzt bekommst Du
Urlaubspost von zu Hause. Als wir nämlich letzte Woche gerade
losfahren wollten, da sah ich in Merles Gesicht mehrere rote Punkte.
Stell Dir vor, wir hatten schon alles fertig! Wir .... (2) schon die Koffer (2) haben/hatten
ins Auto gepackt, Peter .... (3) noch bei den Nachbarn gewesen und (3) ist/war
.... (4) ihnen den Schlüssel gebracht – aber alles umsonst! (4) hat/hatte
Es waren die Windpocken. Merle .... (5) sich schon die Tage (5) hat/hatte
vorher krank gefühlt. Na ja, und da .... (6) wir natürlich zu Hause (6) sind/waren
geblieben.
Aber Du glaubst es nicht: Wir hatten schon lange nicht mehr einen so
stressfreien Urlaub.

Viele liebe Grüße auch an Andreas

Deine Karin

C 1

18 Ordnen Sie zu und ergänzen Sie *hatten – hatte – waren*.

gesehen • geschlafen • beendet • gegangen

a Als sie ihn kennenlernte, *hatten* beide schon ihre Ausbildung *beendet* .
b Er kam zu spät ins Restaurant. Aber da .... die anderen schon ....
c Ich war am Montag so müde. Ich .... die Nächte zuvor nur wenig ....
d Er traf sie zufällig in Berlin. Er .... sie 20 Jahre lang nicht ....

19 Was war vorher passiert? Ergänzen Sie in der richtigen Form.

a Als ich gestern zu Hause losgehen .... , ... der Regen gerade
.... (wollen, aufhören)
b Wir .... noch einmal nach Hause zurückfahren, weil wir beide unsere Führerscheine
.... (müssen, vergessen)
c Als er endlich ins Büro .... , ... die Besprechung schon
.... (kommen, anfangen)
d Meine Freundinnen .... gestern nicht mit im Kino, denn sie ....
den Film schon letzte Woche .... (sein, sehen)

Phonetik 3 02

20 Hören Sie und markieren Sie die Satzmelodie: → oder ↘.

a Als sie ankam →, war der Zug schon abgefahren ↘.
Der Zug war schon abgefahren ↘ / →, als sie ankam ↘.
b Als ich losging ▢, hörte der Regen auf ▢.
Der Regen hörte auf ▢, als ich losging ▢.
c Weil wir die Führerscheine vergessen hatten ▢, mussten wir zurückfahren ▢.
Wir mussten zurückfahren ▢, weil wir die Führerscheine vergessen hatten ▢.
d Als er ins Büro kam ▢, hatte die Besprechung schon angefangen ▢.
Die Besprechung hatte schon angefangen ▢, als er ins Büro kam ▢.

Unterstreichen Sie *als* und *weil*. Vergleichen Sie dann: Wann steht →, wann steht ↘?

Phonetik 3 03

21 Sprechen Sie die Sätze. Achten Sie dabei auf die Satzmelodie. Hören Sie nach jedem Satz, vergleichen Sie die Satzmelodie und korrigieren Sie Ihre Aussprache.

a Ich bin an den See gefahren, weil ich frei hatte.
Weil ich frei hatte, bin ich an den See gefahren.
Weil ich an diesem heißen Tag frei hatte, bin ich an den See gefahren.
b Als Wolken kamen, bin ich losgefahren.
Als dunkle Wolken kamen, bin ich losgefahren.
Als plötzlich dunkle Wolken kamen, bin ich sofort losgefahren.
c Ich habe mich unter einen Baum gestellt, weil ich nicht nass werden wollte.
Weil ich nicht nass werden wollte, habe ich mich unter einen Baum gestellt.
d Als ich die Stimme hörte, bin ich weggerannt.
Als ich plötzlich die laute Stimme hörte, bin ich sofort weggerannt.
Ich bin sofort weggerannt, als ich plötzlich die laute Stimme hörte.
e Als es geknallt hat, bin ich hingefallen.
f Der Baum war umgefallen, weil der Blitz ihn getroffen hatte.

neunundneunzig **99** LEKTION 1

1 D Pech gehabt!

22 Sicher ist sicher!

a Lesen Sie den Prospekt. Was zahlt eine Privathaftpflichtversicherung?
☐ Sie zahlt den Schaden, den Sie bei anderen Leuten verursachen.
☐ Sie zahlt den Schaden, den Sie in Ihrem Privathaushalt verursachen.

Die KOOPERANZ-Versicherung: Die Privathaftpflichtversicherung für ALLE Fälle

Kaum eine Versicherung ist so wichtig wie die private Haftpflichtversicherung. Ob kleiner Sachschaden (z. B. eine zerbrochene Vase bei der Nachbarin) oder schwerwiegender Personenschaden (z.B. ein von Ihnen verursachter Unfall). Wer einem anderen fahrlässig einen Schaden zufügt, ihn also verletzt oder sein Eigentum beschädigt, haftet dafür in unbegrenzter Höhe mit seinem gesamten Vermögen. Einen Schaden verursacht niemand mit Absicht. Aber er muss die Konsequenzen tragen und dafür zahlen, unter Umständen ein Leben lang. Da hilft nur: die private Haftpflichtversicherung.

Die private Haftpflichtversicherung der KOOPERANZ schützt Sie und Ihre Familie vor diesen existenzgefährdenden, finanziellen Forderungen Dritter. Gehen Sie kein Risiko ein und schützen Sie sich mit der leistungsstarken Haftpflichtversicherung der KOOPERANZ-Versicherung. Sie steht für Sach-, Personen- und daraus resultierende Vermögensschäden ein.

Die Kooperanz Privathaftpflichtversicherung bietet Singles, Paaren oder Familien drei Modelle zur Wahl:

- **Basis:** Preisgünstige Grundabsicherung vor den finanziellen Folgen kleiner Missgeschicke. Versicherungssumme: 3 Mio. Euro.
- **Komfort:** Umfangreiche, zeitgemäße Absicherung bei Personen- oder Sachschäden, die die meisten Fälle abdeckt. Versicherungssumme: 5 Mio. Euro.
- **Premium:** Besonders starke Leistungen (10 Mio. Deckungssumme) – die empfehlen wir Ihnen.

Übrigens: Alle Modelle gibt es mit oder ohne Selbstbeteiligung. **Sprechen Sie uns an.**

b Lesen Sie noch einmal. Kreuzen Sie an: Richtig oder falsch?

	richtig	falsch
1 Fast keine Versicherung ist so wichtig wie die private Haftpflichtversicherung.	☐	☐
2 Wer einen Unfall verursacht, muss ihn bezahlen.	☐	☐
3 Kleine Sachschäden bezahlt die Privathaftpflichtversicherung nicht.	☐	☐
4 Verletzt man jemanden bei einem Unfall und man ist nicht haftpflichtversichert, dann muss man möglicherweise sein ganzes Leben lang dafür bezahlen.	☐	☐
5 Nur für Familien gibt es einen besonders günstigen Haftpflichttarif.	☐	☐

D 1

23 Herr Wilke hat eine Haftpflichtversicherung abgeschlossen. Lesen Sie und ergänzen Sie jeweils das passende Wort.

1. [x] Versicherungsschein [ ] Versicherungsantrag [ ] Versicherungsanmeldung
2. [x] Versicherungsnehmer [ ] Versicherungsmodell [ ] Versicherungsnummer
3. [ ] Krankenversicherung [ ] KFZ Haftpflichtversicherung [ ] Privathaftpflichtversicherung
4. [ ] Versicherungsverlauf [ ] Versicherungsbeginn [ ] Versicherungsablauf
5. [ ] Versicherungsnummer [ ] Versicherungsgeld [ ] Versicherungssumme
6. [ ] Versicherungsname [ ] Versicherungsmodell [ ] Versicherungsantrag

---

KOOPERANZ Versicherungs AG
Elsenheimerstr. 63
80637 München

Es betreut Sie:
Maximilian Niedermair
Tel. 089/929292-34
Fax. 089/929292-19
m.niedermair@kooperanz.de

................Versicherungsschein................ (1)

................Versicherungsnehmer................ (2): Herr Gerald Wilke
Bergmannstr. 14b
80339 München

Versicherungsscheinnummer: H/43662151063/09
Geburtsdatum: 15.10.1963
Familienstand: verheiratet

.... (3)

Die Versicherungssumme gilt pauschal für Personen-, Sach-, Mietsach- und Vermögensschäden.

.... (4): 01.01.2009 12 Uhr   .... (5) je Versicherungsfall: EUR 5.000.000
Die Gesamtleistung für alle Versicherungsfälle eines Versicherungsjahres beträgt das 2-fache dieser Deckungssumme.
Versicherungsablauf: 01.01.2010 12 Uhr*

Tarif: Familie   Selbstbeteiligung: ohne
.... (6): Komfort   Zahlungsweise: jährlich
                                        Jahresnettobeitrag: EUR 99,00

Sie hatten in den letzten 5 Jahren keinen Vorschaden.
(*verlängert sich stillschweigend um ein Jahr, falls nicht drei Monate vor Ablauf schriftlich gekündigt wird)

BAUSTEINÜBERSICHT

Baustein	Jahresnettobeitrag	Jahresbruttobeitrag
Privathaftpflicht	EUR 99,00	EUR 114,84
Gesamt	EUR 99,00	EUR 114,84
Gesamt gemäß Zahlungsweise und inkl. Versicherungssteuer		EUR 114,84

ZAHLUNGSMODALITÄTEN

Den fälligen Beitrag buchen wir vereinbarungsgemäß von Ihrem angegebenen Konto Nr. 34345678 bei der Postbank München (BLZ: 70010080) ab. Eine Einzugsermächtigung liegt vor.
Der Umfang des Versicherungsschutzes richtet sich nach dieser Police, dem Antrag, den Versicherungsbedingungen, Allgemeiner und Besonderer Teil, sowie den gesetzlichen Bestimmungen. Bitte beachten Sie Ihr Widerrufsrecht sowie die beigefügten Hinweise und Erläuterungen.
Der Police liegen folgende Bedingungen zugrunde:

1 E Glücksbringer

24 Was passt? Ordnen Sie zu.

Glück + s → pilz / zahl / stein / tag / treffer

a Er ist ein Glückspilz. — Toll. Das ist meine absolute Glückszahl.
b Sie ist der größte Glückstreffer in meinem Leben. — Alles hat heute prima funktioniert.
c Meinen Glücksstein trage ich immer bei mir. — Er hatte bisher viel Glück in seinem Leben!
d Ich habe das Zimmer Nummer 7! — Mit dem kann mir nichts passieren.
e Heute ist ein richtiger Glückstag. — Sie ist das Beste, was mir in meinem Leben passiert ist.

⚠ Herzlichen Glückwunsch zum Geburtstag!

25 Was ist für Sie Glück? Machen Sie mit Ihrer Partnerin / Ihrem Partner eine Liste und sprechen Sie.

Scherben bringen Glück.

Glück und Glas, wie schnell bricht das.

Glücklicher als der Glücklichste ist, wer andere Menschen glücklich macht.

Glück ist, wenn man
1. gute Freunde hat.
2. sieben SMS am Tag bekommt.
3. ausschlafen kann.
4. Schokoladencroissant zum Frühstück essen darf.
5. im Deutschkurs nicht zu spät kommt.
6. nette Menschen trifft.
…

Glück heißt, etwas haben, das man liebt.

Sich glücklich fühlen, auch ohne Glück – das ist Glück.

Glück muss der Mensch haben.

Glück im Spiel, Pech in der Liebe.

26 Glück oder Pech gehabt?

a Machen Sie ein Interview mit Freunden, Nachbarn, mit der Familie usw. Fragen Sie:

- Glauben Sie, dass bestimmte Dinge oder Rituale Glück oder Pech bringen?
- Hatten Sie schon einmal besonders viel Glück? Erzählen Sie.

b Erzählen Sie im Kurs. Wer hat die ungewöhnlichste Geschichte?

> Also, die meisten Leute, die ich gefragt habe, glauben überhaupt nicht an Glücksbringer.

> Immer wenn meine Oma ins Bett gegangen ist, …

> Meine Nachbarin hat mir da eine Geschichte erzählt. Es war vor ein paar Jahren …

Prüfung 27   **Nationale Glücksbringer**

a Welches Bild passt zu welchem Textabschnitt? Überfliegen Sie den Text und ordnen Sie zu.

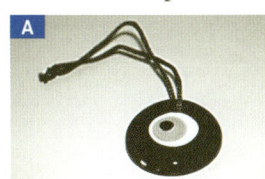
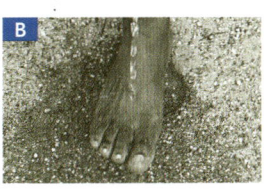

Bild	A	B	C
Text		2	

Unsere Reporterin Karin war wieder unterwegs und hat Menschen aus verschiedenen Ländern interviewt zum Thema: „Was bringt in Ihren Herkunftsländern Glück?"

1 Amadou K. aus dem Senegal berichtet: „Immer, wenn ich wieder nach Deutschland reise, macht meine Mutter ein Glücksritual. Ich ziehe an der Haustür einen Schuh aus und sie gießt kaltes Wasser über meinen Fuß auf den Sandboden. Den feuchten Sand legt meine Mutter in ein Tuch. Das hängt sie dann im Haus auf. Das bringt Glück und bedeutet, dass ich gesund wiederkomme. An einem Dienstag oder Freitag sollte man übrigens bei uns nicht reisen, denn das sind Unglückstage."

2 „Bei uns in der Türkei ist das blaue Auge der wichtigste Glücksbringer", berichtet uns Filiz T. aus der Türkei. „Es beschützt die Menschen vor Unglück, einem Unfall oder Krankheit. Wenn ein Baby geboren wird, schenkt man oft das blaue Auge, man hängt es an die Wohnungstür oder ins Auto oder trägt es als Schmuck am Körper. Manche Leute malen es sogar groß an die Wohnzimmerwand. Ja, das blaue Auge findet man bei uns überall."

3 „Also, bei uns im Iran ist das persische Neujahr das wichtigste Fest im ganzen Jahr", erzählt Keyvan I. „Ein sehr altes Ritual findet bei uns in der Nacht vom letzten Dienstag des Jahres auf Mittwoch statt. Es gibt dann überall in der Stadt und auf dem Land viele kleine und große Feuer. Alle Menschen, auch alte Leute, springen oder steigen darüber. Das bringt Glück und dabei ‚verbrennt' man alle Krankheiten und bekommt die Energie vom Feuer."

b Was ist richtig? Lesen Sie noch einmal und kreuzen Sie an.

1 Menschen aus dem Senegal nehmen nassen Sand mit auf eine Reise.   ☐ richtig ☐ falsch

2 Der nasse Sand bedeutet,
  a dass einem auf einer Reise nichts passiert.
  b dass man seine Schuhe putzen muss.
  c dass man nicht an einem Dienstag reisen soll.

3 Menschen in der Türkei glauben, dass das blaue Auge Glück bringt.   ☐ richtig ☐ falsch

4 Das blaue Auge
  a kann man nicht als Schmuckstück tragen.
  b findet man an jeder Wohnzimmerwand.
  c wird oft bei einer Geburt verschenkt.

5 Im Iran beginnt das neue Jahr immer am Mittwoch.   ☐ richtig ☐ falsch

6 Wenn die Menschen zum Neujahrsfest über ein Feuer steigen,
  a feiern sie den letzten Mittwoch im Jahr.
  b möchten sie Gesundheit und Energie für das neue Jahr bekommen.
  c verbrennen sie sich.

1  Lernwortschatz

Glaube und Religion

Christentum das	....	Glaube der	....
Hinduismus der	....	Religion die, -en	....
Islam der	....	Vertrauen das	....
Judentum das	....		
Himmel der, -	....	glauben	....

Glück und Pech

Erlebnis das, -se	....	bemerken	....
Freude die, -n	....	warnen	....
Pech das	....		
Unglück das	....	ängstlich	....
		schief: schiefgehen	....

Schaden und Versicherung

Blitz der, -e	....	löschen	....
Katastrophe die, -n	....	schuld sein	....
Schaden der, ⸚	....	spenden	....
Schwierigkeit die, -en	....	stoßen, stößt, stieß, hat gestoßen	....
Umzug der, ⸚e	....	weglaufen, läuft weg, lief weg, ist weggelaufen	....
brechen, bricht, brach, hat gebrochen	....	extrem	....
		vergeblich	....
(ab)brennen, brennt (ab), brannte (ab), hat gebrannt / ist abgebrannt	....		

Kriminalität

Einbrecher der, -	....	festnehmen, nimmt fest, nahm fest, hat festgenommen	....
Dieb der, -e	....		
Polizei die	....		
Verbrecher der, -	....		

einhundertvier

Weitere wichtige Wörter

Annahme die, -n ....

Auftrag der, ¨-e ....

Beziehung die, -en ....

Gebrauchtwagen der, - ....

Geburt die, -en ....

Jahrzehnt das, -e ....

Kloß der, ¨-e ....

Laster der, - ....

Meldung die, -en ....

Mitternacht die ....

Publikum das ....

Pudding der, -s ....

Ring der, -e ....

Rose die, -n ....

Stimme die, -n ....

Stufe die, -n ....

Team das, -s ....

Trainer der, - ....

Wolke die, -n ....

Zweifel der, - ....

aufführen ....

ausfallen,
 fällt aus,
 fiel aus,
 ist ausgefallen ....

(sich) erfüllen ....

erwarten ....

schießen,
 schießt,
 schoss,
 hat geschossen
 (ein Tor schießen) ....

(sich) umdrehen ....

sich verlieben ....

zusehen, sieht zu,
 sah zu,
 hat zugesehen ....

aufgeregt ....

aufregend ....

gleichzeitig ....

heimlich ....

mehrer- ....

rechtzeitig ....

still ....

verliebt ....

tatsächlich ....

übrigens ....

Welche Wörter möchten Sie noch lernen?

2 A Lektion 2: Unterhaltung
Sie erkennen mich nicht, **obwohl** ich ein Star bin?

A1 1 Was man aus Liebe macht. Was passt zusammen? Ordnen Sie zu.

a Er geht mit ihr zum Einkaufen.   Fußball interessiert sie nicht.
b Sie kocht für ihn.   Er ist total unsportlich.
c Er geht mit ihr zum Salsa-Tanzkurs. Er hasst Einkaufen.
d Sie geht mit ihm ins Fußballstadion. Sie kocht nicht gern.
e Er geht mit ihr zum Sport.   Er findet Tanzen total langweilig.

A1 2 Aus Liebe. Schreiben Sie die Sätze aus Übung 1 mit *obwohl*.

1 Er geht mit ihr zum Einkaufen, *obwohl er Einkaufen hasst.*
2 Sie kocht für ihn, ...
3 Er geht mit ihr zum Salsa-Tanzkurs, ...
4 Sie geht mit ihm ins Fußballstadion, ...
5 Er geht mit ihr zum Sport, ...

A2 3 Ergänzen Sie *weil* – *obwohl*.

a Sie will am Samstag Ski fahren, *obwohl* .... wenig Schnee liegt.
b Sie möchte nicht in den Zirkus mitgehen, ... sie Zirkus langweilig findet.
c Er kann am Freitag nicht mit uns in die Berge fahren, ... er zu viel Arbeit hat.
d Sie geht heute Abend zum Tanzen, ... ihr Vater es verboten hat.
e In diese Disco gehe ich nicht mehr, ... dort die Musik so schlecht ist.
f Er sieht mit seiner Freundin einen Liebesfilm an, ... er solche Filme total langweilig findet.

A2 4 Beim Open-Air-Festival.
Wiederholung Schritte plus 4 Lektion 8
Schreiben Sie Sätze mit *trotzdem* oder *deshalb*.

a Live-Konzerte sind sehr teuer, ...
   (gern – ich – dorthin – gehen)
b Meine Freundin will nicht allein ins Konzert gehen, ...
   (mit ihr – ich – gehen)
c Das Open-Air-Festival dauert drei Tage, ...
   (unser Zelt – wir – mitnehmen)
d Auf dem Konzert war es ziemlich kalt und hat viel geregnet, ...
   (die Stimmung – sehr gut sein)

A2 5 Bei Anton Anders ist alles anders. Schreiben Sie.

a Es regnet. Trotzdem sitzt Anton im Garten.
   Anton sitzt im Garten, obwohl *es regnet.*
   Obwohl es regnet, sitzt Anton im Garten.
b Draußen ist es eiskalt. Trotzdem trägt er kurze Hosen.
   Er trägt kurze Hosen, obwohl ....
   Obwohl ...., ...
c Er macht nie Hausaufgaben. Trotzdem hat er die besten Noten.
   Er hat die besten Noten, obwohl ....
   Obwohl ...., ...
d Alle Mädchen sind in ihn verliebt. Trotzdem hat er keine Freundin.
   Er hat keine Freundin, obwohl ....
   Obwohl ...., ...

A 2

6 Was ist richtig? Kreuzen Sie an.

		weil	obwohl	trotzdem	
a	Ich gehe sehr häufig ins Theater,	☐	☒	☐	es manchmal echt teuer ist.
b	Meine Oma sieht gern alte Filme an,	☐	☐	☐	sie sie an ihre Jugendstars erinnern.
c	Ich sehe oft noch die Spätnachrichten,	☐	☐	☐	ich dann morgens sehr müde bin.
d	Fernsehshows finde ich langweilig,	☐	☐	☐	sehe ich mir manchmal eine an.
e	Am liebsten gehe ich nachmittags ins Kino,	☐	☐	☐	da nur wenig Leute sind.
f	Heute Abend kommt ein spannender Krimi,	☐	☐	☐	schaue ich mit dir den Liebesfilm an.
g	Ich gehe nie ins Kino,	☐	☐	☐	ich am liebsten zu Hause sitze und fernsehe.

7 Schreiben Sie Sätze mit *obwohl – trotzdem – weil – deshalb*.

- Liebesfilme/Krimis/Sportsendungen … mögen
- Zeit/Lust … haben
- tanzen/schwimmen … können
- gern Kaffee trinken/Kuchen essen/ …
- …

> *Obwohl ich keine Liebesfilme mag,*
> *schaue ich mir manchmal einen an.*
> *Ich habe überhaupt keine Lust auf Musik.*
> *Trotzdem gehe ich mit dir in die Disco.*

8 Kino- und Konzertbesuch. Ordnen Sie zu.

a Den Schauspieler finde ich nicht so toll,

b Volle Kinos mag ich nicht,

c Ich sehe Filme am liebsten zu Hause auf dem Sofa,

d Live-Konzerte sind ziemlich teuer,

e Bianca geht gern in Konzerte,

f Ich gehe am liebsten mit meiner Freundin zu Pop-Konzerten,

trotzdem / obwohl / deshalb / weil

kann ich fast nie in Konzerte gehen.

sie sich die Songs auch im Internet günstig runterladen kann.

gefällt mir der Film sehr.

wir denselben Musikgeschmack haben.

gehe ich nie am Wochenende ins Kino.

ich es gern gemütlich mag.

9 Lerntagebuch: Wo stehen die Wörter im Satz?

a Ergänzen Sie die Sätze aus Übung 8.

b Suchen Sie in dieser Lektion noch mehr Beispielsätze mit *weil, obwohl, deshalb* und *trotzdem* und ergänzen Sie.

> **LERNTAGEBUCH**
>
> **1. Sätze mit *obwohl, weil*, …**
> *Ich sehe Filme am liebsten zu Hause auf dem Sofa, weil ich es gern gemütlich mag.*
> …
>
> **2. Sätze mit *trotzdem, deshalb*.**
> *Den Schauspieler finde ich nicht so toll, trotzdem gefällt mir der Film.*
> …

▸ Portfolio

einhundertsieben 107 LEKTION 2

2 B Sie sind noch **ziemlich jung**.

B1 **10** **Was passt? Ergänzen Sie.**

wirklich • überhaupt/gar nicht • total • ziemlich • ziemlich

a ■ Papa, die Matheaufgaben sind heute ..*wirklich*............. schwierig.
Kannst du mir bitte helfen?
  ♦ Ach, komm. Schau mal, die sind doch ....
schwierig. Ich finde die sogar .... leicht.

b ■ Komm doch ins Wasser. Es ist .... kalt!
  ♦ Stimmt nicht. Es ist .... kalt.

c ■ Komm, mach doch mal ein anderes Programm.
Der Film ist echt langweilig.
  ♦ Naja, es geht. Du hast schon recht, er ist ....
langweilig.

B1 **11** **Wie war das Konzert? Kreuzen Sie an. Das Konzert war …**

a nicht so gut.   ☺ ☺ ✗ ☹   nicht so langweilig.   ☺ ✗ ☺ ☹
b total gut.   ☺ ☺ ☺ ☹   total langweilig.   ☺ ☺ ☺ ☹
c ziemlich gut.   ☺ ☺ ☺ ☹   ziemlich langweilig.   ☺ ☺ ☺ ☹
d überhaupt nicht gut.   ☺ ☺ ☺ ☹   überhaupt nicht langweilig.   ☺ ☺ ☺ ☹
e echt gut.   ☺ ☺ ☺ ☹   echt langweilig.   ☺ ☺ ☺ ☹

B2 **12** **Was kann man auch sagen?**
Ergänzen Sie *ziemlich – wirklich – gar nicht – echt – nicht besonders*.

● Und wie fandest du den Film?
▲ Ich? Ich fand ihn sehr, sehr gut.   = Ich fand ihn ..*wirklich*............ gut.
   Aber das Ende fand ich nicht so gut.   = Das Ende fand ich .... schlecht.
   Das war nicht so spannend.   = Es war .... spannend.
● Und wie haben dir die Schauspieler gefallen?
▲ Sophia Loren fand ich super!   = Ich fand sie .... gut.
   Aber Tom Hanks hat mir überhaupt nicht gefallen.   = Er hat mir .... gefallen.

B2 **13** **Wie heißt das Gegenteil? Schreiben Sie. Einige Wörter können Sie zweimal benutzen.**

spannend • ernst • hübsch • furchtbar • gut • interessant • unsympathisch •
bekannt • super • langweilig • lustig • sympathisch • schrecklich •
unbekannt • schlecht • traurig • hässlich • fröhlich

hässlich – hübsch
unsympathisch – sympathisch

B2 Phonetik **14** **Hören Sie und markieren Sie die Betonung /.**
CD3 04

a ● Ich finde die italienische Küche écht súper.
  ▲ Oh ja, ich finde sie auch total super!
b ● Ehrlich gesagt, ich fand den Film gar nicht gut.
  ▲ Was? Ich fand ihn wirklich gut.
c ● Der neue Freund von Julia ist ja total unsympathisch.
  ▲ Also, ich finde ihn überhaupt nicht unsympathisch. Ich finde ihn sogar sehr nett.
d ● Ach, die Musik war fantastisch! Auch die Musiker fand ich wirklich toll.
  ▲ Aber nein, heute waren sie doch besonders schlecht.

CD3 05 **Hören Sie noch einmal und sprechen Sie nach.**

einhundertacht LEKTION 2

C Du bist die Frau, **die** mich wirklich liebt.

15 **Der Star Heiko. Ordnen Sie zu.**

a Auf dem Foto siehst du Heiko, — der früher ein berühmter Sänger war.
b Es gab viele Frauen, — die seine Lieder toll gefunden haben.
c Ist das die Freundin von Heiko, — die da auf dem Foto neben ihm steht?
d Das ist wirklich ein gutes Lied, — das gerade im Radio läuft.

16 **Das gibt's doch nicht! Markieren Sie wie im Beispiel und schreiben Sie die Sätze anders.**

a Wie heißt denn dieses Buch? Es hat mir so gut gefallen.
   Wie heißt denn dieses Buch, *das mir so gut gefallen hat* ?

b Wo ist denn die CD? Sie war gerade noch hier.
   Wo ist denn die CD, ... ?

c Wo sind denn nur die Kinokarten? Sie lagen hier auf dem Tisch.
   Wo sind denn nur die Kinokarten, ... ?

d Wie heißt denn nur dieser Schauspieler? Er hat in seinem letzten Film so super gespielt.
   Wie heißt denn nur dieser Schauspieler, ... ?

17 **Schreiben Sie die Sätze anders.**

a Wie heißt denn dieses Buch? Du hast es auch gelesen!
   Wie heißt denn dieses Buch, das du auch gelesen hast ?

b Wo ist denn die CD? Du hast sie hier hingelegt!
   Wo ist denn die CD, ... ?

c Wo sind denn nur die Kinokarten? Du hast sie gekauft!
   .... ?

d Wie heißt denn nur dieser Schauspieler? Du fandest ihn auch so toll!
   .... ?

18 **Machen Sie eine Tabelle wie im Beispiel und tragen Sie die Sätze aus den Übungen 16 und 17 ein.**

a aus Übung 16

Das Buch,	das	mir so gut	gefallen hat.
Die CD,			

b aus Übung 17

Das Buch,	das	du …	
Die CD,			

19 **Wünsche für Weihnachten. Ergänzen Sie.**
Ich wünsche mir …

a eine Puppe, ... sprechen kann. (Sie kann sprechen.)
b ein Fahrrad, ... ich mir selbst aussuchen darf. (Ich darf es mir selbst aussuchen.)
c einen Fernseher, ... ich in mein Zimmer stellen kann. (Ich kann ihn in mein Zimmer stellen.)
d eine Kaffeemaschine, ... morgens automatisch angeht. (Sie geht morgens automatisch an.)
e einen Teddy, ... ich jede Nacht ins Bett mitnehmen darf. (Ich darf ihn ins Bett mitnehmen.)
f ein Auto, ... mit Batterie fährt. (Es fährt mit Batterie.)
g Kinder, ... nicht so viele Wünsche haben! (Sie haben nicht so viele Wünsche.)

2 C Du bist die Frau, **die** mich wirklich liebt.

20 **Lesen Sie und ergänzen Sie** *dem – der – denen*.

Ich finde den neuen James-Bond-Film ja total spannend. Meinem Freund gefallen aber die alten besser.

Ich habe | einen Freund, | ....
| eine Freundin, | .... die alten James-Bond-Filme besser gefallen.
| Freunde, | ....

21 **Ergänzen Sie** *der – dem – denen*.

gehören • helfen • erzählen • gratulieren • ~~schreiben~~

a Ich habe nur wenige Freunde, *denen* ich noch Briefe *schreibe* . Ich schicke fast nur noch E-Mails.

b Was? Peter hat angerufen? Den habe ich fast vergessen. Weißt du, das ist der Freund, ... ich noch zum Geburtstag .... muss.

c Wir fahren dieses Wochenende zu unseren Bekannten, ... ein riesiges Haus am See ....

d Du, ich hab' jetzt keine Zeit. Ich muss noch schnell zu meinem Nachbarn, ... ich immer beim Einkaufen ....

e Für mich ist eine Freundin, ... ich einfach alles .... kann, total wichtig.

22 **Ergänzen Sie** *ihr – ihm – ihnen*.

~~schenken~~ • leihen • empfehlen • gefallen

a Nächste Woche hat meine Freundin Geburtstag. Ich *schenke* *ihr* einen Gutschein fürs Kino.

b Mein Freund hat kein Geld dabei. Ich .... das Geld für die Kinokarte.

c Ich habe meine Freundin ins Kino eingeladen. Leider kommt sie nicht mit. Liebesfilme .... nicht.

d Ich war gerade in dem neuen Film von Steven Spielberg. Meine Freunde wollen ihn vielleicht auch anschauen. Ich kann .... den Film auf jeden Fall .... , weil er total spannend war.

23 **Schreiben Sie die Sätze aus Übung 22 anders.**

Ich habe …

a eine Freundin, *der ich zum Geburtstag einen Gutschein fürs Kino schenke* .

b einen Freund, *dem* ....

c eine Freundin, ...

d Freunde, ...

C 2

24 Ergänzen Sie.

a Wer ist der Mann, *den* du gestern getroffen hast?
.... dort steht?
.... du dauernd eine SMS schreibst?

b Wer ist die Frau, ... so laut redet?
.... du gestern Abend angerufen hast?
.... du gerade zum Geburtstag gratuliert hast?

c Wo sind die Jugendlichen, ... die Sportsachen hier gehören?
.... mit mir sprechen wollten?
.... du heute treffen wolltest?

25 Corinnas Freunde. Schreiben Sie Sätze.

Das sind meine Freunde: Bernd, der Boxer, Anna und Hanna, ...

a Das ist Bernd der Boxer, der schöne Frauen liebt, ...

a **Bernd der Boxer**
Er liebt schöne Frauen. Ihm gehört der rote Ferrari. Man trifft ihn in der Sporthalle.

c **Bruno Banker**
Er trägt schicke Anzüge. Ihn interessiert nur seine Arbeit. Ich muss ihm immer Geld leihen.

b **Anna und Hanna**
Sie kaufen sich immer die neuesten Kleider. Man kann sie jeden Abend in der Disco treffen. Ihnen ist ohne Action sofort langweilig.

d **Olga Öko**
Ich helfe ihr immer im Garten. Sie kauft nur Bio-Obst. Man sieht sie aber auch manchmal im normalen Supermarkt.

26 Wer ist das? Ein Quiz.

a Wählen Sie eine Person aus Ihrem Kurs. Schreiben Sie ein paar Sätze über sie.
Er kommt immer pünktlich. Alle mögen ihn. ...

b Beschreiben Sie jetzt die Person im Kurs. Die anderen raten, wer die Person ist.

Er ist der Kursteilnehmer, der immer pünktlich kommt, den alle mögen, ...

einhundertelf **111** LEKTION 2

2 C Du bist die Frau, **die** mich wirklich liebt.

27 Was passt wo? Ergänzen Sie.

Schauspieler • Roman • Kritiker • Schlagzeile • Fernsehzeitschrift • Eintrittskarte

a Für einen Film braucht man eine gute Geschichte, einen guten Regisseur und gute *Schauspieler*.
b Eine .... kauft man, wenn man wissen möchte, was im Fernsehen kommt.
c Im Urlaub habe ich einen total langweiligen .... gelesen.
d Ein .... schreibt z.B. für eine Zeitung über Filme und Bücher.
e Wenn man ins Kino, ins Theater oder in eine Sportveranstaltung geht, muss man vorher eine
.... kaufen.
f „Mann beißt Hund": Das ist heute die .... in unserer Tageszeitung.

28 Hören Sie und sprechen Sie nach.

traurig • vierzig • wahrscheinlich • neblig • nützlich • schwierig • schließlich • berufstätig • weiblich • wenig • endlich • eilig

29 Hören Sie und sprechen Sie nach.

a höflich – eine höfliche Bitte
b wichtig – ein wichtiges Gespräch
c sportlich – eine sportliche Frau
d langweilig – ein langweiliger Film
e lustig – ein lustiges Buch
f täglich – ein täglicher Anruf
g selbstständig – ein selbstständiges Kind
h schrecklich – eine schreckliche Nachricht

30 Hören Sie und sprechen Sie nach.

pünktlich – praktisch – typisch – Teppich • mich – Fisch • übrig – üblich • freundlich – französisch • dich – Tisch • möglich – König • komisch – höflich

31 Hören Sie und ergänzen Sie.

persönli*ch* • fantasti........... • französi........... • kriti........... • sportli........... • ziemli........... • europäi...........

32 Welchen Laut hören Sie? Kreuzen Sie an.

	ch wie in „ich"	„sch"		ch wie in „ich"	„sch"
a	☐	☐	e	☐	☐
b	☐	☐	f	☐	☐
c	☐	☐	g	☐	☐
d	☐	☐	h	☐	☐

33 Hören Sie das Gedicht. Lesen Sie es dann laut.

Ach du fantastisch hässlicher Drache,
dachtest du wirklich, das Dach sei dicht?
Mach doch deswegen keinen solchen Krach.
Nimm's nicht so wichtig, nimm's sportlich!
Wisch einfach täglich den Teppich richtig kräftig
und mach dabei ein möglichst fröhliches Gesicht.

Lernen Sie das Gedicht auswendig und tragen Sie es vor.

Fernsehprogramm

D 2

34 Film und Fernsehen

a Welches Wort passt nicht? Markieren Sie.

1 Liebesfilm – Komödie – Naturfilm – Familienserie
2 Nachrichtensendung – Krimi – Gesundheitsmagazin – Wissenschaftssendung
3 Kindersendung – Science-Fiction – Actionserie – Krimi
4 Sportsendung – Leichtathletik – Fußball – Talkshow
5 Naturfilm – Kindersendung – Polit-Magazin – Trickfilm

b Kreuzworträtsel

1 Wenn ein Schauspieler überall berühmt ist, ist er ein … – 2 Immer nur Fernsehen und Kino. Lass uns doch mal ins … gehen! – 3 Eine Fernsehsendung mit einem Moderator und Gästen, oft mit Musik. – 4 In der Fernsehzeitschrift findet man das Fernseh… – 5 Eine Fernsehsendung, die regelmäßig kommt, für die ganze Familie – 6 spielen in einem Film mit – 7 spannender Film mit Polizei und Gangstern – 8 Film mit Pflanzen und Tieren – 9 Hier kann man Filme schauen, aber man muss bezahlen – 10 Tennis und Fußball kann man in einer Sport… sehen.

Lösungswort: Heute ist das Fernsehprogramm wieder besonders …

1 . . S T A R
2 T
3 F A M . . S
4
5 . . W
6
7
8 . . U R
9
10

35 Was passt zu welcher Situation? Ordnen Sie zu und schreiben Sie Sätze.

a Ihr Freund möchte sich einen Actionfilm im Kino ansehen. Sie mögen Actionfilme aber nicht. Lehnen Sie ab und schlagen Sie etwas anderes vor.

b Sie möchten im Kurs etwas unternehmen. Sie finden den Vorschlag, wandern zu gehen, besonders gut und schlagen auch noch etwas vor.

c Ein Kollege möchte mit Ihnen ein Gläschen Sekt trinken. Sie lehnen höflich ab und wollen etwas anderes trinken.

d Ihre Freundin / Ihr Freund möchte am Wochenende einen Ausflug machen. Sie diskutieren. Schließlich einigen Sie sich.

☐ Nein, tut mir leid, aber … Ich würde …
☐ Oh, ja, genau. Das … Wir …
☑ Tut mir leid, diese Art von Filmen mag ich nicht. Aber lass uns doch *den neuen Film …* von Woody Allen ansehen!

☐ Nein, das kommt …
Es ist doch viel besser …
In Ordnung. Gut, dann …

einhundertdreizehn **113** LEKTION 2

2 D Fernsehprogramm

D4 Prüfung **36** Gemeinsam etwas planen

In diesem Gespräch sollen Sie Vorschläge machen, auf die Vorschläge Ihrer Partnerin / Ihres Partners antworten, Gegenvorschläge machen und sich am Ende auf eine Lösung einigen. Dazu bekommen Sie ein Thema und einen Notizzettel mit Stichpunkten.

a Lesen Sie zunächst das Thema und den Notizzettel mit den Stichpunkten.

- Welcher Tag?
- Welcher Film?
- Um wie viel Uhr?
- Wo treffen?
- Karten bestellen?
- Vor oder nach dem Film noch etwas machen?

Thema:
Sie wollen in der nächsten Woche ein paar Leute aus Ihrem Kurs fragen, ob sie mit ins Kino gehen wollen. Sie möchten mit Ihrer Partnerin / Ihrem Partner den Abend vorbereiten.

b Bereiten Sie mit Ihrer Partnerin / Ihrem Partner das Gespräch vor. Machen Sie Notizen zu den Stichpunkten in a. Benutzen Sie die Ausdrücke aus dem Kursbuch.

Person 1

Machen Sie einen Vorschlag.

Person 2

Lehnen Sie diesen Vorschlag ab. Sagen Sie auch, warum Sie ihn ablehnen.

Stimmen Sie zu und überlegen Sie gemeinsam weitere Schritte.

Machen Sie einen anderen Vorschlag.

Beispiel: Welcher Tag?
Person 1: *Freitagabend? Wochenende?*
Person 2: *nicht so gut, viele schon mit Familie unterwegs; besser: Montag bis Donnerstag*
Person 1: *prima – Montag oder Dienstag; Kinotag! Eintritt billiger.*

c Präsentieren Sie Ihre Gespräche im Kurs.

● Du, wie wär's, wenn wir am Freitag ins Kino gehen?
▲ Keine schlechte Idee, aber …

D4 Projekt **37** Mein Lieblingsfilm – meine Lieblingssendung

a Schreiben Sie einen Steckbrief. Welcher Film / welche Sendung hat Ihnen in der letzten Zeit besonders gut gefallen? Schreiben Sie.

b Machen Sie eine Kurs-Zeitschrift mit Fernseh- und Filmtipps oder machen Sie ein Wandplakat.

Roman

38 „Sicher ist nur eins. Carsten Tsara blickt nicht durch".

a Lesen Sie den Text. Welches Problem hat Walter Dessauer? Kreuzen Sie an.
☐ Er hat zu viel von einem geheimen Projekt erzählt.
☐ Er kann ein wichtiges Dokument nicht mehr finden.
☐ Detektiv Tsara kennt die Akte mit den Plänen.

Walter Dessauer arbeitet als Ingenieur bei der Firma TECSUP. Er plant gerade ein großes und teures Projekt. Eines Tages merkt er, dass die Akte mit den Plänen nicht mehr in seinem Büro ist. Er wird sehr nervös, denn die Akte ist geheim: Keiner darf von dem Projekt erfahren. Wenn er die Akte nicht bald zurückbekommt, verliert er seinen Job. Der Detektiv Carsten Tsara soll ihm nun helfen und die Akte finden.

b Was glauben Sie? Wer ist wer? Ordnen Sie zu. Hören Sie dann den Text und vergleichen Sie.

☐ **Markus Beisel** (39)
Telefonmechaniker
2 Vorstrafen: Diebstahl, Betrug

☐ **Verena Müller** (48)
Chefin von Tsara
befreundet mit Dessauer

☐ **Walter Dessauer** (50)
Ingenieur

☐ **Anneliese Bremke** (25)
Kollegin von Dessauer

☐ **Carsten Tsara** (32)
Privatdetektiv

c Was ist mit der Akte passiert? Welche drei Theorien hat Carsten Tsara?
Hören Sie den Text noch einmal und kreuzen Sie an.

Carsten Tsara glaubt:
1 Mehrere Personen können die Akte gestohlen haben. ☐
2 Walter Dessauer hat die Akte irgendwo hingelegt. ☐
3 Walter Dessauer braucht dringend Geld. Er hat die Akte genommen und verkauft. ☐
4 Anneliese Bremke hat die Akte gestohlen. Wenn Dessauer die Akte nicht mehr findet,
  bekommt sie seinen Job. So etwas nennt man „Mobbing". ☐
5 Markus Beisel könnte der Täter sein, denn er hat schon einmal gestohlen. ☐

39 Und was glauben Sie?

a Was ist passiert? Machen Sie Stichpunkte.

Dessauer: unordentlich
Beim Aufräumen...

b Erzählen Sie Ihre Lösung im Kurs.

Also, ich glaube, es war Dessauer.
Er ist unordentlich. Beim Aufräumen ...

c Sie möchten wissen, wie das Ende der Geschichte ist? Dann lesen Sie oder
hören Sie den Krimi „Sicher ist nur eins. Carsten Tsara blickt nicht durch".

2  Lernwortschatz

Musik

Album das, Alben .... Jazz der ....
Autogramm das, -e .... Konzert das, -e ....
Band die, -s .... Schallplatte die, -n ....
Fan der, -s .... Star der, -s ....
Hit der, -s ....

Film und Fernsehen

Komödie die, -n .... Serie die, -n ....
Liebesfilm der, -e .... Show die, -s ....
Naturfilm der, -e .... Sport-/Kindersendung die, -en ....
Politmagazin das, -e .... Studio das, -s ....
Rundfunk der .... Zeichentrickfilm der, -e ....
Quiz das, - .... zuschauen ....
Schauspieler der, - ....

Krimi

Diebstahl der, ¨-e .... Titel der, - ....
Lüge die, -n .... Tote der/die, -n ....
Kriminalbeamte der, -n .... Verdacht der ....
Mord der, -e .... Wahrheit die, -en ....
Opfer das, - .... Zeuge der, -n ....
Schreck der, -e .... stehlen, stiehlt, stahl, hat gestohlen ....
Schuld die ....
Schuss der, ¨-e .... überprüfen ....
Tat die, -en ....
Täter der, - ....

einhundertsechzehn   **116**   LEKTION 2

Weitere wichtige Wörter

Diskussion die, -en ....
Erde die ....
Gesicht das, -er ....
Hauptsache die ....
Mond der ....
Nerv der, -en:
  auf die Nerven
  gehen ....
Sicherung die, -en ....
Vergangenheit die ....
Vertreter der, - ....

angehen, geht an,
  ging an,
  ist angegangen ....
begründen ....
(sich) berühren ....
gelingen, gelingt,
  gelang,
  ist gelungen ....
loben ....

rennen,
  rent
  rannte,
  ist gerannt ....
stimmen ....
unternehmen,
  unternimmt,
  unternahm,
  hat unternommen ....

arrogant ....
ernst ....
ewig ....
furchtbar ....
klasse ....
komisch ....
intensiv ....
stolz ....

hinterher ....
obwohl ....
relativ ....

Welche Wörter möchten Sie noch lernen?

Lektion 3: Gesund bleiben

A Hören Sie auf den Rat **einer Spezialistin**.

Wiederholung
Schritte plus 3
Lektion 1,
Schritte plus 4
Lektion 9

1 So sehe ich dich!

a Zeichnen Sie ein Bild von Ihrer Partnerin / Ihrem Partner.

b Beschreiben Sie Ihre Partnerin / Ihren Partner.

blau, braun, grün, rot, ... • rund • groß • breit • eckig • lang • kurz • klein • schön • dick • schmal • dünn • ...

Sie/Er hat blaue Augen und einen schmalen Mund.
Ihr/Sein Gesicht ist ...

c Schreiben Sie es anders.

1 Julias Augen sind blau.   Die Augen *von Julia* sind blau.
2 Mehmets Gesicht ist sehr schmal.   Das Gesicht .... ist sehr schmal.
3 .... Nase ist dick.   Die Nase von Gregor ist dick.
4 .... Haare sind lang und schwarz.   Die Haare von Melisa sind lang und schwarz.
5 Natalias Mund ist schön.   Der Mund .... ist schön.

2 Ein Gruppenbild. Ergänzen Sie.

> Also, so gefällt mir das überhaupt nicht! Sehen Sie mal: Die Augen des Mannes in der Mitte sind doch blau und nicht braun. Und das Gesicht der Frau da hinten links ist doch nicht so rund! Die Haare des Mädchens hier rechts sind doch viel länger, oder? Und die Füße der Männer – die sehen ja aus wie Entenfüße. Nein, das geht so nicht!

a .... Mann hat blaue Augen.
b .... Frau hat kein rundes Gesicht.
c .... Mädchen hat längere Haare.
d .... Männer haben keine Entenfüße.

3 Formen im Wörterbuch: Markieren Sie wie im Beispiel und tragen Sie in die Tabelle ein.

ein Manko *(Verlust)* herausgekommen.
der **Mann** [man]; -[e]s, Männer [ˈmɛnɐ] und (als Mengenangabe nach Zahlen) - /Ggs. Frau/: **1.** *erwachsene Person männlichen Geschlechts:* ein junger, alter Mann; vom Jungen zum Mann werden. *Zus.:* Fach-

los, ohnmächtig, ratlos.
das **Mäd|chen** [ˈmɛːtçən]; -s, -: *Kind oder jüngere Person weiblichen Geschlechts* /Ggs. Junge/: das kleine Mädchen fing an zu weinen; die Freundin meines Sohnes ist ein nettes Mädchen; sie hat ein Mäd-

fraß [fraːs]; ↑ fressen.
die **Frau** [frau]; -, -en: **1.** *erwachsene weibliche Person* /Ggs. Mann/: eine ledige, verheiratete, berufstätige Frau; es waren Männer und Frauen dabei. *Zus.:* Geschäftsfrau. **2.** *Ehefrau* /Ggs. Mann/: er brachte

maskulin (der)	neutral (das)	feminin (die)	Plural (die)
des Mannes			
eines Mannes			

einhundertachtzehn   118   LEKTION 3

A 3

4 Mein Porträt. Schreiben Sie und ergänzen Sie die Tabelle in Übung 3.

„Das bin doch nicht ich auf dem Bild! Das soll ich sein?! Schauen Sie mal:

a Hier, die Farbe mein.er.... Augen ist falsch! Meine Augen sind doch grün!

b Und sehen Sie: Die Form mein........ Gesicht........ stimmt doch auch nicht. Das ist doch nicht so rund!

c Und die Form mein........ Nase! Ein Skandal!

d Die Finger mein........ rechten Hand sind doch lang und dünn, nicht kurz und dick, sehen Sie?

e Und hier, die Form mein........ Mund........ – das ist doch wirklich nicht mein Mund.

Nein, so geht das nicht! Dieses Porträt können Sie behalten."

5 „Rückenschmerzen – was dann?" – Ein Interview

a Ergänzen Sie in der richtigen Form. Hören Sie dann das Interview und vergleichen Sie.

1 Rückenschmerzen sind eine Krankheit. Das Auftreten *dieser*............ (diese) Schmerzen müssen Sie auf jeden Fall ernst nehmen. Sie sollten sofort zu Ihrem Hausarzt gehen.

2 Er untersucht, was der Grund .... (Ihr) Schmerzen sein kann.

3 Aber nur die genaue Untersuchung in der Praxis .... (ein) Facharztes oder in einer Fachklinik hilft weiter.

4 Dafür brauchen Sie eine Überweisung .... (Ihr) Hausarztes.

5 Der Facharzt untersucht zuerst die Form .... (die) Wirbelsäule und fragt Sie, seit wann und wie lange Sie die Schmerzen haben. Deshalb sollten Sie ein Schmerztagebuch führen. Dort schreiben Sie regelmäßig Beginn und Dauer .... (die) Schmerzen auf.

6 Im Laufe .... (das) Gesprächs mit Ihrem Arzt und mithilfe .... (das) Schmerztagebuchs können Sie sicherlich die Schmerzen genau bestimmen.

7 Hören Sie immer auf den Rat .... (ein) Arztes und nicht nur auf die guten Ratschläge von Freunden und Nachbarn.

b Tragen Sie die Formen in die Tabelle ein.

maskulin (der)	neutral (das)	feminin (die)	Plural (die)
			dieser Schmerzen

6 Ergänzen Sie – wo nötig – in der richtigen Form.

a Am Ende *seiner*.. (seine) Ausbildung..... wurde ihm klar, dass er in diesem Beruf nicht arbeiten wollte.

b Also, meine Studienzeit war wirklich die schönste Zeit .... (mein) Leben...... .

c Der Vater .... (ihr) Freund...... arbeitet in dieser Firma. Vielleicht kann er etwas für sie tun.

d Eine Dehnung .... (Ihre) Armmuskulatur........ erreichen Sie, wenn Sie Ihre Hand an Ihre Schulter legen und den Arm heben. Atmen Sie tief durch.

e Sie haben leider das Datum .... (dieser) Einkaufsgutschein...... nicht beachtet – er ist ungültig.

f Der größte Mann .... (die) Welt...... ist über zwei Meter groß.

g Sie müssen das Formular spätestens Ende .... (diese) Woche...... abgeben.

einhundertneunzehn **119** LEKTION 3

3 A  Hören Sie auf den Rat **einer Spezialistin**.

7 Raus aus dem Alltag

a Lesen Sie die Anzeigen und ergänzen Sie.

> **Fit werden durch richtig....... Training. Einfach....... Übungen zur Entspannung, auch für zu Hause. Zusammensein mit nett....... Frauen aus der Nachbarschaft.**
>
> Was wir machen? Wir genießen zunächst kurze Phasen passiver Entspannung, dann erleben wir Übungen zur kurz....... und sanft....... Entspannung der gesamten Muskulatur. Schließlich führen wir eine länger....... Einheit mit Dehnübungen des ganzen Körpers durch und beenden das Training mit kraftvoll....... Übungen zum muskulären Aufbau. Während des kompletten Trainings werden wir Übungen unterschiedlicher Arten und Trainingstheorien (Autogenes Training, Yoga, Feldenkrais etc.) kennenlernen.
>
> **Kosten:** € 60 für 10 x 1,5 Stunden, immer mittwochs von 11 Uhr bis 12:30 Uhr im Olymp.
> **Beginn:** 13.01.

> **Nutzen Sie ein lang....... Wochenende zum Entspannen!**
> Unsere Bustouren garantieren einen erholsam....... Wochenendurlaub zu attraktiv....... Preisen!
> Fühlen Sie die Entspannung einer erlebnisreichen Tour durch eine interessant....... Stadt und erleben Sie, wie Sie sich von alltäglich....... Gedanken befreien. Endlich wieder den Kopf frei machen für andere Dinge!
> Lassen Sie sich in unseren Komfort-Hotels verwöhnen und entdecken Sie die Vielfalt der europäischen Städte.
> Verbringen Sie ein traumhaft schönes Wochenende bei uns – wir freuen uns auf Sie!
> Termine für einzeln....... Fahrten und Informationen zu günstig....... Hotels erhalten Sie in unserer Servicestelle am Stachus oder Sie entnehmen sie unter www.raus.de.
>
> **Aktuell:** Berlin – München   Hinfahrt 05.02.
>   Rückfahrt 09.02.   € 88,- pro Person

b Unterstreichen Sie in **a** die Formen wie im Beispiel und tragen Sie sie in die Tabelle ein.

der / ein	das / ein	die / eine	die / -
des .... Körpers	des .... Trainings	der *gesamten*.. Muskulatur	der .... Städte
eines schönen Körpers	eines guten Trainings	einer .... Tour	⚠ .... Arten
		⚠ *passiver* Entspannung	

8 Entspannung oder Stress. Ergänzen Sie.

Mich entspannt: **Mich nervt:**

a das Lachen fröhlich........ Kinder   **e** Montag – der Beginn einer lang........, anstrengend........ Woche
b die Strahlen der warm........ Sonne   **f** die Fragen der neugierig........ Nachbarn
c die Pflege meines gesamt........ Körpers **g** die Grammatik der deutsch........ Sprache
d das Verständnis meiner toll........ Lehrerin **h** das Ende wunderbar........ Ferien

9 Schreiben Sie.

Mich entspannt:
der Genuss...
Fotos...
der Kuss...
die Beratung...
die Einladung...
die Ankunft...

Mich nervt:
der Geruch...
der Gestank...
der Lärm...
die Musik...
die Abreise...
der Besuch...

Und was würden Sie mir empfehlen? B 3

10 Ergänzen Sie die Sätze und ordnen Sie die Sätze den Bildern zu.

An Ihrer Stelle würde ich • Wenn ich an deiner Stelle wäre, • Ich an seiner Stelle • An ihrer Stelle würde ich

1 Mal wieder typisch. Papa will natürlich keine Salbe und keine Tabletten.
☐ .... würde diese Salbe nehmen, aber er weiß es mal wieder besser!

2 Mensch, schau dir doch mal die Zeller an. Die hat doch schon wieder zugenommen!
☐ .... ja mal meine Ernährung umstellen und ein bisschen Sport treiben!

3 .... würde ich diese Tropfen hier nehmen.
☐ Mit denen habe ich gute Erfahrungen gemacht.

4 Oje, Herr Wagner. Sie sind ja ganz blass! _An Ihrer Stelle würde ich_ mich ja sofort
A ins Bett legen und einen heißen Kräutertee trinken und viel schwitzen.

11 Was würden Sie empfehlen? Ordnen Sie zu.

du solltest • ist es am besten, • Was würdest du mir dann raten? • Kennst du ein gutes Medikament? • Dagegen musst du unbedingt sofort etwas tun. • Mit Tabletten und Arzneimitteln habe ich bei Grippe keine guten Erfahrungen gemacht.

● Oje. Du bist aber sehr erkältet. Das klingt gar nicht gut!
Dagegen musst du unbedingt sofort etwas tun. . (a)

▲ Ja, aber was? Ich muss morgen unbedingt arbeiten.
.... (b)

● Ich würde an deiner Stelle keine Medikamente nehmen. Pass bloß auf.
.... (c)

Ich empfehle dir, dich ins Bett zu legen, dich auszuruhen und einen Kräutertee zu trinken.
▲ Und wenn es dann nicht besser wird?
.... (d)

● Ach was! Das wird schon wieder und wenn es nicht besser wird, ... (e) du gehst zum Arzt. Aber .... (f) wirklich zu Hause bleiben. Gute Besserung!

12 Welches Wort passt nicht? Streichen Sie.

a die Spritze – das Medikament – ~~die Untersuchung~~ – die Salbe
b die Salbe – die Tropfen – die Tabletten – die Erholung
c die Übung – die Ernährung – die Bewegung – das Training
d die Schmerzen – die Beschwerden – die Erfahrung – die Probleme
e die Empfehlung – der Ratschlag – der Tipp – das Ratespiel

einhunderteinundzwanzig **121** LEKTION 3

3 B Und was würden Sie mir empfehlen?

13 Wie bleibe ich gesund?

a Überfliegen Sie die Texte 1–3 im Forum in b. Über welche Probleme sprechen die Leute? Ergänzen Sie.

Themen	Text	Themen	Text	Themen	Text
Diabetes	—	Schlafprobleme	1	Nervosität	......
Kopfschmerzen	......	chronische Erkältung	......	Allergie	......

b Lesen Sie das Problem von Colorado und ergänzen Sie die Antwort.
Ich empfehle dir • an deiner Stelle würde ich • Du solltest • wäre es am besten, wenn

1 **Hallo,** kann mir jemand weiterhelfen? Ich kann abends nicht mehr einschlafen. Bin ich dann endlich eingeschlafen, wache ich nach kurzer Zeit wieder auf und liege dann lange wach im Bett. Morgens bin ich dann natürlich todmüde. Wer kann mir einen Tipp geben? **Gruß Colorado**

Hi Colorado, *an deiner Stelle würde ich* unbedingt etwas dagegen tun. Ich weiß aus eigener Erfahrung, dass du richtig schlimm krank werden kannst. .... mal deinen Hausarzt fragen. Sicherlich .... du auch mal überlegst, warum du so schlecht schläfst. Vielleicht hast du Stress oder irgendeinen Kummer. .... echt: Tu was!

2 **Hi Leute,** ich habe seit einiger Zeit schreckliche Migräne. Und das Blöde ist: Ich habe sie immer, wenn ich entspannen möchte, z.B. am Wochenende, wenn ich mal eine Stunde länger als normal schlafe. Ich kann dann fast nicht mehr aufstehen, weil mir der Kopf so wehtut. Ich bin schon ganz verzweifelt. Was soll ich tun? **Pomki**

3 **Wer kann mir helfen?** Ich bin wahnsinnig unruhig. Ich kann nicht mal mehr länger auf einem Stuhl sitzen. Immer muss ich etwas tun, aufstehen, herumlaufen. Ich fühle mich ständig unter Stress. Bin ich verrückt? Tabletten nützen nichts, hab' ich schon probiert. Manchmal denke ich, ich werd' wahnsinnig. Wer kann mir helfen? **Iceage**

c Lesen Sie Text 2 noch einmal. Welchen Ratschlag würden Sie geben? Schreiben Sie.

weniger arbeiten • Stress vermeiden • Lebensgewohnheiten umstellen • an die frische Luft gehen • Sport treiben • auf gesunde Ernährung achten • …
Lieber Pomki. Das hört sich ja nicht gut an. Also …

d Schreiben Sie die Antwort auf Text 3.

14 Lerntagebuch: Mind Maps

Mind Maps sind eine hilfreiche Technik, wenn Sie z.B. Ideen sammeln oder komplexere Inhalte strukturieren möchten. Auch den Wortschatz zu einem bestimmten Thema können Sie so wiederholen und vertiefen. Es funktioniert ganz einfach:
- Schreiben Sie das zentrale Thema in die Mitte eines Blatts (z.B. „der Körper")
- Notieren Sie dann alle Unterpunkte (z.B. Körperteile, Krankheiten …)
- Dann notieren Sie alles, was Ihnen zu diesen Unterpunkten einfällt.
So wird die Mind Map immer detaillierter.

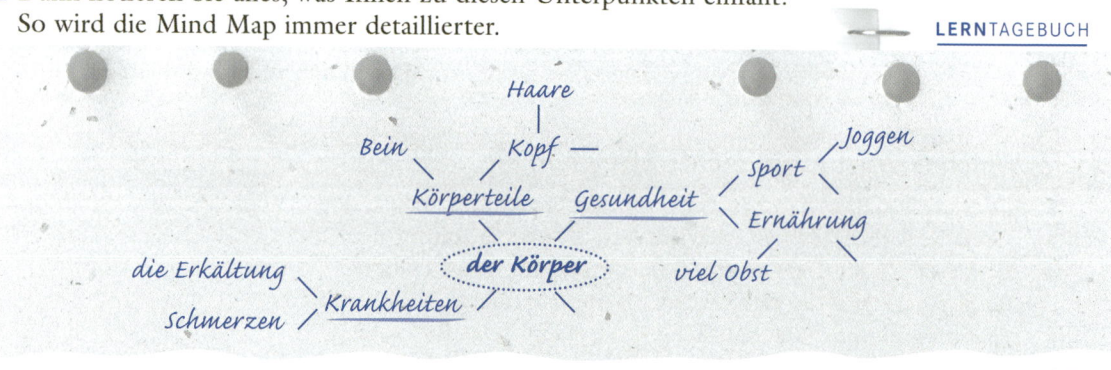

... und am Ende **werden** Sie dann trotzdem **operiert**. C 3

15 Beim Arzt

a Was passiert in einer Arztpraxis? Ordnen Sie die Bilder den Sätzen zu.

A ☐ Der Arzt röntgt den Patienten.
B ☐ Der Arzt operiert den Patienten.
C ☐ Die Arzthelferin macht einen Verband.
D ☐ Der Arzt untersucht den Patienten.

b Was wird gemacht? Schreiben Sie die Sätze aus a anders.

1 Erst *wird* der Patient *untersucht* .
2 Danach .... der Patient ....
3 Dann .... der Patient ....
4 Zum Schluss .... ein Verband ....

16 Was wird in der Arztpraxis wann gemacht? Schreiben Sie.

a Montags *wird in der Praxis geputzt.*
b Dienstags ....
c Mittwochs ....
d Donnerstags ....
e Freitags ....

Montag	Praxis putzen (Putzhilfe)
Dienstag	Geräte kontrollieren
Mittwoch	nur operieren
Donnerstag	neue Zeitschriften bestellen
Freitag	Rechnungen schreiben

17 Was können allergische Reaktionen sein? Kreuzen Sie an.

a Jucken der Nase oder der Haut ☐   g Fieber ☐
b Niesen ☐   h Kopfschmerzen ☐
c Husten ☐   i Tränen der Augen ☐
d Hautausschlag ☐   j Atemnot ☐
e Erkältungssymptome ☐   k Nasenbluten ☐
f Zahnschmerzen ☐   l Übergewicht ☐

3 C ... und am Ende **werden** Sie dann trotzdem **operiert**.

18 Lesen Sie den Text. Schreiben Sie dann die Sätze anders.

Eine Zahnbürste für Frauchens Liebling?

Wussten Sie das?! Nicht nur Sie sollten regelmäßig Ihre Zähne pflegen – auch bei Hunden muss eine intensive Zahnpflege gemacht werden. Eigentlich kein Wunder, denn durch die heutige Fertignahrung reinigen sich die Zähne der Tiere nicht mehr von selbst. Die Folge sind Zahnschmerzen und Karies. Daher müssen auch bei den Hunden, wie bei den Menschen, täglich die Zähne geputzt werden. In Spezialgeschäften können Zahnbürsten für Tiere und sogar Zahnpasta, die nach Fisch oder Hühnchen schmeckt, gekauft werden. Wenn Sie unsicher sind, gehen Sie am besten mit Ihrem Hund zum Tierarzt. Dort können seine Zähne genau untersucht und behandelt werden. In Zukunft heißt es also auch für Frauchens Liebling: regelmäßig Zähne putzen!

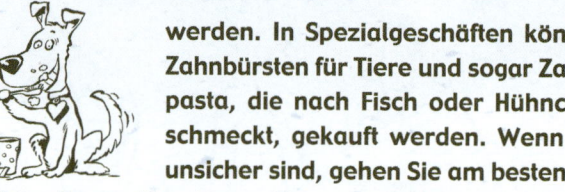

a Man *muss* auch bei Hunden eine Zahnpflege *machen* .
b Man .... die Zähne des Hundes auch täglich ....
c Man .... Zahnbürsten für Tiere in Spezialgeschäften ....
d Der Tierarzt .... die Zähne Ihres Hundes genau .... und ....

19 Ergänzen Sie die Sätze aus Übung 18 in der Tabelle.

Grammatik entdecken

a	Man Eine Zahnpflege	*muss* muss	eine Zahnpflege	*machen* . gemacht	werden.
b	Man Die Zähne	.... müssen	die Zähne	.... geputzt	werden.
c	In Spezialgeschäften In Spezialgeschäften	.... können	man Zahnbürsten Zahnbürsten	.... gekauft	werden.
d	Der Tierarzt Die Zähne	.... können	die Zähne genau	.... untersucht	werden.

20 Schreiben Sie Sätze.

a müssen – in drei Wochen – noch einmal – untersuchen – Sie – werden
Sie müssen in drei Wochen noch einmal untersucht werden.

b Die Herztöne – jetzt – müssen – abhören – werden
....

c bewegen – Der Arm – nicht – dürfen – werden
....

d werden – jeden Tag – sollen – Der Blutdruck – messen
....

e machen – neu – Der Verband – werden – müssen
....

f werden – Die Tabletten – dreimal am Tag – müssen – nehmen
....

C 3

21 Ein Unfall! Schreiben Sie: Was sagen die Ärzte?

Therapievorschläge
- Bein noch mal röntgen
- neuen Gipsverband machen
- Bein nicht bewegen
- Bein so oft wie möglich hoch halten
- Gips erst in etwa drei Wochen entfernen

a *Das Bein muss noch mal geröntgt werden!*
b *Danach muss ...*
c
d
e

Phonetik 22 Deutsche Wörter? – Ein Rap

a Hören Sie.

b Hören Sie noch einmal und markieren Sie die Betonung /.

Compúter • Optimísmus • Problem • Nikotin
Reaktion • Muskulatur • Apotheke • Medizin
Gymnastik • Prävention • Abitur • Qualität
Studium • Praktikum • Musik • Realität
Natur • Fabrik • Symbol • Kritik • Nationalität

Phonetik 23 Sprechen Sie die Wörter aus Übung 22 wie im Rap.

Phonetik 24 Verben auf *-ieren*

a Hören Sie und sprechen Sie nach.

kontrollieren: Wir kontrollieren jetzt Ihren Blutdruck.
telefonieren: Sie telefoniert mit Oma.
notieren: Notieren Sie bitte.
funktionieren: Die Heizung funktioniert noch immer nicht.
operieren: Wir müssen ihn sofort operieren.
trainieren: Er sollte mehr trainieren.
reagieren: Du musst schneller reagieren.

b Hören Sie und klopfen Sie den Rhythmus.

c Wo liegt die Betonung / bei den Verben auf *-ieren*? Kreuzen Sie an.
☐ Auf der ersten Silbe.   ☐ Auf der Endung *-ieren*.

3 D Vorsorge

D2 Prüfung **25** Lesen Sie die Situationen 1–6 und die Anzeigen A–H.
Welche Anzeige passt zu welcher Situation? Ordnen Sie zu.
Für eine Situation gibt es keine Lösung. Schreiben Sie in diesem Fall X.

1 Nach der Geburt hat Ihr Sohn Probleme mit dem Gewicht. Er hat stark abgenommen. Sie brauchen eine Waage.

2 Sie wollen Ihren Blutdruck wieder unter Kontrolle bekommen. Sie möchten etwas Sportliches tun.

3 Sie haben gesundheitliche Probleme. Besonders leiden Sie unter Rückenschmerzen, die Ihnen Ihre Arbeit schwer machen. Sie wissen nicht, was Sie tun sollen.

4 Sie sind oft gestresst und angespannt. Sie brauchen ein paar Wochen Ruhe und Entspannung.

5 Sie machen sich große Sorgen um Ihren Sohn. Er hat keine Lust mehr auf Schule und kümmert sich nicht um Hausaufgaben, Freunde und Hobbys. Sie wissen nicht mehr weiter.

6 Nach der Geburt ihres Kindes hat Anna Gewichtsprobleme. Sie möchte ihr Übergewicht loswerden und bis zum Berufseinstieg wieder fit werden.

Situation	1	2	3	4	5	6
Anzeige						

A
Beratung in (fast) allen Lebenslagen
Jede/r braucht mal Hilfe! Ob bei Ehe- oder Erziehungsproblemen, Gesundheitsproblemen oder persönlichen Krisen – um sich zu informieren, oder um einfach mal ein bisschen zu reden …
Ich bin für Sie da!
**Ulla Behrendts (Sozialpädagogin),
jeden 2. Dienstag von 15:00 bis 17:00 Uhr
unter 244-25731
(Ausnahme: in den Ferien und an Feiertagen)
Vertraulich und kostenlos.**

B
Hebamme
Maja Drossler

- Vorsorge
- Beratung
- Nachsorge

Behandlungen mit Shiatsu und Akupunktur, alternative Geburtsvorbereitung, natürliches Gefühl für Körper und Geist bis zur Entbindung. Hausbesuche und Versorgung des Kindes auch nach der Geburt.

C
Spaß-Aktiv-Klinik: Sonne, Strand und Meer
Ihr Kind ist übergewichtig? Die Fachklinik Biddensee macht Kinder (6–10 Jahre) durch ein kindgemäßes Bewegungs- und Fitnessprogramm und vielseitige Aktivitäten an der frischen Seeluft wieder fit für den Alltag. Anregungen für gesunde Ernährung gehören ebenfalls dazu.
Weitere Infos unter www.biddensee.de.
Fragen Sie gleich bei Ihrer Krankenkasse nach Zuschüssen für eine Eltern-Kind-Kur.

D
**Ihr Gesundheits-Center
Konstantin-Apotheke**
 Pharmazeutische Betreuung und Beratung
❖ Kundenkarte: Kaufen Sie bei uns und genießen Sie Ihren Preisvorteil: alle Produkte abzüglich 10 %
❖ Ernährungsberatung
❖ Verleih von Milchpumpen, Babywaagen, Inhalationsgeräten, Blutdruckmessgeräten

Unser kostenloses Bestell- und Infotelefon:
0800 33 445 99

WIR FREUEN UNS AUF
IHREN BESUCH ODER IHREN ANRUF

E
schlank bleiben/schlank werden
Kein Problem: **www.a-kays.de**
ausgezeichnet für Gymnastik für Frauen in jeder Lebenslage. Inkl. Kinderbetreuung

F
Gymnastik/Fitness
für Berufstätige; Sport treiben und Spaß haben, jeden Mittwoch, 19 Uhr, vor der Sporthalle an der Grundschule in der Alfonsstraße; Kontrolle von Blutdruck und Puls, Schwitzen in Maßen, Übungen zum sportlichen Abnehmen, ganz ohne Leistungsdruck

Melden Sie sich bei Ihrer Gesundheits-Krankenkasse

G
Tag der offenen Tür
in der Praxisgemeinschaft Marktstraße
Samstag, 5. Dezember 2009, von 11-17 Uhr:
Thema: Ruhe bewahren im Stress - mithilfe von Atemtherapie, Klangmassage und Kunsttherapie. Den ganzen Tag über kostenlose Informationen und praktische Angebote:
11.30 Uhr und 14.30 Uhr Kurzvortrag:
Atemtherapie bei Stress und Ängsten
12.00 Uhr und 15.00 Uhr Kurzvortrag:
Kunsttherapie - Wie Bilder gegen Stress helfen
**Kommen Sie doch mal vorbei -
wir freuen uns auf Sie.**
Ann Kriener, Brigitte Maiser, Annkatrin Kott;
infos unter www.freileichtgut.de

H
Die Kraft macht's
Wissen Sie auch manchmal nicht, wie Sie sich noch hinsetzen sollen, weil alles zwickt und zwackt? Oder gehören Sie zu denen, die sich erst 1000-mal im Bett herumdrehen, bevor sie schlafen können – weil der Rücken nicht mitmacht? Schluss damit – JETZT. Kommen Sie zu uns und lassen Sie sich mit einer unserer Maschinen vermessen. Wir zeigen Ihnen, wo Ihre Schwächen liegen und stellen Ihnen Ihr persönliches Trainings- und Therapieprogramm zusammen. Wir zeigen's Ihrem Rücken.
**Rufen Sie uns an,
kostenfrei unter 0800-50 230 77**

26 Wie entspannen die Deutschen? Lesen Sie und ergänzen Sie.

Freunde sind die besten Stresskiller

Für _über die Hälfte der_ Bundesbürger ist das Zusammensein mit Freunden und Bekannten die wichtigste Form der Entspannung. Das ergab eine Umfrage im Auftrag der Pirmasenser Krankenversicherung.

Überraschendes Ergebnis:

Genau .... Frauen können beim Spazierengehen gut entspannen, aber .... Männer bauen den Stress lieber beim Sport ab. Bei den Frauen sind das nur knapp ein Drittel. .... Frauen entspannt am besten beim Lesen, ... Männer entspannt am besten durch

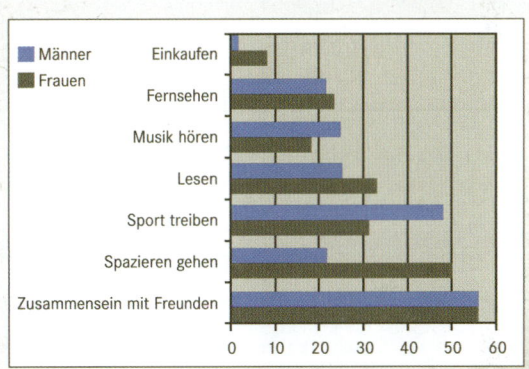

Musikhören. Weniger als .... Frauen kann beim Fernsehen richtig Ruhe finden. Der Glaube, Frauen könnten beim Einkaufen am besten entspannen, stimmt für nur etwa acht Prozent.

Projekt 27 Meine Krankenkasse

a Erkundigen Sie sich bei Ihrer Krankenkasse:
Welche Angebote zur Gesundheit gibt es, z.B. Nichtraucher- und Fitnessprogramme, Ernährungsberatung, Geburtsvorbereitungskurse etc.? Bringen Sie, wenn möglich, Broschüren oder Ratgeber mit.

b Haben Sie schon einmal an einem Kurs bei Ihrer Krankenkasse teilgenommen?
Erzählen Sie.
- Woher hatten Sie die Information?
- Wo haben Sie sich für den Kurs angemeldet?
- Wie hat Ihnen der Kurs gefallen?
- Würden Sie wieder so einen Kurs besuchen?

3 E Hilfe für Ihre Gesundheit

28 Meine Krankenkasse

a Überfliegen Sie den Text. Worum geht es in dem Prospekt? Kreuzen Sie an.
☐ Eine Krankenkasse bezahlt normalerweise alle Kosten, die entstehen, wenn jemand krank ist.
☐ Eine Krankenkasse bezahlt nicht immer jede Behandlung. Wenn man eine Zusatzversicherung hat, werden bestimmte zusätzliche Kosten bezahlt.

Mehr Leistung für Ihre Gesundheit

Gibt es etwas Wichtigeres als Ihre Gesundheit? Und – wenn es Ihnen einmal schlecht geht, dann soll es Ihnen doch trotzdem so gut wie möglich gehen, oder?
Mit einer Zusatzversicherung der *donvit*-Krankenkasse erweitern Sie jederzeit das Angebot Ihrer gesetzlichen Krankenkasse.

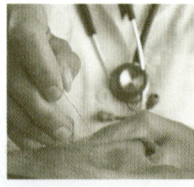

Wählen Sie aus einer Vielzahl seriöser Naturheilverfahren und lassen Sie sich auch beim Kauf von Naturarzneimitteln unterstützen.
Wir übernehmen die Kosten!

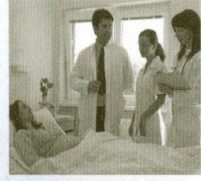

Zusätzliche Leistungen beim Krankenhausaufenthalt wie Privatbehandlung, Ein- oder Zweibettzimmer und freie Arztwahl helfen Ihnen bei der raschen Genesung.
Wir übernehmen die Kosten!

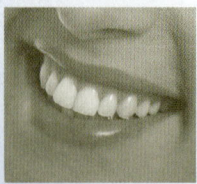

Zahnbehandlungen können teuer werden und die gesetzlichen Kassen zahlen nur noch einen Teilzuschuss. Wir sorgen dafür, dass Sie auch weiterhin Ihr schönstes Lächeln zeigen können.
Wir übernehmen die Kosten!

Überlegen Sie nicht lange und entscheiden Sie sich für Ihre Gesundheit. Bei der Wahl des **Rundum-Sorglos-Pakets** erhalten Sie alle genannten Leistungen zu einem attraktiven Preis!

Unsere Zusatzversicherungen sind sinnvolle Ergänzungen für gesetzlich Versicherte, egal in welcher Krankenkasse Sie Mitglied sind.

b Lesen Sie den Text noch einmal. Kreuzen Sie an: Richtig oder falsch?

	richtig	falsch
1 Wenn man eine Zusatzversicherung abschließen will, muss man bei einer Krankenkasse versichert sein.	☐	☐
2 Wenn Sie Probleme mit einem Zahn haben, bezahlt die gesetzliche Krankenkasse die gesamte Behandlung.	☐	☐
3 Das Rundum-Sorglos-Paket beinhaltet auch Leistungen aus dem Bereich Naturheilkunde.	☐	☐
4 Mit dem Rundum-Sorglos-Paket können Sie selbst entscheiden, bei welchem Arzt Sie sich behandeln lassen.	☐	☐

29 Was ist richtig? Lesen Sie den Brief und kreuzen Sie an.

Sehr geehrter Herr Meier,

im Namen der donvit-Versicherung möchten wir Sie herzlich als unseren neuen Kunden begrüßen.
Wir freuen uns, dass Sie sich für den Abschluss einer donvit-Plus-Versicherung entschieden haben.
Danke für Ihr Vertrauen. In Zukunft können Sie beruhigt sein, denn wir garantieren 100% Kostenübernahme.

Im beiliegenden Prospekt informieren wir Sie noch einmal ausführlich über alle zusätzlichen Leistungen.
Alle Formulare finden Sie unter www.donvit.de

Bitte denken Sie daran, Kostenheilpläne mit Beträgen über 1000 Euro für Zahnbehandlungen
spätestens 4 Wochen vor Behandlungsbeginn bei uns einzureichen.
Rechnungen und Quittung für Medikamente schicken Sie uns bitte unverzüglich im Original,
spätestens jedoch 2 Wochen nach Beendigung der ärztlichen Behandlung.

Für Ihre Fragen stehen wir gern 24 h zu Ihrer Verfügung. Wählen Sie unseren Internetservice unter
www.donvit.de oder informieren Sie sich über unsere Hotline unter 0800-12 60 10.

Mit freundlichen Grüßen

1 Herr Meier hat die donvit-Zusatzversicherung gekündigt. ☐
2 In dem mitgeschickten Prospekt findet er alle Informationen
  über seine Zusatzversicherung. ☐
3 Herr Meier muss die donvit-Krankenkasse nicht vor jedem Arzttermin
  über die Behandlung informieren. ☐
4 Herr Meier kann Rechnungen jederzeit an die Kasse schicken. ☐
5 Um von der Krankenkasse Geld zurückzubekommen, muss Herr Meier
  innerhalb von 24 h ein Formular an die Krankenkasse schicken. ☐

30 Hören Sie die Ansagen. Was ist richtig? Kreuzen Sie an.

Sie hören vier kurze Ansagen am Telefon. Zu jeder Ansage gibt es eine Aufgabe. Kreuzen Sie an.

1 Was soll der Anrufer tun?
  a Noch einmal anrufen.
  b Sich für die Kurse im Frühjahr anmelden.
  c Sich beim Kursleiter persönlich anmelden.

2 Wann kann man sich zum Rückenschulkurs anmelden?
  a Donnerstags von 9 bis 10 Uhr.
  b Zu den Öffnungszeiten persönlich am Empfang.
  c Montag bis Freitag von 14 bis 20 Uhr.

3 Sie möchten Ihre Ernährung umstellen. Bei Ihrer Krankenkasse
  möchten Sie jetzt einen Kochkurs belegen. Was müssen Sie tun?
  a Die 1 wählen.
  b Die 3 wählen.
  c Mit einem Mitarbeiter sprechen.

4 Was müssen Sie für die Grippeimpfung beachten?
  a Sie müssen sich anmelden.
  b Sie sollten nach dem Signalton Ihre Rufnummer hinterlassen.
  c Sie müssen Ihren Impfpass mitbringen.

3  Lernwortschatz

Arzneimittel/medizinische Behandlung

Apotheker der, - ....
Arzneimittel das, - ....
Behandlung die, -en ....
Fachmann der, ¨er ....
Nebenwirkung die, -en ....
Packungsbeilage die, -n ....
Patient der, -en ....
Pflaster das, - ....
Schmerzmittel das, - ....
Spezialist der, -en ....
Spritze die, -n ....
Wunde die, -n ....

betreuen ....
messen: Fieber messen,
   misst,
   maß,
   hat gemessen ....
operieren ....
raten,
   rät,
   riet,
   hat geraten ....
röntgen ....
verschreiben,
   verschreibt,
   verschrieb,
   hat verschrieben ....
untersuchen ....
wirken ....

Rund um den Körper

(Rücken)Schmerz der, -en ....
Allergie die, -n ....
Atem der ....
Bandscheibe die, -n ....
Beschwerden die (Plural) ....
Blut das ....
Blutdruck der ....
Kurzsichtigkeit die ....
Körper der, - ....
Kreislauf der ....
Magen der, ¨ ....
Muskel der, -n ....

Muskulatur die, -en ....
Nacken der, - ....
Oberkörper der, - ....
Oberschenkel der, - ....
Po der, -s ....
Reaktion die, -en ....
Schulter die, -n ....
Stirn die, -en ....
Wirbelsäule die, -n ....

atmen ....
husten ....
jucken ....
niesen ....

schlank ....

einhundertdreißig   **130**   LEKTION 3

Gesundheit und Vorsorge

(Entspannungs)Übung die, -en ....
Einnahme die ....
Hausmittel das, - ....
Krankenkasse die, -n ....
Mittel das, - ....
Therapie die, -n ....
Tropfen die (Plural) ....
Pflege die ....

Vitamin das, -e ....
Vorsorge die ....
abnehmen, nimmt ab, nahm ab, hat abgenommen ....
anwenden ....
sich (gesund) ernähren ....
impfen ....

Weitere wichtige Wörter

Drittel das, - ....
Hälfte die, -n ....
Viertel das, - ....
Empfang der, ¨e ....
Fett das, -e ....
Frucht die, ¨e ....
Gras das, ¨er ....
Höhe die, -n ....
Leitung die, -en ....
Maßnahme die, -n ....
Mineralwasser das, - ....
Mitarbeiter der, - ....
Pfeffer der, - ....
Quark der ....
Quatsch der: So ein Quatsch! ....
Staub der ....
Stelle die, -n ....
Ursache die, -n ....
Vermeidung die ....
Vorsicht die ....
Witz der, -e ....

anbrennen, brennt an, brannte an, ist angebrannt ....
sich anpassen ....
braten, brät, briet, hat gebraten ....
sich eignen ....
führen zu ....
heben, hebt, hob, hat gehoben ....
nachweisen, weist nach, wies nach, hat nachgewiesen ....
ausreichend ....
äußerlich ....
erfolgreich ....
(un)gefährlich ....
gemeinsam ....
locker ....
satt ....
höchstens ....

4 A Lektion 4: Sprachen
Wenn Sie etwas deutlicher **sprechen würden**, **könnte** ich Sie besser verstehen.

Wiederholung
Schritte plus 4
Lektion 8

1 Evas Realität – Evas Wünsche. Ergänzen Sie *würde – hätte – wäre*.

a Eva hat blonde Haare.   Aber sie *hätte* .... gern schwarze Haare.
b Sie kann kein Französisch sprechen. Aber sie .... gern gut Französisch sprechen.
c Sie arbeitet in einem Reisebüro.   Aber sie .... lieber als Reiseführerin arbeiten.
d Sie hat eine sehr kleine Wohnung.   Aber sie .... gern eine größere Wohnung.
e Sie ist ein bisschen klein.   Aber sie .... gern größer.

2 Was denken die Personen? Ergänzen Sie.

wäre ich pünktlich im Büro • könnte ich mit meinen Freunden Fußball spielen •
würde ich jetzt in meinem Garten sitzen

a  Immer muss ich arbeiten!    Wenn ich nicht arbeiten müsste, *würde ich jetzt in meinem Garten sitzen*.

b  Ich muss mein Zimmer schon wieder aufräumen!    Wenn ich mein Zimmer nicht aufräumen müsste, ...

c  Der Bus hat schon wieder Verspätung!    Wenn der Bus keine Verspätung hätte, ...

3 Mein Traumland: Patalonien. Ergänzen Sie.

würde • würde • müsste • würde • hätte • könnte • würde • hätte • würde • wäre

a Wenn ich einen Wunsch frei ...., ... ich in meinem Traumland Patalonien leben.
b Wenn ich dort leben *würde*, *müsste* ich nicht mehr so viel arbeiten, weil alles sehr billig ist.
c Ich .... am liebsten in der Hauptstadt leben, wenn ich wählen ....
d Wenn ich in der Hauptstadt wohnen ...., ... ich jeden Abend im Kino oder Theater.
e Ich .... aufs Land ziehen, wenn ich eine Familie ....

4 Finden Sie jeweils noch ein passendes Beispiel aus den Übungen 2 und 3.

Wenn ich einen Wunsch frei |hätte|, |würde| ich in meinem Traumland leben.
.... , ...

Ich |würde| am liebsten in der Hauptstadt |leben|, wenn ich wählen |könnte|.
.... , ...

A 4

5 Was würden Sie machen, wenn ... ? Schreiben Sie Sätze.

a nette Freundin haben – sofort heiraten
   Wenn ich eine nette Freundin hätte, würde ich sofort heiraten.
b verheiratet sein – gern viele Kinder haben
c viele Kinder haben – aufs Land ziehen
d auf dem Land leben – gern Haus mit Garten haben
e Garten haben – Kinder immer draußen spielen können

6 Was ist richtig? Kreuzen Sie an.

a Wenn ich seit meiner Kindheit in Deutschland leben ☒ würde ☐ wäre ☐ bin,
  ☐ musste ☐ müsste ☐ muss ich jetzt keinen Sprachkurs machen.
b Wenn Lehrer Schüler ☐ wären ☐ würden ☐ werden,
  ☐ wurden ☐ wären ☐ würden sie sicher auch manchmal im Unterricht träumen.
c Wenn ich mehr Zeit zum Lernen ☐ habe ☐ hatte ☐ hätte,
  ☐ würde ☐ wurde ☐ wäre ich jeden Tag die neuen Wörter lernen.
d Wenn ich Lehrer ☐ wäre ☐ bin ☐ war,
  ☐ mussten ☐ musste ☐ müssten die Schüler nicht so viele Tests schreiben.
e Wenn ich jünger ☐ war ☐ würde ☐ wäre,
  ☐ würde ☐ wurde ☐ wäre ich noch eine andere Ausbildung machen.

7 Schreiben Sie.

a Wenn ich eine Katze wäre, ...
b Wenn ich ein Vogel wäre und fliegen könnte, ...
c Das Leben könnte so schön sein, wenn ...
d Wenn ich Präsident von meinem Land wäre, ...
e Wenn die Menschen vier Beine hätten, ...
f Wenn ich ein berühmter Sänger wäre, ...
g Alle Menschen wären glücklich, wenn ...
h Wenn ich den Papst auf der Straße treffen würde, ...

Phonetik 8 Zwei Formen

a Schreiben Sie.

konnte – *könnte*   wurdest – ....   waren – ....
hatten – ....   musste – ....

b Hören Sie und lesen Sie von links nach rechts und von rechts nach links.

Phonetik 9 Hören Sie. Passen die Sätze zu einem Bericht oder zu einem Vorschlag? Kreuzen Sie an.

	Bericht (früher)	Vorschlag (jetzt)		Bericht (früher)	Vorschlag (jetzt)		Bericht (früher)	Vorschlag (jetzt)
a	☒	☐	d	☐	☐	g	☐	☐
b	☐	☐	e	☐	☐	h	☐	☐
c	☐	☐	f	☐	☐			

Phonetik 10 Ein Gedicht

a Hören Sie und lesen Sie laut.

Ach, könnte ich
deinen süßen Mund küssen,
ohne fürchten zu müssen,
dich zu verletzen.
Hätte ich
schönere Wörter für dich,
dann würdest du mich
auf Straßen und Plätzen
höflicher grüßen.
Ich würde dich täglich verwöhnen.
Das wäre schön!

b Machen Sie Dreier- oder Vierergruppen.
Jede/Jeder lernt einen Teil des Gedichts auswendig.
Tragen Sie dann das ganze Gedicht zu dritt oder zu viert vor.

c Schreiben Sie selbst ein Gedicht und lesen Sie es vor.

Ach, könnte / hätte / wäre ich ...
Dann könnte / würde ich ...
Das wäre ...

einhundertdreiunddreißig **133** LEKTION 4

4 B Meinen Sie damit, dass ich ...

11 Wie kann man auch sagen? Was passt? Ordnen Sie zu.

a Bitte sprechen Sie lauter.
b Bedeutet das, dass ich mit dem Zug fahren muss?
c Entschuldigen Sie, aber ich habe Sie nicht richtig verstanden.
d Könnten Sie das bitte noch einmal sagen?

Würden Sie das bitte wiederholen?
Tut mir leid, aber ich bin nicht sicher, ob ich das richtig verstanden habe.
Wären Sie so nett und würden ein bisschen lauter sprechen?
Heißt das, ich soll den Zug nehmen?

12 Was ist höflich? Kreuzen Sie an.

a Sie möchten sagen, dass Sie etwas nicht richtig verstanden haben.
  ☐ Entschuldigen Sie, aber ich habe Sie nicht verstanden.
  ☐ Hey, was soll denn das heißen?
  ☐ Sag das noch mal.

b Sie bitten um Wiederholung.
  ☐ Wie?
  ☐ Was wollen Sie überhaupt sagen?
  ☐ Könnten Sie das bitte noch einmal sagen?

c Sie fragen zurück.
  ☐ Würden Sie bitte langsamer sprechen?
  ☐ Was möchten Sie damit ausdrücken?
  ☐ Habe ich das richtig verstanden? Sie haben gesagt, dass ...

d Sie möchten sagen, dass Ihr Gesprächspartner langsamer sprechen soll.
  ☐ Jetzt aber langsam!
  ☐ Bitte, könnten Sie etwas langsamer sprechen?
  ☐ Nicht so schnell.

13 Wie bitte?

a Ordnen Sie zu und schreiben Sie.
Könnten Sie den Termin bitte noch mal wiederholen? • Bedeutet das, dass ich umsteigen muss? •
Das letzte Wort habe ich nicht verstanden. • Können Sie mir sagen, was das ist?

1 ● Was ist denn das?
  ▲ Das ist ein Topfenstrudel.
  ● Entschuldigung. Topfenstrudel kenne ich nicht.
  Können Sie mir sagen, was das ist?

2 ● Entschuldigen Sie bitte. Wo ist hier das Wellness-Center?
  ▲ Wie bitte? ....
  ● Das Wellness-Center, das große Schwimmbad.

3 ● Also, dann treffen wir uns am 12.5. um 13.35 Uhr am Bahnhof.
  ▲ Entschuldigen Sie, hier ist es so laut.
  ....

4 ● Also, Ihr Zug geht um 10.57 Uhr ab Freiburg, Ankunft in Karlsruhe um 11.58 Uhr, Abfahrt 12.07 Uhr, Ankunft in Stuttgart um 12.59 Uhr.
  ▲ ....
  ● Ja, in Karlsruhe.

b Hören Sie und vergleichen Sie.

Darum denke ich mir, dass die Marsstraße hier irgendwo sein muss.

C 4

14 Schreiben Sie die Antwort anders.

a ● Warum ist sie nicht zum Fußballspiel mitgekommen?
▲ Wegen einer Erkältung. / *Weil sie erkältet* .... war.

b ● Warum schaust du denn so komisch?
▲ Wegen eines Briefs vom Finanzamt. / ....
.... bekommen habe.

c ● Warum freust du dich denn so?
▲ Wegen meiner guten Noten in der Prüfung. / ....
sehr gut waren.

15 Auf Klassenreise in London – Jugendliche berichten
Lesen Sie die Texte. Wer sagt was? Kreuzen Sie an.

Können Klassenreisen nach London, Paris oder Rom die Schüler motivieren, Sprachen zu lernen, oder sind sie „nur" eine schöne Unterbrechung des Schulalltags? Die Zeitschrift NANU hat einige Schüler einer Gesamtschule in Köln nach ihrer Meinung gefragt.

Ich fand London ganz toll und ich habe immer versucht, mit Leuten in Kontakt zu kommen, um möglichst viel Englisch zu sprechen. Für mich und meine Freunde war es kein großes Problem, mit jungen Leuten in Kneipen ins Gespräch zu kommen. Außerdem hab' ich mir viele englische Mode-Zeitschriften gekauft und versucht, sie zu verstehen. Darum habe ich schon das Gefühl, dass ich was dazugelernt habe.
Maria, 16 Jahre

Also ich finde Klassenfahrten prinzipiell super. Ist doch cool, mit seinen Freunden ins Ausland zu fahren. Nur unsere Lehrer waren so streng. Dauernd mussten wir in ein Museum gehen oder was besichtigen. Das fand ich langweilig, weil ich mich nicht für Kunst oder Geschichte interessiere. Also ehrlich gesagt! Ich wäre lieber auf ein spannendes Fußballspiel gegangen, als ständig durch Museen zu gehen. Na ja, viel Englisch gelernt haben wir in London nicht, weil wir immer zusammen waren und natürlich fast nur Deutsch gesprochen haben. Aber lustig war's.
Erkan, 16 Jahre

Ich war total begeistert von London! Das ist so eine lebendige Stadt. Nur mit dem Links-Verkehr hatte ich Probleme, also weil die Autos auf der anderen Straßenseite fahren und das fand ich z.B. beim Überqueren der Straße ziemlich ungewohnt. In Deutschland lernt man als kleines Kind „Schau links, schau rechts, geh geradeaus, dann kommst du sicher gut nach Haus", aber in London wäre ich zweimal beinahe in ein Auto gelaufen. Englisch macht mir jetzt viel mehr Spaß und – stellt euch vor! – ich mache jetzt sogar meine Hausaufgaben gern.
Ich möchte nach der Schule als Au-Pair-Mädchen nach London gehen. Denn diese Stadt war einfach toll und ich möchte unbedingt dort einmal ein paar Monate leben.
Fatima, 15 Jahre

		Maria	Erkan	Fatima
a	Ich möchte gern mal für längere Zeit in London sein.	☐	☐	☐
b	Kultur finde ich nicht so interessant.	☐	☐	☐
c	Die Reise hat mich motiviert, mehr Englisch zu lernen.	☐	☐	☐
d	Durch Lesen lernt man eine Sprache schneller.	☐	☐	☐
e	Viel gelernt habe ich nicht.	☐	☐	☐
f	Ich habe mich beim Ausgehen auch mit ein paar Leuten unterhalten.	☐	☐	☐

4 C Darum denke ich mir, dass die Marsstraße hier irgendwo sein muss.

16 Schreiben Sie Sätze zu den Texten in Übung 15.

a Maria hat in London viele englische Zeitschriften gelesen. (darum)
Darum hat sie ein bisschen Englisch dazugelernt.

b Erkan verreist gern mit seinen Freunden. (aus diesem Grund)
....

c Fatima hatte auf Londons Straßen ein bisschen Probleme. (wegen)
....

d Erkan interessiert sich nicht für Kunst und Geschichte. (deswegen)
....

e Fatima macht Englisch jetzt viel mehr Spaß. (aus diesem Grund)
....

17 Im Sprachkurs: Ergänzen Sie *weil – wegen – deshalb*.

a Ich möchte einen Sprachkurs machen. .... bin ich jetzt hier.
b Die letzte Übung konnte ich nicht machen, ... ich sie nicht verstanden habe.
c Bei der Anmeldung war niemand. .... bin ich wieder nach Hause gegangen.
d Ich musste .... meiner guten Noten keinen Einstufungstest machen.
e .... sich sehr viele angemeldet haben, gibt es einen zusätzlichen Sprachkurs.
f Ich konnte gestern .... meiner Zahnschmerzen leider nicht in den Kurs kommen.

18 Wer findet die besten Ausreden? Schreiben Sie.

a ▲ Wo kommst du denn jetzt her?
■ Der Hund unserer Nachbarn hat meine Uhr gestohlen und deshalb …
b ● Warum hast du das Geschirr nicht gespült?
◆ Weißt du, erst kam die Sportschau und dann …
c …

19 Viele Sprachen – gemeinsame Wörter

a Welche Wörter, die Sie in Deutschland gelernt haben, gibt es so oder so ähnlich auch in Ihrer Sprache? Machen Sie ein Plakat.

deutsches Wort	Ihre Sprache
Kakao	…
…	

b Überlegen Sie: Gibt es Unterschiede? Spricht/Schreibt man das Wort anders? Hat es eine andere Bedeutung?

Das Wort „Kakao" gibt es bei uns auch. Aber man spricht es …

c Kennen Sie deutsche Wörter, die in Ihrer Sprache verwendet werden?

Zum Beispiel „Kindergarten", auf Englisch „kindergarten".

In zwei Sprachen leben

20 Das schönste deutsche Wort

Haben Sie sich schon einmal überlegt, welches deutsche Wort Ihnen am besten gefällt? Weil es am schönsten klingt, wenn Sie es hören oder selbst aussprechen? Oder weil es ein Wort mit genau dieser Bedeutung in Ihrer Muttersprache nicht gibt? Oder, oder, oder.
2004 gab es in Deutschland einen Wettbewerb: „Was ist das schönste deutsche Wort?". Viele Menschen aus der ganzen Welt haben ihre deutschen Lieblingswörter vorgestellt.

a Lesen Sie die Beispiele und ordnen Sie die Begründungen zu.

Das schönste deutsche Wort ist …

1 Streichholzschächtelchen,   weil man immer noch eine Alternative hat.
Falk Mölle, Deutschland

2 Sommervogel,   weil es nur ein „i" vom Leben entfernt ist.
Gloria Bosch, Spanien

3 lieben,   weil wenn man es als Ausländer aussprechen kann, kann man ALLES aussprechen. Und das ist ja schön.
Amelia Hartney, Australien

4 oder,   weil es jeder den Worten nach versteht, aber nur die Leute in der Schweiz wissen, dass es sich dabei um einen Schmetterling handelt. *Daniel Schär, Schweiz*

b Alena Kappe, ein 11-jähriges Mädchen aus Deutschland, hat geschrieben, dass „nochmal" für sie das schönste deutsche Wort ist. Was könnte ihre Begründung sein? Sprechen Sie in der Gruppe.

| Es könnte sein, dass sie … | Ich glaube/denke/vermute, dass sie … | Ich könnte mir vorstellen, sie findet es schön, weil … |

c Lesen Sie nun den Text von Alena und vergleichen Sie.

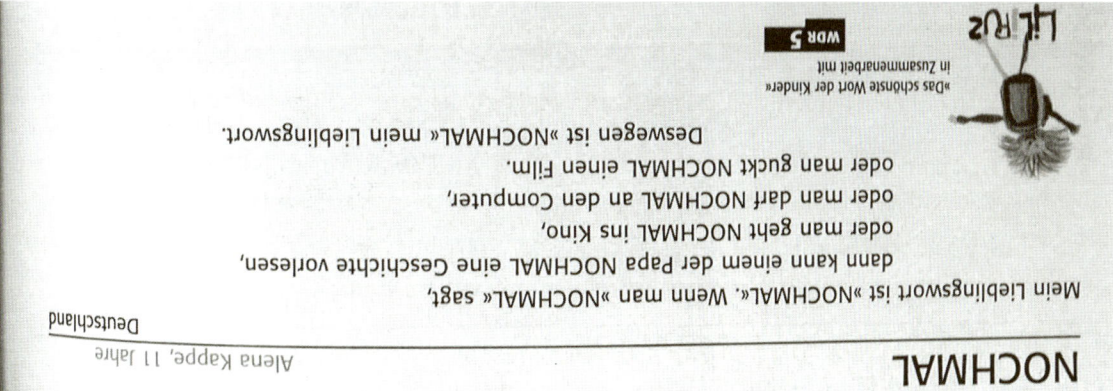

21 Mein Lieblingswort

a Welches deutsche Wort gefällt Ihnen? Warum? Schreiben Sie.

Wenn ich … höre, dann denke ich …/Deswegen finde ich …/Für mich ist …

In meiner Muttersprache/Auf Deutsch …/Das klingt …/Dieses Wort ist …

b Stellen Sie Ihr Lieblingswort den anderen vor. Erzählen Sie.

4 D In zwei Sprachen leben

22 Einen Brief an eine Freundin schreiben

a Lesen Sie.

Sie haben vor kurzer Zeit in Deutschland gelebt und sind jetzt wieder in Ihrem Heimatland. Trotzdem möchten Sie gern noch einmal in Deutschland einen Sprachkurs machen. Von Ihrer deutschen Freundin haben Sie nun folgenden Brief bekommen.

> ...., 25.5.20___
>
> Liebe/r ...,
> wie geht es Dir? Ich habe eine super Idee! Du wolltest doch gern irgendwann noch einmal einen Feriensprachkurs hier machen. Jetzt gibt es eine gute Gelegenheit. Denn gerade hat mir meine Mitbewohnerin Claudia gesagt, dass sie im August wegfährt. So könntest Du in ihrem Zimmer wohnen. Ich bin im August auch hier, weil ich arbeiten muss und erst im September Urlaub habe. Das wäre doch toll! Du weißt ja, wie schön es hier im Sommer ist. Und wir könnten wieder so viel zusammen unternehmen! Wenn Du willst, suche ich eine günstige Sprachschule für dich. Schreib mir nur, wie viel Du für einen Sprachkurs maximal zahlen kannst und was für Dich beim Deutschlernen wichtig ist. Es gibt hier viele unterschiedliche Angebote an den Sprachschulen. Es wäre doch wirklich toll, wenn Du im August hier wärst. So könnten wir uns endlich wieder sehen und du könntest Dein Deutsch verbessern.
> Überleg es Dir und schreib mir bitte bald.
>
> Viele Grüße
> Christiane

.Unterschrift..........

Antworten Sie Ihrer Freundin und schreiben Sie etwas zu den vier Punkten unten. Überlegen Sie sich dabei eine passende Reihenfolge der Punkte. Vergessen Sie nicht Datum und Anrede und schreiben Sie auch eine passende Einleitung und einen passenden Schluss.

- Was Ihnen im Sprachkurs wichtig ist.
- Welches Geschenk für Claudia (etwas Typisches aus Ihrer Heimat) Sie mitbringen.
- Was Sie gern am Kursort unternehmen möchten.
- In welche andere deutsche Stadt Sie noch gern reisen würden und warum.

b Lesen Sie noch einmal den Brief. Was passt wo? Ordnen Sie zu.

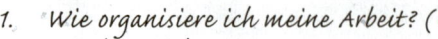
Unterschrift • Schlusssatz • Anrede • Einleitungssatz • Ort und Datum • Gruß

23 Lerntagebuch: Lernen lernen

Überlegen Sie, wie Sie Deutsch lernen. Beantworten Sie folgende Fragen.   **LERN**TAGEBUCH

1. Wie organisiere ich meine Arbeit? (Wann, Wie lange, Wo ...)
2. Wie lerne ich Wörter?
3. Wie verbessere ich meine Aussprache?
4. Wie übe ich Lesen, Schreiben und Hören?
5. Wie übe und sichere ich meine grammatischen Kenntnisse?

Tauschen Sie mit anderen Kursteilnehmern Tipps zum Deutschlernen aus.

▸ Portfolio

In zwei Sprachen leben

24 Einen formellen Brief schreiben

Lesen Sie den Anfang und das Ende des Briefes von Milena Lorenzo an ihre Vermieterin Susanne Weingärtner. Was ist falsch? Korrigieren Sie.

Hamburg, 22-5-2010

Hallo Frau Susanne,
In unserer Wohnung ist seit zwei Wochen die Klingel kaputt.
Ich habe ihnen schon ...

Im Voraus herzlichen Dank für Ihr Mühsal.
Liebe Grüße
Milena Lorenzo

22.05.2010 ....
....
....
....

....
....

25 Brief an die Hausverwaltung

Sie haben Ihren Kellerschlüssel verloren und brauchen einen neuen. Sie haben schon bei der Hausverwaltung angerufen, aber nach drei Wochen immer noch keinen neuen Schlüssel bekommen. Sie schreiben nun an Herrn Bauer von der Hausverwaltung.

a Lesen Sie den Brief. Wo finden Sie die Sätze zu den vier Inhaltspunkten? Markieren Sie sie mit 1–4 am Rand.

1 Hinweis auf Anruf vor drei Wochen **2** Bis wann soll er etwas tun?
3 Was soll der Hausverwalter machen? **4** Grund für Ihr Schreiben

....

....
leider habe ich meinen Kellerschlüssel verloren und brauche einen neuen.
Vor drei Wochen habe ich schon mit Frau Baumeister von der Hausverwaltung telefoniert,
aber sie hat mir bis heute keinen neuen Schlüssel geschickt.
Würden Sie mir bitte den neuen Schlüssel und die Rechnung zuschicken?
Es wäre sehr nett, wenn Sie das so bald wie möglich machen würden.
Denn ich brauche den Kellerschlüssel dringend.

Im Voraus vielen Dank.
....
Susanne Schön

b Ergänzen Sie im Brief Ort, Datum, Anrede und Gruß.

Prüfung 26 Formeller Brief

In der Prüfung *DTZ – Deutschtest für Zuwanderer* müssen Sie einen Brief, ein Fax oder eine E-Mail schreiben. Dafür haben Sie 30 Minuten Zeit. Schreiben Sie nun selbst einen Brief zu folgender Aufgabe:

Sie suchen eine Wohnung und haben von Ihrer Freundin Frau Lorenzo gehört, dass die 2-Zimmer-Wohnung neben ihr frei wird. Sie haben Interesse an der Wohnung. Sie schreiben an Herrn Bauer von der Hausverwaltung.

- Besichtigungstermin
- Ab wann frei?
- Grund für Ihr Schreiben
- Angaben zu Ihrer Person

Vergessen Sie nicht:
– Ort, Datum, Anrede und Gruß
– Bringen Sie die Punkte in eine logische Reihenfolge.
*– Schreiben Sie zu **allen** vier Punkten ca. ein bis zwei Sätze.*

4  Lernwortschatz

Sprache und Heimat

Akzent der, -e ....
Dialekt der, -e ....
Heimat die ....
Herkunft die ....

Muttersprache die, -n ....
Schrift die, -en ....
stammen ....

Eine Sprache lernen und sprechen

Geste die, -n ....
Methode die, -n ....
Übersetzung die, -en ....

aussprechen,
  spricht aus,
  sprach aus,
  hat ausgesprochen ....

übersetzen ....
(un)deutlich ....
fließend ....

etwas erfragen und begründen

daher ....
deshalb ....
deswegen ....

weshalb ....
weswegen ....
wieso ....

Weitere wichtige Wörter

Appetit der ....
Bedingung die, -en ....
Bleistift der, -e ....
Pflicht die, -en ....
Radio das, -s ....
(Zauber)Sack
  der, ¨e ....
Soße die, -n ....

benötigen ....

beweisen,
  beweist,
  bewies,
  hat bewiesen ....
entstehen,
  entsteht,
  entstand,
  ist entstanden ....
erfinden,
  erfindet,
  erfand,
  hat erfunden ....

frieren,
　friert,
　fror,
　hat gefroren ....

genügen ....

zusammenfassen ....

automatisch ....

klar ....

merkwürdig ....

unheimlich ....

andererseits ....

ebenso ....

spätestens ....

Welche Wörter möchten Sie noch lernen?

Lektion 5: Eine Arbeit finden

5 A Ich **habe** keine **Lust**, Ärger **zu** bekommen.

1 Fußballstar

a Lesen Sie den Text. Was ist richtig? Kreuzen Sie an.

☐ Der Junge erzählt von seinen Freunden.
☐ Der Junge erzählt, was er später werden möchte.

An manchen Tagen <u>ist es</u> einfach <u>anstrengend</u>, in die Schule zu gehen. Dann <u>versuche</u> ich, meiner Mutter zu erklären, dass ich Fieber habe und ganz krank bin. Aber das funktioniert nicht. Meine Mutter weiß genau, dass ich nur die Hausaufgaben vergessen
5 *habe. Da wird sie ganz sauer und verbietet mir, zum Fußballtraining zu gehen. <u>Es macht</u> mir nämlich viel mehr <u>Spaß</u>, zum Fußballtraining zu gehen als Hausaufgaben zu machen. Und dann, wenn ich beim Fußballtraining war, habe ich oft keine Zeit mehr, etwas für die Schule zu tun. Und deswegen erlaubt mir dann meine Mutter nicht, zum Training zu gehen. Es ist schon manchmal traurig, noch nicht erwachsen zu sein. Denn eigentlich habe*
10 *ich vor, ein großer Fußballspieler zu werden. Es ist einfach toll, Fußball zu spielen. Und ich habe wirklich kein Interesse, besonders klug zu werden. Ich stelle mir vor, später mal in einem tollen Fußballclub zu spielen und berühmt zu werden. Und hoffe, dann auch viel Geld zu verdienen. Und wenn es dann so weit ist, freue ich mich, es allen zu zeigen: Man muss eigentlich gar nicht in die Schule gehen!*

b Nach welchen Ausdrücken kommt *zu*? Markieren Sie im Text wie im Beispiel.
<u>An manchen Tagen ist es einfach anstrengend, in die Schule zu gehen. Dann versuche ich, …</u>

Grammatik entdecken

c Ordnen Sie die Ausdrücke und Verben.

(keinen) Spaß machen	versuchen	es ist anstrengend …
…	…	…

2 Ich habe keine Zeit …

a Was passt? Ergänzen Sie in der richtigen Form.

kennenlernen • ausschalten • erklären • mitkommen • kaufen • gehen

A
Ich habe leider keine Zeit, Ihnen den Weg zu *zu erklären* .

B
Vergesst bitte nicht, den Herd .... !

C
Ich habe kein Interesse, einen Staubsauger ....

D
Ich würde mich freuen, deinen Bruder ....

E
Erlaubst du uns, heute ins Kino .... ?

F
Ich habe heute keine Lust, ins Training ....

einhundertzweiundvierzig   142   LEKTION 5

A 5

b Ergänzen Sie die Tabelle.

Ich habe keine Zeit,	Ihnen den Weg	zu	erklären.
Vergesst bitte nicht,	den Herd		auszuschalten.
…			

3 Schreiben Sie die Sätze anders.

versuchen • anfangen • nicht erlaubt sein • versprechen • Zeit haben • vorhaben

a Morgen will sie pünktlich sein. Vielleicht! _Morgen versucht sie, pünktlich zu sein_ .
b Heute habe ich nichts vor. Endlich kann ich in meinem Buch weiterlesen.
Ich ....
c Ich hole dich morgen bestimmt ab. Ganz sicher.
Ich ....
d Einen interessanten Job finden! Das ist mein Plan.
Ich ....
e Ich mache eine Diät. Allerdings erst ab morgen!
Morgen ....
f Rauchen verboten.
Hier ....

4 Ergänzen Sie *zu*, wo nötig.

a Wir haben schon mal angefangen, Notizen _zu_ machen.
b Du sollst nicht jedes Jahr meinen Geburtstag .... vergessen!
c Ehrlich gesagt ist es überhaupt nicht realistisch, das alles .... schaffen.
d Ich würde am liebsten in einem Team .... arbeiten.
e Hast du vielleicht kurz Zeit, mir bei den Hausaufgaben .... helfen?

5 Schreiben Sie Sätze.

| Lust haben • helfen • hoffen • Spaß machen • vorstellen • interessant sein • Interesse haben • angenehm sein • … | ein halbes Jahr um die Welt reisen • dich sehen • den Koffer tragen • einfach nur so daliegen • am Abend arbeiten • dich ins Theater begleiten • nicht immer dasselbe machen • … |

Ich habe keine Lust, deinen Koffer zu tragen. …

6 Was passt? Ordnen Sie zu.

a Ich möchte mich gern beruflich neu orientieren. Wo bekomme ich da Informationen?
b Ich arbeite schon so lange als Krankenpflegerin. Aber ich habe keine Ahnung, welcher Beruf noch zu mir passen könnte.
c Hm, interessant. Aber da habe ich ja keine Erfahrung.
d Hoffentlich dauert so eine Umschulung dann nicht so lange.

1 Aber du könntest doch Hebamme werden! Du magst doch Babys so gern!
2 Das ist sicher nicht so schlimm. Am besten, du besprichst mal im Einzelgespräch deine aktuelle Situation.
3 Ich glaube, das ist ganz unterschiedlich. Bei der Berufsberatung findest du bestimmt die passende Fortbildung für dich.
4 Am besten gehst du zur Agentur für Arbeit. Dort gibt es viel Material, Broschüren, Berufs-DVDs, …

a	b	c	d
4			

5 B Sie **brauchen** gar **nicht** weiterzureden.

7 Welches Bild passt? Ordnen Sie zu.

a Ich brauche Geld. In kleinen Scheinen bitte.
b Wir brauchen heute nicht mehr rauszugehen. Es regnet ohne Ende.
c Ihr braucht nur ein bisschen Geduld. Dann klappt das schon!
d Sie brauchen nicht zu glauben, dass es hier immer so aussieht.
e Du brauchst ihn doch nur anzurufen. Ich bin mir sicher, dass das alles nur ein Missverständnis war.
f Du brauchst keine Angst vor ihm zu haben. Er ist eigentlich ganz nett!

Satz	a	b	c	d	e	f
Bild					2	

8 Schilder am Arbeitsplatz. Was müssen Sie beachten?
Ergänzen Sie *müssen*, *können*, *dürfen*, *brauchen*.

a

Also, den Chef .... Sie heute nicht zu stören. Der ist mal wieder total schlecht gelaunt.

b

Sie .... nicht zu klopfen.
Sie dürfen einfach reingehen.

c

Auf diesem Schild .... man sehen, welche Personen im Notfall helfen.

d

Normalerweise .... die Tür nicht geöffnet werden.

e

Hier .... Sie einen Schutzanzug tragen.

B 5

9 Was ist richtig? Markieren Sie.

a Ich ☐ brauche ☐ muss nur Wörter zu lernen, dann schaffe ich die Prüfung schon.
b Wenn sie nur Teilzeit arbeitet, dann ☐ braucht ☐ muss sie nicht den ganzen Tag am Computer sitzen.
c Wenn wir drei Monate verreisen wollen, dann ☐ brauchen ☐ müssen wir jetzt viel Geld sparen.
d Dein Zeugnis ist doch so gut. Du ☐ brauchst ☐ musst dir wirklich keine Gedanken um einen Job zu machen.
e Sie ☐ brauchen ☐ müssen gar nicht wiederzukommen. Mich interessiert das nicht.

10 Mein Traumjob. Schreiben Sie.

in die Arbeit fahren • den ganzen Tag arbeiten • nur am Computer sitzen • mit langweiligen Leuten streiten • feste Arbeitszeiten beachten • pünktlich sein • früh aufstehen • …

In meinem Traumjob brauche ich nicht früh aufzustehen, ………………………

11 Lisa macht ein Praktikum in einer Firma. Lesen Sie das Protokoll und kreuzen Sie an: Richtig oder falsch?

Protokoll vom 3.11.20.. Verfasser: R. Keck

… erkundigt sich bis Mittwoch bei Dr. Schmidt.	Rolf Kuhn
Prio 1/Dringend: Vertretung von Frau Eisenhart (krank) ab 3.11. bis auf Weiteres:	Carola Baum
Telefondienst von 8:00–12:00 Uhr	Carola Baum
für Abteilung aus Materiallager Kugelschreiber und Schreibblöcke holen	Lisa Brückner
Für Besprechung (neues Projekt) am Empfang Besprechungsraum reservieren → Donnerstagvormittag; Tee, Kaffee, Wasser bestellen	Lisa Brückner
Antrag von Paul Schuster überarbeiten	Robert Keck

		richtig	falsch
a	Lisa soll die Arbeit von Frau Eisenhart machen.	☐	☐
b	Ab sofort soll Lisa vormittags Anrufe entgegennehmen.	☐	☐
c	Die Mitarbeiter von Lisas Abteilung brauchen Papier und Stifte.	☐	☐
d	Der Besprechungsraum ist am Empfang.	☐	☐
e	Lisa soll Getränke organisieren.	☐	☐
f	Lisas Kollegen treffen sich am Donnerstagvormittag zu einer Besprechung	☐	☐

Phonetik 12 b – p, g – k, d – t

a Hören Sie und sprechen Sie leise nach. Achten Sie auf die unterstrichenen Buchstaben.

Der Auftrag bringt nur halb so viel Geld.
Jeden Tag in dieses Büro … Ab und zu brauchst du auch mal Urlaub!
Geduld, Geduld, bestimmt bekommst du bald einen neuen Auftrag.
Das Kind braucht dringend ein neues Fahrrad.

b Hören Sie und sprechen Sie nach.
Auftrag • halb • Geld • Tag • Urlaub • Geduld • bald • Kind • ab und zu • dringend • Fahrrad

c Was fällt Ihnen auf? Finden Sie die Regel.
Man schreibt am Wortende b, d, g, aber man spricht ……………………………… .

Phonetik 13 Hören Sie und lesen Sie laut.

Jetzt kommt die Nacht, der Tag vergeht.
Der Mond steigt aus den Bäumen.
Ein Fahrrad klingelt tief im Wald.
Ein Kind fängt an zu träumen.

Lernen Sie das Gedicht auswendig und tragen Sie es vor.

5 C Smalltalk: Von der Arbeit erzählen

14 Fehler im Text! Korrigieren Sie.

selbstständig • Überstunden • abwechslungsreichsten • Aufträge • erfolgreich • nachts

Wenn man angestellt ist, dann arbeitet man selber und das ständig.   *selbstständig*
Man hat nämlich Angst, keine Anrufe mehr zu bekommen. Da
nimmt man alles an. Und deswegen arbeitet man viel zu ....
viel, auch früh und am Wochenende. Später aber, wenn man feste
Kunden hat und krank ist, braucht man nicht mehr so viele ....
Übungen zu machen. ....
Da sucht man sich die anstrengendsten Arbeiten heraus. ....
Wenn man das geschafft hat, macht es Spaß, selbstständig zu sein.

15 Hey, hallo – wie geht's?

a Ergänzen Sie die Gespräche.

1 wie läuft's so • Ich muss los • Musst du Überstunden machen? • stressig • als Verkäuferin •
dich mal wieder zu sehen • Angst, Fehler zu machen • ich habe doch eine neue Stelle

● Mensch, Bettina, das ist aber schön, *dich mal wiederzusehen* .... Wie geht es dir?
▲ Danke gut. Ich bin nur etwas kaputt, ich komme gerade von der Arbeit.
● Was? So spät? ....
▲ Ja, ... Ich bin jetzt ....
bei Loss & Leiffer angestellt.
● Das ist ja toll! Und, ...?
▲ Na ja, es geht. Es ist halt schon sehr ....
Ständig hat man .... Aber zumindest ist es nicht langweilig.
Huch, da kommt mein Bus. ....

2 Haben Sie nie daran gedacht, die Stelle zu wechseln? • einen Kollegen vertreten •
noch immer so viel Arbeit • grüßen Sie bitte Ihren Mann von mir

■ Frau Schweiger, das ist aber nett, Sie zu sehen! Man sieht Sie ja überhaupt nicht mehr!
▼ Guten Abend, Frau Wanckel, ja, das stimmt, es ist wirklich fürchterlich, immer so spät nach
Hause zu kommen. Man trifft einfach niemanden mehr!
■ Haben Sie denn ....?
▼ Leider ja. Im Moment muss ich auch noch ....
■ ....
▼ Ach, man muss heutzutage ja froh sein, Arbeit zu haben. So, jetzt muss ich aber nach Hause.
Auf Wiedersehen, und .... Bis hoffentlich bald.
■ Ja, schönen Feierabend! Bis zum nächsten Mal.

b Hören Sie und vergleichen Sie.

16 Schreiben Sie und lesen Sie laut.

a die Umzüge – der ....   **e** die Schilder – das ....
b die Gründe – der ....   **f** die Bilder – das ....
c die Strände – der ....   **g** die Berge – der ....
d die Geburtstage – der ....   **h** die Diebe – der ....

Sich schriftlich bewerben

D 5

17 Das Bewerbungsanschreiben: Ergänzen Sie.

die Grußformel • die Unterschrift • der Adressat • die Anrede • der Text • die Betreffzeile • der Ort und das Datum • der Absender • die Anlagen

1 _der Absender_ .... { Vorname und Name
Straße
PLZ Wohnort
Telefon/Faxnummer
E-Mail-Adresse

2 .... { Firma
Ansprechpartner
Abteilung
Straße oder Postfach
PLZ Ort

3 .... Köln, 10. April 20..

4 .... **Bewerbung als …**

5 .... Sehr geehrter Herr … / Sehr geehrte Frau …,

6 .... { mit großem Interesse habe ich Ihre Anzeige … gelesen und möchte mich auf die freie Stelle bewerben …
…
Über Ihre Einladung zu einem persönlichen Gespräch würde ich mich sehr freuen.

7 .... Mit freundlichen Grüßen

8 .... …

9 .... { Lebenslauf
Zeugnisse
Fortbildungsnachweise

18 Was passt? Ergänzen Sie in der richtigen Form.

selbstständig • erforderlich • flexibel • zuverlässig • leistungsgerecht • ~~üblich~~

a Bei dieser Stelle gibt es keine festen Arbeitszeiten. Daher müssen Sie zeitlich .... sein.
b Schicken Sie bitte die _üblichen_ Bewerbungsunterlagen, also einen Lebenslauf und Zeugnisse alter Arbeitsstellen, Praktika oder aus der Schule.
c Sie sind gewöhnt, dass Sie alleine Probleme lösen und .... arbeiten.
d Wir bezahlen Löhne, die der Position und Leistung entsprechen – die Bezahlung ist also absolut ....
e Bei dieser Stelle ist es unbedingt ...., dass man einen Führerschein besitzt.
f Wir suchen nur .... Mitarbeiter: Wir müssen uns auf Sie 100% verlassen können!

5 D Sich schriftlich bewerben

19 Bewerbungsunterlagen

a Ergänzen Sie das Anschreiben.

tätig • Erfahrungen • aus meinen Unterlagen • zu einem persönlichen Gespräch • Fortbildung • mit großem Interesse • Ich bin es gewohnt

Sehr geehrte Frau Zerlich,

mit großem Interesse .... habe ich Ihre Anzeige gelesen.
Wie Sie .... ersehen können, war ich nach meiner Ausbildung zur Krankengymnastin an der Universitätsklinik Erlangen vier Jahre dort in der Abteilung für Neurologie .... Weitere .... konnte ich in den folgenden vier Jahren in der Praxis Echtler & Leimbeck sammeln. Dort habe ich auch mit Patienten aus dem orthopädischen und kardiologischen Bereich gearbeitet.
Zur beruflichen .... habe ich verschiedene Kurse absolviert.
Meine Muttersprache ist Polnisch, ich spreche aber sehr gut Deutsch und Englisch.
.... , selbstständig und zuverlässig zu arbeiten. Die neue Stelle wäre für mich etwas ganz Neues und interessiert mich daher sehr.
Über eine Einladung .... würde ich mich sehr freuen.

Mit freundlichen Grüßen

Agnes Jankowska

Anlagen: Lebenslauf
Fortbildungsnachweise

b Ergänzen Sie die Daten aus dem Anschreiben im Lebenslauf.

Schulausbildung:
1989 – 1997   *Grundschule in Breslau*

Berufsausbildung / Studium:
1997 – 2000   *Ausbildung als*

Berufliche Tätigkeiten:
2000 – 2004

Berufliche Weiterbildung:
2004   *Verschiedene Kurse, s. Anlage*

Besondere Kenntnisse:
Sprachkenntnisse
EDV Kenntnisse   *Microsoft Office: Word*
Führerschein   *Klasse III*
Hobbys   *Sport, Fahrrad fahren, Musik*

Erlangen, den 15.04.20__   Agnes Jankowska

20 Schreiben Sie Ihren Lebenslauf.

21 Eine Einladung zum Vorstellungsgespräch. Was ist richtig? Lesen Sie die Einladung und korrigieren Sie die E-Mail.

Sehr geehrte Frau Jankowska,

wir freuen uns, Ihnen mitteilen zu dürfen, dass wir Sie gern zu einem Vorstellungsgespräch am Freitag, den 23. Mai 20.., um 11 Uhr einladen.
Bitte beachten Sie, dass das Gespräch in unserer Zentrale in der Pommernstraße 43 stattfindet.
Bringen Sie bitte zur Ansicht noch folgende Unterlagen mit:
- Abschlusszeugnis der Krankengymnastikschule im Original.
Sollten Sie den Termin nicht wahrnehmen können, setzen Sie sich bitte telefonisch mit uns in Verbindung.
Mit freundlichen Grüßen

Von	Agi@bmx.de
An	Pati@bmx.de
Betreff	Es hat geklappt!

Liebe Patricia!
Ich habe Dir doch erzählt, dass ich mich um eine Stellung als Krankengymnastin beworben habe. Jetzt haben die mich zu einem Ausbildungsgespräch eingeladen. Stell Dir vor! Am 23. Mai soll ich schon anfangen! Leider hatte ich vergessen, mein Fortbildungszeugnis der Krankengymnastikschule mitzuschicken – das soll ich jetzt in Kopie mitbringen.
Ich hoffe, dass ich jetzt bloß nicht krank werde, sonst muss ich ihnen einen Brief schreiben.
Jetzt brauche ich unbedingt etwas Neues zum Anziehen. Bin schon ganz aufgeregt ...
Drück mir die Daumen!
Agnes

(Korrektur über "Stellung": *Stelle*)

22 Lerntagebuch: Wortfelder erarbeiten   LERNTAGEBUCH

a Notieren Sie alle Wörter in dieser Lektion, die für Sie zu dem Thema „Ausbildung und Beruf" neu sind.
Als ... bei ... tätig sein, die Verantwortung übernehmen, sich selbstständig machen, ...

b Sammeln Sie weitere Wörter, die Ihnen zu dem Thema einfallen.
Der Arbeitgeber, der Arbeitsplatz, ...

c Wie können Sie sich die Wörter am besten merken? Ordnen Sie die Wörter und schreiben Sie Sätze.

Praxis   Arzthelferin
  Beruf   helfen

Mein Beruf ist Arzthelferin.
Ich arbeite in einer Zahnarztpraxis.
Ich helfe ...

d Expedition durchs Wörterbuch: Suchen Sie neue Wörter zu dem Thema.

Zus.: erwerbstätig, werktätig.
die **Tä|tig|keit** ['tɛːtɪçkait]; -, -en: **1.** *das Tun, Handeln:* er entfaltete eine fieberhafte Tätigkeit. **2.** *das Arbeiten in einem Beruf:* eine interessante, gut bezahlte Tätigkeit; was für eine Tätigkeit haben Sie früher ausgeübt? *Syn.:* Job (ugs.).
die **Tat|kraft** ['taːtkraft]; -: *Fähigkeit, etwas zu*

▶ Portfolio

5 E Sich telefonisch vorstellen

23 Ein Telefonat

a Wer sagt das? Der Bewerber (B) oder der Arbeitgeber (A)? Ergänzen Sie.
(Übung **a**) (Übung **b**)

- [A] Schuster, guten Tag. [1]
- [ ] Guten Tag. Spreche ich mit Frau Martina Schuster? [2]
- [ ] Gut. Kommen Sie dann einfach vorbei und bringen Sie bitte auch alle Unterlagen mit, die Sie haben. [ ]
- [ ] Ja, dann würde ich vorschlagen, dass Sie sich persönlich bei uns vorstellen. Passt es Ihnen morgen? [ ]
- [ ] Ja, die Stelle ist noch frei. [ ]
- [ ] Ich würde mich sehr für die Stelle interessieren. Ich habe bereits in Chile in einem Haushalt gearbeitet. Mein Mann und ich sind nach Deutschland gezogen und ich suche jetzt hier eine Stelle. [ ]
- [B] Ja, das mache ich gerne. Dann bis morgen Vormittag! [ ]
- [ ] Guten Tag, mein Name ist Elorriaga. Ich habe Ihre Anzeige in der Zeitung gelesen. Sie suchen eine Haushaltshilfe. Ist das noch aktuell? [ ]
- [ ] Ja, am Apparat. [ ]
- [B] Ja, am besten am Vormittag, ab 10 Uhr. [ ]

b Ordnen Sie das Gespräch. Hören Sie dann und vergleichen Sie.

24 Ergänzen Sie die Gespräche.

für die Stelle als Erzieherin interessieren • Ist das noch aktuell? • Würden Sie mich bitte verbinden? • alle Ihre Unterlagen mit: Arbeitsgenehmigung, Aufenthaltserlaubnis, etc. • wegen Ihrer Anzeige in der TAZ an • Passt Ihnen der nächste Dienstag? Das ist der Zehnte.

a ● Nein, hier ist das Sekretariat.

b ▲ Sie suchen einen Hausmeister. ....

c ■ Müller.

d ▼ Ich würde mich sehr ....

e ■ Gut, Frau Hiller, dann würde ich vorschlagen, dass Sie sich persönlich bei uns vorstellen. ....

f ◆ Dann sehen wir uns nächsten Montag. Bringen Sie doch bitte auch ....

■ Ach so. *Würden Sie mich bitte verbinden?*

▼ Ja, die Stelle ist noch frei.

◆ Guten Tag, hier Gall. Ich rufe ....

● Gut. Dann schicken Sie mir doch bitte bis nächsten Dienstag Ihre Unterlagen.

▼ Ja, gerne, um wie viel Uhr soll ich denn kommen?

▲ Gut. Bis nächsten Montag. Die Unterlagen habe ich dann dabei.

Projekt **25** **Jobbörse**

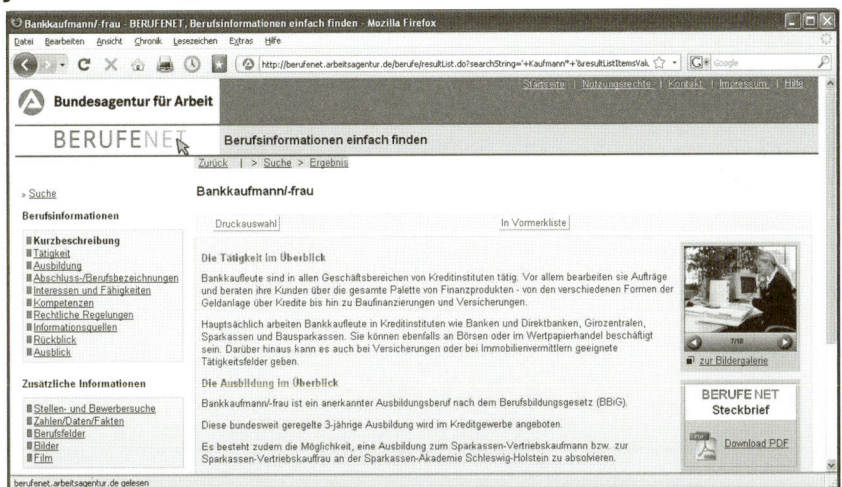

Was möchten Sie werden? Wie können Sie sich in Ihrem Beruf weiterbilden?

a Sammeln Sie Informationen.

Gehen Sie zum nächsten Berufsinformationszentrum und suchen Sie die *berufskundlichen Kurzbeschreibungen*. Suchen Sie dort einen Beruf aus, der Sie interessieren würde. Oder drucken Sie im Internet unter www.arbeitsagentur.de, Stichwort BERUFEnet, eine Kurzbeschreibung zu einem/Ihrem Beruf aus.

b Machen Sie sich Stichpunkte.
Notieren Sie, welche Fähigkeiten und Kenntnisse und welchen Abschluss Sie für diesen Beruf brauchen. Überlegen Sie auch, warum Sie sich für diesen Beruf entschieden haben. Vielleicht finden Sie auch Möglichkeiten zur Weiterbildung in Ihrem Beruf?

c Stellen Sie den Beruf im Kurs vor.

> Ich möchte gern … werden. Dafür braucht man die Mittlere Reife. …

 26 **Stell dir vor, du stellst dich vor.**

Sie hören eine Radiosendung zum Thema *Wie kann ich mich auf ein Vorstellungsgespräch vorbereiten?* Zu der Reportage gibt es sieben Aussagen. Kreuzen Sie an, ob die Aussagen richtig oder falsch sind.

		richtig	falsch
a	Ruft vor dem Vorstellungsgespräch noch einmal an und sagt, dass ihr kommt und euch auf das Gespräch freut.	☒	☐
b	Fahrt vor dem Gespräch schon einmal in die Firma und schaut sie euch genau an.	☐	☐
c	Sammelt möglichst viele Informationen über die Firma.	☐	☐
d	Gebt auf jede Frage des Arbeitgebers eine Antwort. Es ist nicht schlimm, wenn ihr dabei manchmal ein bisschen lügt.	☐	☐
e	Sagt dem Arbeitgeber, was ihr könnt und warum ihr besonders gut für die Stelle geeignet seid.	☐	☐
f	Versucht, mit dem Arbeitgeber ein richtiges Gespräch zu führen. Dabei könnt ihr auch Fragen stellen.	☐	☐
g	Zieht euch so an, wie ihr euch am wohlsten fühlt. Die Kleidung und die äußere Erscheinung sind nicht so wichtig.	☐	☐

Lernwortschatz

Berufsberatung und Bewerbung

Annonce die, -n

Ausbildungsplatz der, ¨e

Fähigkeit die, -en

Fortbildung die, -en

Lebenslauf der, ¨e

Umschulung die, -en

Unterlagen die (Plural)

Vorstellung die, -en

beenden

beraten, berät, beriet, hat beraten

entwickeln

sich erkundigen

erlernen

gewohnt sein

vermitteln

(sich) vorbereiten

Berufstätig sein

(Arbeits)Genehmigung die, -en

Karriere die, -n

Lehrstelle die, -n

Tätigkeit die, -en

Verantwortung die

einstellen

entlassen, entlässt, entließ, hat entlassen

jobben

(sich) weiterbilden

abwechslungsreich

befristet

beruflich

halbtags

Branchen und Berufe

(Alten)Betreuer der, -

Angestellte der/die, -n

Dienst der, -e (Pflegedienst)

Handel der

Handwerker der, -

pflegen

Weitere wichtige Wörter

Begegnung die, -en ....
(Garten)Gerät das, -e ....
Interesse das, -n ....
Lieblings- ....
Pkw der, -s ....
Rest der, -e ....
(Gummi)Stiefel der, - ....
Vor-/Nachteil der, -e ....
Zufall der, ⸚e ....

sich beeilen ....
behalten, behält, behielt, hat behalten ....
berichten ....
sich drehen: sich im Kreis drehen ....

hinbringen, bringt hin, brachte hin, hat hingebracht ....
sich verhalten, verhält sich, verhielt sich, hat sich verhalten ....
verlangen ....
weiterreden ....

sonstig- ....
treu ....
zufällig ....

halt ....
quer ....
mindestens ....
zuletzt ....

Welche Wörter möchten Sie noch lernen?

Lektion 6: Kundenwünsche

6 A Man muss heute direkt zum Kunden gehen, um Erfolg zu haben.

1 Lesen Sie und ergänzen Sie die Sätze: Was sind Margaretas Ziele?

Abenteuer Ausland (1): Warum sind Sie nach Deutschland gekommen?

Margareta P. (19) aus Polen

Da gibt es verschiedene Gründe. Zuerst will ich mal mein Deutsch verbessern. Ich hatte es in der Schule, aber da habe ich es nicht richtig gelernt. Nach meiner Au-pair-Zeit möchte ich nämlich in Berlin eine Ausbildung machen. Und außerdem will ich endlich selbstständiger werden. Und natürlich will ich auch Geld verdienen. Naja, aber wenn ich ehrlich bin: Der Hauptgrund, warum ich hier bin, ist mein Freund. Er studiert in Berlin, und ich möchte einfach in seiner Nähe sein.

Margareta ist nach Deutschland gekommen, ...
a *um* ihr Deutsch *zu verbessern* .
b .... eine Ausbildung ....
c um selbstständiger zu werden.
d .... Geld ....
e um in der Nähe ihres Freundes zu sein.

Warum ist Margareta nach Deutschland gekommen?
Sie *will* ihr Deutsch *verbessern* .
Sie möchte eine Ausbildung machen.
Sie .... selbstständiger ....
Sie will Geld verdienen.
Sie .... in der Nähe ihres Freundes ....

2 Warum machen die Leute das? Schreiben Sie Sätze.

ins Theater gehen • mehr Platz für die Kinder haben • einen wichtigen Kunden treffen • ein paar Kilo abnehmen • wandern und sich dabei richtig erholen

a Ich fahre heute in die Stadt, *um ins Theater zu gehen* .
b Wir kaufen eine größere Wohnung, ...
c Ich gehe jeden Tag ins Fitnessstudio, ...
d Unser Chef fliegt morgen nach Berlin, ...
e Meine Eltern machen immer Urlaub in den Bergen, ...

3 Lesen Sie den Text. Warum ist Simon nach Deutschland gekommen? Schreiben Sie.

Abenteuer Ausland (2): Warum sind Sie nach Deutschland gekommen?

Simon Mustacevic (38) ist vor 2 Jahren mit seiner Familie von Kroatien nach Deutschland gezogen.

Eigentlich war es wegen meiner Frau. Sie wollte schon immer im Ausland leben und eine Fremdsprache richtig lernen, aber wir hatten immer zu wenig Geld. Als mein Cousin mir dann die Stelle als Koch in seinem Restaurant in Mainz anbot, haben wir nicht lange überlegt. Das war wirklich ein Abenteuer. Die Kinder waren auch noch so klein. Aber ich wollte, dass meine Frau glücklich ist. Wir haben uns immer gewünscht, dass unsere Kinder zweisprachig aufwachsen. Ich bin auch sehr stolz auf meine Frau, weil sie jetzt so gut Deutsch spricht. Mein Deutsch ist noch nicht so gut, aber ich muss halt so viel arbeiten, denn Deutschland ist nicht billig. Und wir wollen ja mindestens einmal pro Jahr einen langen Urlaub in Kroatien machen.

einhundertvierundfünfzig   154   LEKTION 6

A 6

Simon M. ist nach Deutschland gekommen,

a   *damit seine Frau im Ausland leben kann* .... (seine Frau im Ausland leben können)
b   .... (seine Frau eine Fremdsprache richtig lernen können)
c   .... (seine Frau glücklich sein)
d   .... (seine Kinder zweisprachig aufwachsen können)

4 Simon fährt nach Kroatien. Für wen macht er das? Kreuzen Sie an.

		Simon	seine Kinder	seine Frau	die Großeltern
	Simon fährt nach Kroatien,				
a	damit die Kinder die Verwandten besser kennenlernen.	☐	☒	☐	☐
b	um sich zu erholen.	☐	☐	☐	☐
c	damit seine Frau ihre Freundinnen treffen kann.	☐	☐	☐	☐
d	um den Kontakt zu seinen Freunden nicht zu verlieren.	☐	☐	☐	☐
e	damit die Großeltern ihre Enkel regelmäßig sehen können.	☐	☐	☐	☐

5 Familie Mustacevic fährt in die Heimat. Schreiben Sie Sätze mit *um ... zu* oder *damit*.

A Ich nehme Auslandskrankenscheine mit. Wir sind im Ausland versichert.

B Ich mache Käsebrötchen. Die Kinder können auf der Reise etwas essen.

C Ich kontrolliere die Autoreifen und das Öl. Wir kommen sicher in Kroatien an.

D Ich rufe meine Freunde an. Ich sage ihnen, wann wir kommen.

E Wir kaufen uns etwas Neues zum Anziehen. Wir möchten im Urlaub gut aussehen.

F Wir nehmen Fotos von unseren Freunden in Deutschland mit. Wir möchten sie unseren Großeltern zeigen.

A Ich nehme Auslandskrankenscheine mit, damit wir im Ausland versichert sind.

6 Was passt? Kreuzen Sie an und ergänzen Sie *zu* oder –.

a Wir gehen ins Reisebüro, ☒ um ☐ damit dort unseren Sommerurlaub *zu* .... buchen.
b Frau Müller kauft neue Spielsachen, ☐ um ☐ damit ihre Kinder sich auf der Reise nicht .... langweilen.
c Nadja fährt nach Russland, ☐ um ☐ damit ihre Großmutter .... besuchen.
d Vor einer Reise gebe ich meinen Nachbarn den Schlüssel, ☐ um ☐ damit sie unsere Blumen .... gießen.
e Sabine lernt Spanisch, ☐ um ☐ damit sich im Urlaub unterhalten .... können.

6 A  Man muss heute direkt zum Kunden gehen, **um** Erfolg **zu** haben.

A2

7 Reiseplanung! Was machen Sie vor einer Reise? Was nehmen Sie mit und warum? Markieren Sie und schreiben Sie.

☒ *Fotoapparat, Videokamera* ☐ *Reiseführer*
☐ *Sonnencreme* ☐ *Eltern Urlaubsadresse geben*
☐ *sich impfen lassen* ☐ *...*
☐ *CDs für die Kinder einpacken*

Ich nehme immer einen Fotoapparat mit, um später schöne Erinnerungen zu haben.

A3

8 Urlaubszeit – Reisezeit. Lesen Sie.

Sehen Sie sich die Abbildung an. Berichten Sie dann kurz, welche Informationen Sie gefunden haben. Danach berichtet Ihre Partnerin / Ihr Partner kurz über ihre/seine Informationen. Erzählen Sie, wohin Sie am liebsten in Urlaub fahren möchten. Nennen Sie Gründe für die Wahl Ihres Urlaubsziels. Ihre Partnerin / Ihr Partner erzählt Ihnen von ihren/seinen Vorstellungen. Reagieren Sie darauf.

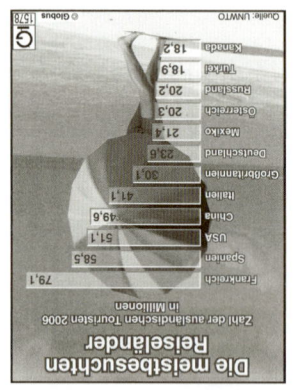

A3

9 Eine Statistik beschreiben. Ordnen Sie die Ausdrücke zu.

A *In dieser Abbildung/Tabelle geht es um ... .*
B *Wenn ich in den Urlaub fahre, dann ...*
C *Wirklich? Das hätte ich nicht gedacht.*
D *Interessant an dieser Abbildung ist, dass ... .*
E *Mehr als die Hälfte / über ein Drittel/Viertel der Befragten ...*
F *Für mich muss Urlaub vor allem ... sein.*
G *Ja, das habe ich auch schon gehört.*
H *... doppelt so viele ... wie*
I *Das finde ich auch.*
J *Das finde ich interessant/überraschend.*
K *Das wundert mich aber.*
L *Ich fahre am liebsten nach ... , weil ... .*
M *Die Grafik informiert darüber, ...*
N *Jede/r Zweite/Dritte ...*
O *In meinem nächsten Urlaub möchte ich unbedingt ... .*

Über eine Abbildung sprechen	Auf den/die Partner/in reagieren	Über eigene Urlaubspläne sprechen
A,	C,	

A3

10 Beschreiben Sie die Abbildungen in Übung 8. Verwenden Sie dazu auch die Ausdrücke aus Übung 9.

die meisten Leute • auf dem dritten Platz • nur wenige • jeder Zehnte • die wenigsten • An erster/ zweiter/dritter/ ... Stelle • doppelt so viele ... wie • etwa gleich viele ... wie • ein Viertel der ...

Abbildung 1:
In dieser Abbildung geht es um die Reiseziele ...

Abbildung 2:
Interessant an dieser Abbildung ...

A 6

11 Eine Kündigung

a Frau Heidenreich abonniert seit vielen Jahren die Zeitschrift *Fit for Life*. Aber jetzt gefällt sie ihr nicht mehr und sie möchte die Zeitschrift kündigen. Ordnen Sie die Sätze und schreiben Sie dann den Kündigungsbrief.

- [1] Kündigung der Zeitschrift Fit for Life
  Kd.Nr: 685235023/24
- [ ] Sehr geehrte Damen und Herren,
- [ ] Ich bedanke mich für Ihre Bemühungen und verbleibe
- [ ] mit freundlichen Grüßen
- [ ] Bitte bestätigen Sie die Kündigung schriftlich.
- [ ] hiermit kündige ich mein Abonnement der Zeitschrift *Fit for Life* (Kundennummer s. oben) zum nächstmöglichen Termin.

Brigitte Heidenreich | Am Buchet 12 | 35023 Marburg

An
Fit for Life
Postfach 100753
28005 Bremen

1 **Kündigung der Zeitschrift Fit for Life**
  Kd.Nr: 685235023/24

Marburg, den 03.02.2010

2 ....
3 ....
4 ....
5 ....
6 ....

B. Heidenreich

---

b Sie möchten das Abonnement Ihrer Tageszeitung kündigen. Schreiben Sie einen Brief. Schreiben Sie etwas über folgende Punkte:

- Was kündigen Sie?
- Ab wann möchten Sie das Abo nicht mehr?
- Sie bitten um eine schriftliche Bestätigung.
- Sie bedanken sich.

Sehr geehrte Damen und Herren,
....
....

Mit freundlichen Grüßen
....

6 B Man muss was tun, **statt** nur **zu** reden.

B1   **12**   **Der Chef ist sauer. Was passt? Ordnen Sie zu.**

a   Sie sollten doch alle arbeiten,   statt ihm eine E-Mail zu schreiben.
b   Sie sollten sich in der Mittagspause treffen,   statt einen Platz im Zug zu reservieren.
c   Frau Dümmler, Sie sollten einen Flug buchen,   statt Kaffee zu trinken.
d   Frau Tritschel, Sie sollten Herrn Gruber doch anrufen,   statt sich in der Arbeitszeit zu unterhalten.

B1   **13**   **Familienkonferenz. Schreiben Sie.**

a   Ich finde, ihr solltet mehr lesen und nicht so viel fernsehen.
     Ihr solltet mehr lesen, *statt so viel fernzusehen* .

b   Tom, sag mir bitte immer, wohin du gehst, und verlass das Haus nicht ohne ein Wort. Sag mir bitte immer, wohin du gehst, ...

c   Klopft bitte an meine Tür und kommt nicht einfach in mein Zimmer. Bitte klopft an meine Tür, ...

d   Ich möchte mal Urlaub am Strand machen und nicht immer in die Berge fahren.
     Ich möchte mal Urlaub am Strand machen, ...

e   Bitte helft mir mehr und sitzt nicht nur am Computer.
     Bitte helft mir mehr, ...

f   Ihr solltet uns auch mal loben und uns nicht immer nur kritisieren.
     Lobt uns doch auch mal, ...

B2   **14**   **Schreiben Sie Sätze mit *ohne ... zu*.**

a   ● Trinkst du morgens auch immer Kaffee?
     ▲ Ja, ich gehe nie aus dem Haus, *ohne vorher einen Kaffee zu trinken* . (vorher Kaffee trinken)

b   ● Warum nimmst du denn einen Regenschirm mit? Die Sonne scheint und es sind 30 Grad im Schatten.
     ▲ Macht nichts. Du weißt doch, ich gehe nie zur Arbeit, ... (Regenschirm mitnehmen)

c   ● Frau Sommer, haben Sie heute schon die Nachrichten gehört?
     ▲ Nein, heute nicht. Normalerweise gehe ich aber nie ins Büro, ... (vorher Nachrichten hören)

d   ● Schau mal, wie lustig. Wie sieht denn Herr Müller heute aus?
     ▲ Ich glaube, der ist heute aus dem Haus gegangen, ... (vorher in den Spiegel sehen).

e   ● Was ist denn mit Tina los? Sie ist einfach an mir vorbeigegangen, ... (mich beachten)
     ▲ Ach, sie ist nur aufgeregt. Sie hat gleich ein wichtiges Gespräch.

B 6

15 Unser Sohn! Schreiben Sie Sätze mit *ohne ... zu*.

a aus dem Haus gehen – keine Schuhe anziehen
 Er geht aus dem Haus, ohne Schuhe anzuziehen.

b immer zu spät kommen – nicht vorher anrufen
 ....

c nachts Klavier spielen – nicht an die Nachbarn denken
 ....

d U-Bahn fahren – kein Ticket haben
 ....

e in den Urlaub fliegen – kein Geld mitnehmen
 ....

f auf Geburtstagspartys gehen – kein Geschenk haben
 ....

g zum Vorstellungsgespräch gehen – nicht vorher sein Hemd bügeln
 ....

16 Unsere Tochter! *Statt zu* oder *ohne zu*? Ergänzen Sie.

a Bei Regen geht sie im T-Shirt in die Schule, *statt* sich eine Jacke anzuziehen.
b Sie geht ihre Freundinnen besuchen, *ohne* sie vorher anzurufen.
c Im Sommer will sie Ski fahren, ... schwimmen zu gehen.
d Sie geht ins Schwimmbad, ... ihre Badesachen mitzunehmen.
e Sie geht ins Café und bestellt ein Eis, ... Geld dabei zu haben.
f Sie will immer nur Schokolade, ... auch mal Obst zu essen.

17 *Ohne zu* oder *statt zu*? Kreuzen Sie an.

		ohne	statt	
a	Ich fahre lieber mit dem Zug,	☐	☒	zu fliegen.
b	Ich verreise nie,	☐	☐	meinen Wecker mitzunehmen.
c	Wir fahren nie in Urlaub,	☐	☐	unseren Nachbarn den Schlüssel zu geben.
d	Wir sind altmodisch. Wir gehen lieber ins Reisebüro,	☐	☐	selbst stundenlang im Internet zu surfen.
e	Wir sind mal ins Theater gefahren,	☐	☐	auf die Uhrzeit zu achten. Natürlich kamen wir zu spät.

18 Was würden Sie in Ihrem Leben gern anders machen? Schreiben Sie Sätze mit *ohne zu* oder *statt zu*.

Ich würde gern …	statt zu /ohne zu …
weniger arbeiten • gut Deutsch sprechen • zum Zahnarzt gehen • mit meiner Mutter telefonieren • viel Geld haben • in andere Länder reisen • öfter essen gehen • ein Haus haben • öfter ins Kino gehen • …	jeden Tag so spät nach Hause kommen • viel arbeiten müssen • in einer kleinen Wohnung leben • jeden Urlaub in der Heimat verbringen • einen Sprachkurs machen • zu Hause fernsehen • Angst haben • jeden Tag für die Familie kochen • mich mit ihr streiten • …

Ich würde gern weniger arbeiten, statt jeden Tag so spät nach Hause zu kommen.
Ich würde gern gut Deutsch sprechen, ohne einen Sprachkurs zu machen.
…

einhundertneunundfünfzig **159** LEKTION 6

6 C Haben Sie einen bestimmten Wunsch?

Wiederholung **19** **Berufe rund um Kundenwünsche. Finden Sie die Verben und ergänzen Sie in der richtigen Form.**

be • bu • ~~chen~~ • chen • den • pa • ra • re • ren • rie • schen • schnei • ~~su~~ • ten • ter • un • wa

a Ein Arzt *untersucht* Patienten. (*untersuchen*)
b Ein KFZ-Mechaniker .... Autos und Motorräder. (....................)
c Eine Angestellte im Reisebüro .... für Kunden Reisen und Unterkünfte. (....................)
d Eine Friseurin .... und .... Haare. (...................., ...)
e Ein Bankangestellter .... Kunden in Geldfragen. (....................)

C2 **20** **Ich hätte gern ...**

a Wer sagt was: Kundin (K) oder Verkäuferin (V)? Ergänzen Sie.

1 Welches Shampoo können Sie empfehlen? *K*   5 Suchen Sie etwas Bestimmtes? ......
2 Das muss ich mir noch überlegen. ......   6 Entschuldigung, ich habe eine Frage. ......
3 Kann ich etwas für Sie tun? ......   7 Haben Sie noch einen Wunsch? ......
4 Vielen Dank für Ihre Hilfe. ......   8 Ich möchte eine neue Brille. ......

b Wie kann man auch sagen? Ordnen Sie die Sätze aus **a** zu.

a Welches Shampoo ist gut? *1*   e Ich hätte gern eine neue Brille. ......
b Kann ich Ihnen helfen? ......   f Ich kann mich noch nicht entscheiden. ......
c Vielen Dank für Ihre Mühe. ......   g Dürfte ich Sie etwas fragen? ......
d Haben Sie einen bestimmten Wunsch? ...... h Kann ich sonst noch etwas für Sie tun? ......

C3 **21** **Beim Friseur. Ergänzen Sie.**

~~ich hätte gern~~ • empfehlen • was kann ich für Sie tun? • einen bestimmten Wunsch •
Wie wär's mit • Die ist mir zu teuer. • Sind Sie sicher? • Was kostet das denn? • das Richtige

● Guten Tag Frau Berger. Na, ...
▲ Ach, wissen Sie, *ich hätte gern* .... mal eine andere Frisur.
● Haben Sie ....? Möchten Sie es kürzer oder möchten Sie vielleicht mal eine andere Haarfarbe?
▲ Tja, ich weiß auch nicht. Können Sie mir nicht etwas ....?
● Natürlich. Ich habe auch schon eine Idee. .... einem Kurzhaarschnitt? Das ist genau .... für Sie.
▲ Hmh, ich weiß nicht. ....
● Ja, ganz sicher. Glauben Sie mir. Und wenn ich Sie wäre, würde ich es mal mit einer anderen Haarfarbe versuchen. Vielleicht rot oder blond.
▲ Hmh. ....
● Der Schnitt kostet 37 Euro und die Farbe 35 Euro.
▲ Dann versuchen wir es erst mal mit dem neuen Schnitt. Aber keine neue Farbe. ....

C 6

22 Was passt? Ordnen Sie zu.

a ● Guten Tag, Sie wünschen?
b ● Auf Wiedersehen und vielen Dank für Ihre Mühe.
c ● Verzeihung, ist es möglich, das Kleid anzuprobieren?
d ● Seit 20 Minuten stehst du jetzt schon bei den Röcken. Jetzt beeil dich doch mal!
e ● Möchten Sie lieber die schwarze oder die blaue Jacke?

▲ Ich weiß nicht. Das muss ich mir noch einmal überlegen.
▲ Jetzt sei doch nicht so ungeduldig! Ich kann mich nicht so schnell entscheiden.
▲ Wir möchten im Sommer zwei Wochen Strandurlaub machen. Können Sie uns da etwas empfehlen?
▲ Ja, natürlich. Gleich dort hinten.
▲ Bitte schön. Wenn Sie noch Fragen haben, melden Sie sich bei uns.

23 Wählen Sie eine Situation und schreiben Sie ein Gespräch.

Situation 1
Sie arbeiten in einem Reisebüro. Ein Kunde kommt, der mit seiner Frau zufällig in Ihrem Heimatland zwei Wochen Urlaub machen möchte. Er kennt das Land noch nicht. Empfehlen Sie dem Kunden schöne Reiseziele in Ihrem Land. Überzeugen Sie ihn von Ihren Vorschlägen.

Situation 2
Nächste Woche fängt Ihre neue Arbeit in einem Büro/Reisebüro/Friseursalon/… an. Sie brauchen noch etwas Passendes zum Anziehen, deshalb gehen Sie in ein Bekleidungsgeschäft und lassen sich dort von einer Verkäuferin beraten. Am Ende gehen Sie mit ein paar neuen Kleidungsstücken nach Hause.

24 Ergänzen Sie.

Ge͟ ● Qua ● un ● sen ● Rich ●
li ● sa ● be ● ti ● le̶ ● tio ● ge͟n ●
dingt ● un ● tät ● nell ● wöhn ●
ge ● lich ● he̶i̶t̶ ● ge

a So ein Angebot kommt nie wieder. — Das ist eine einmalige *Gelegenheit*.
b Das ist ein sehr gutes Produkt. — Es hat eine besonders gute ……………… .
c Das müssen Sie haben. — Das brauchen Sie ……………… .
d Das passt sehr gut zu Ihnen. — Das ist genau das ……………… für Sie.
e Das ist eine Sensation. — Das ist ……………… .
f So etwas gibt es nicht oft. — Das ist sehr ……………… .

6 C Haben Sie einen bestimmten Wunsch?

25 Lerntagebuch: Gute Prüfungsvorbereitung – Gute Prüfung!

Sie müssen eine Prüfung machen und überlegen sich, wie Sie sich noch besser vorbereiten können? Was Ihnen hilft: Prüfungen sind immer gleich aufgebaut, d.h. machen Sie möglichst viele Modellprüfungen und lassen Sie sie von Ihrer Kursleiterin / Ihrem Kursleiter korrigieren.
Hier finden Sie noch weitere Tipps:

Hören:
- Hören Sie soviel wie möglich deutsches Radio und/oder sehen Sie deutsches Fernsehen. Fassen Sie in zwei bis drei Sätzen zusammen, was Sie gehört oder gesehen haben: Was war das Thema? Welche Meinungen gab es? ...

Lesen:
- Versuchen Sie, bei längeren Texten nicht jedes Wort zu verstehen. Beantworten Sie für sich die Fragen: Was ist das Thema? Um welche Personen geht es? ...
- Sammeln Sie Wörter zu bestimmten Themen, z.B. zu den Themen Schule, Gesundheit, Freizeit ... Das sind beliebte Prüfungsthemen.

Hausaufgaben machen — Schule — in die Sprechstunde gehen

Schreiben:
- Üben Sie das Schreiben! Schreiben Sie doch mal fiktive Briefe, SMS, E-Mails ... Überlegen Sie sich (vielleicht auch zu zweit) verschiedene Rollen und Situationen. Vielleicht kündigen Sie Ihrem Vermieter die Wohnung? Oder schreiben Sie eine E-Mail und laden Ihre Freunde zu einem Abendessen zu sich nach Hause ein?

Sprechen:
- Sammeln Sie wichtige Ausdrücke, z.B. Wie zeigt man Interesse an seinem Gesprächspartner? Wie beschreibt man ein Foto? Wie kann man jemandem Vorschläge machen? ...

Interesse zeigen: *Das ist ja interessant. / Das wusste ich noch nicht.*
Ein Foto beschreiben: *Auf dem Foto sieht man ... / Ich glaube, die Leute sind ...*
Etwas vorschlagen: *Wie wäre es, wenn ... / Wie findest Du die Idee, ...?*

Und jetzt: Viel Erfolg bei der Prüfungsvorbereitung!

▶ Portfolio

26 Angebote über Angebote

Hören Sie die Durchsagen und kreuzen Sie an. Was ist richtig?

1 Wo hören Sie die Durchsage?
- a In der Apotheke
- b Im Supermarkt
- c Im Radio

2 Was ist das Besondere an den Artikeln mit rotem Punkt?
- a Auf diese Artikel gibt es 10% Rabatt.
- b Diese Artikel sind 10 € billiger.
- c Auf diese Artikel gibt es 10 Tage lang Rabatt.

3 Welche Reisen sind im Moment besonders günstig?
- a Reisen in die Karibik
- b Städtereisen
- c Wanderurlaub

4 Was soll man zum Valentinstag verschenken?
- a Viel Liebe
- b Schmuck
- c Armbanduhren für Herren

5 Was passiert in der Kinderaktionswoche?
- a Alle Verkäufer sind als Clowns verkleidet.
- b Mütter dürfen mit ihren Kindern im Kaufhaus kochen.
- c Es gibt ein großes Gewinnspiel.

Reisebroschüre zu Deutschland

D 6

27 Wie war es denn im Urlaub?

a Lesen Sie das Telefongespräch und ergänzen Sie.
war es • Es hat ... geregnet • es waren • es ... Winter ist • es ist ... einfach • es ist ... sieben Uhr • es ... gefallen • habe es ... eilig • Es ist ... kalt • geht es • es klingelt • gibt es

- Hallo Tine. Schön, dass du wieder da bist. Mensch, wie _war es_ denn in Vietnam? Du warst ja lange weg.
- Ja, du, ... über vier Wochen. Wir sind auch erst vorgestern wiedergekommen.
- Und wie hat .... euch ....? Bestimmt super, oder?
- Ja, Vietnam ist echt ein tolles Reiseland und die Leute sind so gastfreundlich. Ach, und das Essen, ein Traum.
- Hmh, das klingt ja echt toll. Sag mal, wie war denn das Wetter?
- Absolut sommerlich. Wir hatten jeden Tag zwischen 25 und 30 Grad. .... zwar auch manchmal ...., aber immer nur ganz kurz. Einfach genial, in die Sonne zu fliegen, wenn .... in Deutschland ....
- Und wie .... dir jetzt so mit dem Schnee und der Kälte? Die Umstellung muss ja ganz schön schwierig sein.
- Ja, ... gar nicht so ...., wieder in den Winter zurückzukehren. .... ja wirklich .... hier, und ich habe mich auch schon ein bisschen erkältet.
- Mensch, pass bloß auf dich auf! Du, ... gerade bei mir an der Tür. Ich muss aufhören.
- Kein Problem, ich .... sowieso auch ein bisschen .... Au Mann, ... ja schon .... Klaus kommt nämlich gleich zum Essen. Wir wollen zusammen kochen.
- Was .... denn?
- Was Vietnamesisches. Du, dann lass uns doch für nächste Woche was ausmachen, ja?
- Ja, klar. Ich will auch unbedingt deine Fotos sehen.
- Also, bis dann.

b Hören Sie und vergleichen Sie.

28 Ordnen Sie die Ausdrücke mit *es* aus Übung 27 a in die Tabelle ein.

Wetter	Tages-/Jahreszeit	weitere Ausdrücke
Es ist kalt.	Es ist Sommer.	Es gibt etwas Vietnamesisches.
...	...	...

29 Was gibt es denn heute? Schreiben Sie Sätze.

a Was gibt es denn heute zu essen? (etwas Vietnamesisches)
Es gibt heute etwas Vietnamesisches zu essen.

b Wie war es denn im Urlaub? (super)
c Wie geht es dir denn? (wieder besser)
d Wo tut es dir denn weh? (hier am Arm)
e Was ist schwierig? (eine günstige Wohnung finden)
f Ist es in Australien jetzt Tag oder Nacht? (Tag)
g Wie ist das Wetter im Januar in Russland? (kalt)

6 E Besuch in Wuppertal

30 Bringen Sie die Anfrage an die Touristeninformation in die richtige Reihenfolge.

Betreff: Informationsmaterial zu Ferien in Wuppertal

☐ Bitte schicken Sie mir darüber Informationsmaterial zu. Meine Adresse lautet …
☒ Sehr geehrte Damen und Herren,
☐ Dazu hätte ich noch einige Fragen: Gibt es preiswerte Hotels für Familien mit Kindern? Welche Freizeitangebote gibt es im Sommer für Kinder? Gibt es auch Veranstaltungen, zu denen Kinder allein hingehen können?
☐ Vielen Dank für Ihre Mühe.
Mit freundlichen Grüßen
☐ im August möchten wir eine Rundreise durch Nordrhein-Westfalen machen und dabei auch ein paar Tage in Wuppertal verbringen.

31 **Schreiben Sie eine Anfrage.**
Schreibtraining

Ich hätte gern Informationen zu … • Wir möchten gern … machen. • Bieten Sie da etwas an? • Wie oft / Wann findet … statt? • Was kostet das? • Wäre es möglich, dass Sie mir Informationen zu … zusenden? • Können Sie mir … empfehlen? • Ich brauche ein Zimmer von … bis … • Ich gebe Ihnen meine Adresse / Telefonnummer / E-Mail.

Suchen Sie eine Stadt aus, in der Sie ein paar Tage Urlaub machen wollen. Schreiben Sie der Touristeninformation:

- Erklären Sie, warum Sie schreiben.
- Erkundigen Sie sich nach Unterkünften, den Preisen und nach der besten Reisezeit.
- Bitten Sie um Informationen über die Region (Sportmöglichkeiten, Ausflugsziele, Stadtführungen, Konzerte, Theater …).
- Überprüfen Sie am Ende: Betreff, Anrede, Gruß

Betreff:

32 **Meine Lieblingsstadt**
Projekt

a Überlegen Sie und notieren Sie: Warum ist die Stadt Ihre Lieblingsstadt?

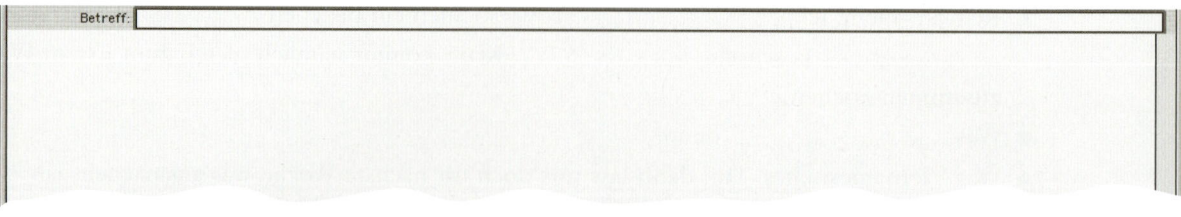

b Stellen Sie Ihre Lieblingsstadt im Kurs vor. Machen Sie sich zuerst Notizen.

Ich stelle euch/Ihnen … vor.
… ist meine Lieblingsstadt, weil …
In … muss man sich unbedingt … ansehen
… ist wirklich etwas ganz Besonderes.
In … muss man unbedingt … besichtigen.

Mein Lieblingsplatz in … ist …
Von … hat man einen wunderbaren Blick über die Stadt.
Ich kann euch/Ihnen … empfehlen
Die beste Reisezeit ist …
Im Winter/Sommer kann man …

Prüfung **33** **Urlaubszeit ist die schönste Zeit.**
Lesen Sie den Text und kreuzen Sie an.

Fam. Hüttel ⁂ Fischen im Allgäu

Fischen, 05.06.20..

Sehr geehrte Familie Herbstfeldt,

wir freuen uns sehr, Sie im August bei uns auf unserem Bauernhof Sonnenblick im schönen Allgäu begrüßen zu dürfen.

Wir bestätigen hiermit Ihre Buchung:
  Tag der Anreise: 14. August ab 14 Uhr
  Tag der Abreise: 28. August bis 12 Uhr

Der Gesamtpreis für die Ferienwohnung Sonnenblume beträgt insgesamt 880 Euro.

Im Preis inbegriffen ist die Endreinigung. Wenn Sie am Ende die Wohnung selbst reinigen, schreiben wir Ihnen hierfür 40 Euro gut.

Sie haben bereits 200 Euro Anzahlung geleistet, somit verbleibt eine Restzahlung vor Ort von 680 Euro.

Wir wünschen Ihnen eine gute Anreise!

Mit freundlichen Grüßen

Peter Hüttel

1 Familie Herbstfeldt macht zwei Wochen Sommerurlaub in einem Hotel. richtig ☐ falsch ☐
2 Peter Hüttel schreibt, dass
  a die Ferienwohnung 680 Euro für 2 Wochen Urlaub kostet.
  b man am Ende des Urlaubs die Ferienwohnung selbst putzen kann und dann weniger zahlen muss.
  c Familie Herbstfeldt beim letzten Mal 200 Euro zuviel gezahlt hat.

Lernwortschatz

Urlaub planen

Broschüre die, -n
Halb-/Vollpension die
Hotel das, -s
(Hotel)Reservierung die, -en

Reiseführer der, -
Rückflug der, ⸚e
bestätigen
buchen

Urlaub machen

Fläche die, -n
Führung die, -en
Gegend die, -en
Hafen der, ⸚
Hallen-/Freibad das, ⸚er
Hitze die
Kälte die
Klima das, Klimata
Niederschlag der, ⸚e
Sehenswürdigkeit die, -en
Ski der, -er
Souvenir das, -s
Tal das, ⸚er
Turm der, ⸚e
Wanderung die, -en

blühen
sich erholen
sich lohnen
vorbeifahren, fährt vorbei, fuhr vorbei, ist vorbeigefahren

beliebt
feucht
kulturell
mild
städtisch
ungewöhnlich

Handel und Produkte

Abteilung die, -en
Anzug der, ⸚e
Drogerie die, -n
EC-Karte die, -n
Industrie die, -n

Shampoo das, -s
Taschentuch das, ⸚er
Waschmittel das, -
Zahnbürste die, -n
Zahnpasta die, -s

Weitere wichtige Wörter

Roman der, -e ....

Überraschung die, -en ....

Zwiebel die, -n ....

anhaben,
　hat an,
　hatte an,
　hat angehabt ....

bieten,
　bietet,
　bot,
　hat geboten ....

garantieren ....

mitteilen ....

umgehen,
　geht um,
　ging um,
　ist umgegangen ....

begeistert ....

doppelt ....

(un)gewöhnlich ....

niedrig ....

riesig ....

dauernd ....

ebenfalls ....

egal ....

längst ....

mittlerweile ....

statt ....

Welche Wörter möchten Sie noch lernen?

....
....
....
....
....
....
....
....
....
....
....
....
....
....
....

7 A Lektion 7: Rund ums Wohnen
Die Wohnung ist nämlich **nicht nur** sehr groß, **sondern auch** sehr billig.

Wiederholung
Schritte plus 3
Lektion 2

1 Silbenrätsel. Wie heißen die Wörter? Schreiben Sie.

AUF – DACH – ERD – GE – HAUS – HOF – MEI – MIE – MIE – NUNG – SCHOSS – STER – TE – ~~TER~~ – ~~VER~~ – WARM – WOH – ZUG

a Die Person, die ein Haus oder eine Wohnung vermietet. *Vermieter*
b Wenn man nicht Treppe steigen will, nimmt man den ....
c Das untere Stockwerk in einem Haus. ....
d Diese Person kümmert sich um Reparaturen etc. im Haus. ....
e Der Platz hinter den Mietshäusern in einer Stadt. Hier spielen oft die Kinder. ....
f Die oberste Wohnung in einem Haus. ....
g Die Höhe der monatlichen Miete inklusive der Heizkosten. ....

A1 2 Was passt? Ordnen Sie zu.

a Wir möchten nicht nur ein großes,   aber wir möchten gern eine Wohnung kaufen.
b Wir haben zwar nur wenig Geld,   oder ein Reihenhaus.
c Wir suchen entweder eine große Wohnung   sondern auch ein modernes Haus.
d Wir haben zwar nur eine kleine Wohnung,   oder spätestens nächsten Montag.
e Ich brauche nicht nur eine Wohnung,   aber jeder von uns hat genug Platz.
f Unsere Möbel kommen entweder   sondern auch neue Möbel.
   noch diese Woche

A2 3 Eine Wohnung mit Balkon und/oder Garten?
Ordnen Sie die Bilder den Sätzen zu. Ergänzen Sie:
entweder ... oder, zwar ... aber, nicht nur ... sondern auch

Bild	1	2	3
Satz			

a Ich suche dringend eine Wohnung. Sie sollte aber unbedingt .... einen Balkon .... einen Garten haben!
b Tja, meine Wohnung hat .... einen Balkon, ... einen Garten.
c Ich bin ein echter Hobbygärtner. Ich habe .... keinen Garten, ... dafür diesen großen Balkon.

A2 4 Klein, aber oho! Schreiben Sie Sätze mit *zwar ... aber, entweder ... oder, nicht nur ... sondern auch*.

a wir – viel Ruhe haben • eine schöne Aussicht
   Wir haben nicht nur viel Ruhe, sondern auch eine schöne Aussicht.
b unser Haus – sehr eng sein • total gemütlich
c wir – mietfrei leben • wir – wenig Geld für das Essen brauchen
d wir – nur so – in der Stadt – leben wollen • in einem großen Bauernhaus auf dem Land
e wir – eine Dusche haben • eine Badewanne
f es – oft sehr – chaotisch sein – bei uns • wir – gern dort leben

einhundertachtundsechzig 168 LEKTION 7

A 7

5 Wo passt was? Ergänzen Sie.

1 zwar   3 entweder   5 nicht nur
2 aber   4 oder   6 sondern auch

a Ich .... verdiene ....1..... nicht .... viel Geld, ... mein Traum .... wäre trotzdem .... ein Häuschen .... im Grünen.

b Ich will nicht mein ganzes Leben in einer kleinen Wohnung leben. Irgendwann .... will .... ich .... ein Haus .... kaufen .... eins .... mieten.

c Aber .... ich .... will .... ein Haus .... im Grünen, ... einen großen Garten haben. Ich brauche beides.

6 Mein Traumhaus. Schreiben Sie.

Mein Traumhaus sollte nicht nur ...
In meinem Haus brauche ich zwar (k)ein ...
Ich will entweder ...

7 Was passt nicht? Kreuzen Sie an.

a	Die Wohnung liegt	☐ zentral	☐ günstig	☒ lang	☐ ruhig.
b	Eine Wohnung kann man	☐ besichtigen	☐ einziehen	☐ mieten	☐ kaufen.
c	In unserem Haus gibt es	☐ einen Spielplatz	☐ eine Wohnküche	☐ ein Bad	☐ einen langen Gang.
d	In der Nähe von unserer Wohnanlage gibt es	☐ eine Fußgängerzone ☐ einen Parkplatz.	☐ einen Spielplatz	☐ einen Keller	
e	Ein neues Haus kann man	☐ planen	☐ bauen	☐ mieten	☐ wohnen.

8 Wie können Sie reagieren? Ergänzen Sie die Dialoge.

Ach wirklich? • Das muss ich mir noch überlegen. • Das ist ja zu schön, um wahr zu sein. •
Stell dir vor, • Aber das Beste kommt noch! • Unglaublich

a ● Hallo Jakob, schau mal, mein neues Auto!
▲ *Unglaublich*..!
Wie kannst du dir denn so ein tolles Auto leisten?
● Ach, ich hab' da einen Freund, der Unfallwagen kauft und sie repariert. So bekommt man sie echt günstig.
▲ ....
● Kauf dir doch auch eins. Soll ich ihn mal fragen?
▲ Also ich weiß nicht. ....

b ● .... was mir gestern passiert ist!
▲ Was denn? Erzähl schon!
● Wir haben uns doch gestern die schöne Altbauwohnung angesehen, und wir haben sie sofort bekommen. ....
▲ Was denn?
● Das Haus gehört einem alten Schulfreund von meinem Mann. Und so bekommen wir sie auch noch zu einem günstigen Preis!
▲ ....

einhundertneunundsechzig 169 LEKTION 7

7 B Hätte ich doch bloß weitergeträumt!

9 Was passt? Schreiben Sie.

Wäre ich doch vorsichtiger Ski gefahren! • Hätte ich bloß mein Handy mitgenommen! • Hätte ich doch einen Regenschirm dabei!

1 .... 2 .... 3 ....

10 Ergänzen Sie.

Könnte • Wären • Wäre • Würden • Hätten • Hätte

a *Hätte* ich doch auch so ein schönes Fahrrad!
b .... bloß meine Freundinnen jetzt hier!
c .... Klaus und Simona doch endlich kommen!
d .... ich bloß noch einmal jung!
e .... ich doch nur so toll Skifahren wie Andreas!
f .... meine Eltern doch auch ein Haus mit Garten!

11 Zu spät! Sie hat mich verlassen!
Was wünscht sich der Mann? Schreiben Sie.

a Er hat sich zu wenig Zeit für sie genommen. (bloß)
Hätte ich mir bloß mehr Zeit für sie genommen.

b Er ist abends fast nie mit ihr ausgegangen. (doch)
Wäre ich doch öfter mit ...

c Er hat nie für sie gekocht. (doch)
....

d Er hat ihr nie Blumen mitgebracht. (doch bloß)
....

e Er ist nicht mit ihr in Urlaub gefahren. (doch nur)
....

f Er hat ihr nicht bei der Hausarbeit geholfen. (bloß)
....

Was habe ich nur falsch gemacht?

12 Schreiben Sie den Satz b anders und ergänzen Sie zwei weitere Sätze.

a *Wenn ich bloß nichts gesagt hätte!*   *Hätte ich bloß nichts gesagt!*
b ....   *Wäre ich doch pünktlich gekommen!*
c ....
d ....

B 7

13 Wohnungssuche und Umzug. Ergänzen Sie.

a *Hätte* ich doch nur viel eher mit der Wohnungssuche *angefangen* !   anfangen
b .... ich doch früher beim Vermieter .... !   anrufen
c .... ich doch zum Besichtigungstermin nicht zu spät .... !   kommen
d Wenn ich doch nur nicht so viele Möbel .... !   kaufen
e Wenn ich bloß keine so kleine Wohnung .... !   mieten

14 Überraschung! Schreiben Sie Sätze.

zum Friseur gehen • Wohnung aufräumen • einkaufen • sich umziehen • Geschirr spülen • Wäsche aufhängen • Bett machen • ...

*Wäre ich doch nur zum Friseur gegangen!
Hätte ich doch nur ...*

Phonetik 15 Hören Sie und sprechen Sie nach.

a Wow, könnte ich nur so eine tolle Wohnung bekommen!
b Hätte ich bloß mehr Geld!
c Neun Zimmer – Mensch, hätte ich doch auch so viel Platz!
d Ach, müsste ich bloß nicht so viel Miete zahlen!
e Wäre ich doch nur der Freund von dieser Natascha!
f Oh nein, hätte ich doch weitergeträumt!
g Wäre ich bloß nicht aufgewacht!

Phonetik 16 Schreiben Sie Sätze und sprechen Sie laut.

die Wohnung nicht gemietet • länger geschlafen • besser zugehört • mehr Urlaub bekommen • nicht diese Probleme mit dem Geld gehabt • das alte Sofa nicht verkauft • meine Oma noch besucht

*Hätte ich bloß die Wohnung nicht gemietet!
Hätte ich doch länger geschlafen!
...*

Phonetik 17 Könnte ich bloß ...

a Hören Sie.

● Mann, könnte ich doch bloß ...! ▲ Hm?
● Hätte ich bloß etwas mehr ...! ▲ Was?
● Müsste ich doch nicht immer ...! ▲ Was denn?
● Wäre ich bloß nicht viel zu lange ...! ▲ Was denn eigentlich?
● Ach, nichts. Ich denke nur so nach.

b Ergänzen Sie die Sätze und spielen Sie mit verteilten Rollen.

▼ Mann, könnte ich doch bloß ein bisschen schneller laufen!
● ...

7 C Leben im Mehrfamilienhaus

C1 **18** Zeitungsüberschriften. Schreiben Sie die Schlagzeilen anders.

A Jahrelanger Streit wegen Satellitenschüssel auf Balkon
B Sechsköpfiger Familie wegen ständigem Lärm der Kinder gekündigt
C Trotz Verbot lebte Mann mit 24 Vögeln in Mietwohnung
D Trotz vieler Fahrradwege immer mehr Radfahrer auf Bürgersteigen

A Zwei Nachbarn haben sich jahrelang gestritten, weil ein Nachbar ....
B Einer sechsköpfigen Familie wurde gekündigt, weil ....
C Ein Mann lebte mit 24 Vögeln in einer Mietwohnung, obwohl ....
D Obwohl es ....

C2 **19** Themen rund ums Wohnen. Was passt? Ergänzen Sie.

Lärm • Rücksicht • Rechte und Pflichten • Regeln • Bewohner • Sicherheitsgründen • Flächen • Grundstück

a In einem Mietshaus müssen alle Mieter .... auf ihre Mitbewohner nehmen.
Man sollte zum Beispiel nachts keinen .... machen und im Treppenhaus leise sein.
b In der Hausordnung findet man alle .... für das Zusammenleben der Bewohner.
Darin steht, welche .... jeder Mieter der Hausgemeinschaft hat.
c Aus .... ist das Spielen der Kinder im Treppenhaus und Keller verboten.
d Für Fahrräder und Motorräder gibt es spezielle .... zum Parken hinter den Garagen.
Trotzdem stellen viele .... ihre Fahrräder irgendwo auf dem .... ab.

C4 **20** Bei uns in der Lindenstraße. Ergänzen Sie.

Wiederholung Schritte plus 3 Lektion 5

Das ist bei uns kein Problem • Darf man bei euch • ist es nicht üblich, • Ist das bei euch auch so? • Wer kümmert sich • Dafür ist der Hausmeister zuständig.

a ● In unserem Haus darf man keine Haustiere haben. ....
▲ .... Wir haben eine Katze und einen Hund.
b ● Warum gehen Sie denn zum Mittagessen nicht raus auf die Terrasse?
▲ In meinem Heimatland .... draußen zu essen.
c ● Wer hält denn bei euch den Spielplatz sauber?
▲ ....
d ● .... auf der Wiese im Hof Fußball spielen?
▲ Ja, wenn man nicht zu viel Lärm macht.
e ● .... in eurem Haus um das Putzen des Treppenhauses?
▲ Das machen die Mieter abwechselnd.

C4 **21** Hören Sie das Interview und kreuzen Sie an: Richtig oder falsch?

CD3 39

	richtig	falsch
a Die Sprecherin möchte in ihrer bisherigen Wohnung bleiben.	☐	☐
b Der Sprecher hat eine klare Vorstellung, wie er im Alter leben möchte.	☐	☐
c Die Sprecherin wohnt mit jungen und älteren Menschen zusammen in einer Wohngemeinschaft.	☐	☐
d Der Sprecher wohnt zum Teil bei seiner Tochter und zum Teil in seiner eigenen Wohnung.	☐	☐
e Die Sprecherin wohnt mit ihrem Sohn in einem Einfamilienhaus.	☐	☐

22 Keine Angst vor Verträgen!

a Ordnen Sie die Überschriften den Abschnitten zu.
Kaution • Mietzeit und Kündigungsfrist • Hausordnung • Miete • Untervermietung • Instandhaltung • Mieträume

Wohnungs-Mietvertrag

Der (Die) Vermieter *Hans Wanninger*
wohnhaft in *Kellerstr. 24, 47550 Kleve*
und der (die) Mieter) *Maher Al-Ghabi*
schließen folgenden Mietvertrag:

§ 1 ....
1. Im Hause *Kellerstr. 24, 47550 Kleve*
(Ort, Straße, Haus-Nr., Etage)
werden folgende Räume vermietet:
2 Zimmer, *1* Küche/Kochnische, *1* Bad/Dusche/WC,
— Speicher, *—* Kellerräume, *—* Garage / Stellplatz
2. Die Wohnfläche beträgt *46* qm.

§ 2 ....
Das Mietverhältnis beginnt am: *01.03.20....*, es läuft auf unbestimmte Zeit. Das Mietverhältnis kann bis zum 3. Werktag eines Monats gekündigt werden. Das Mietverhältnis wird dann zum Ende des übernächsten Monats aufgehoben.

§ 3 ....
1. Die Miete beträgt monatlich: *420,00* Euro.
Zusätzlich zur Miete bezahlt der Mieter für die Nebenkosten (für Wasserversorgung, Entwässerung, Müllabfuhr) eine Vorauszahlung in Höhe
von *65,00* Euro monatlich.
Der Gesamtbetrag der Miete in Höhe von monatlich *485,00* Euro ist auf das Konto *3377 8180, BLZ 700 100 00, Postbank Kleve* des Vermieters zu zahlen.

§ 4 ....
Bei Abschluss des Mietvertrages wird dem Mieter Anlage 2 des Mietvertrags mit den Rechten und Pflichten der Bewohner übergeben.

§ 5 ....
Die Überlassung der Wohnung an Dritte ist nur mit der Erlaubnis des Vermieters möglich.

§ 6 ....
Während der Dauer des Mietverhältnisses übernimmt der Mieter die Kosten der Schönheitsreparaturen. Dazu gehören insbesondere das Streichen der Wände sowie der Innentüren.
In der Regel sind Schönheitsreparaturen durchzuführen
- in Küchen, Bädern und Duschen alle 3 Jahre
- in Wohn- und Schlafräumen, Fluren, Dielen und Toiletten alle 5 Jahre

§ 7 ....
Der Mieter zahlt bei Mietbeginn eine Sicherheitsleistung in Höhe von drei Monatsmieten, das sind: *1.260,00* Euro

b Richtig oder falsch? Kreuzen Sie an.   richtig falsch
1 Herr Al-Ghabi darf seine Wohnung an andere Personen weitervermieten, ohne seinen Vermieter zu fragen. ☐ ☐
2 Herr Al-Ghabi muss in den Wohn- und Schlafräumen alle fünf Jahre die Wände streichen. ☐ ☐
3 Für Heizung und Elektrizität zahlt er monatlich 65 Euro. ☐ ☐
4 Er überweist jeden Monat 485 Euro auf das Konto des Vermieters. ☐ ☐
5 Er muss innerhalb der ersten drei Monate eine Kaution bezahlen. ☐ ☐
6 Er hat einen unbegrenzten Mietvertrag. ☐ ☐

7 D Mit Nachbarn leben

23 Freundinnen im Gespräch. Ergänzen Sie.

mit • dafür • für • darauf • mit • Worüber • für • wofür

a
● Was ist denn los? *Worüber* ärgerst du dich denn so?
▲ Ach, Paul nervt mich. Er interessiert sich nur .... Fußball, und .... interessiere ich mich überhaupt nicht! Am Wochenende sitzt er ständig vor dem Fernseher, im Stadion oder spielt selbst mit seiner Mannschaft!
● Und .... interessierst du dich?
▲ Auf alle Fälle nicht .... Fußball!

b
● Hey, warum bist du denn so nervös? Du hörst mir ja gar nicht mehr zu!
▲ Weißt du, ich bin heute Abend zum ersten Mal .... Simon verabredet und freue mich schon den ganzen Tag ....!
● Und wo triffst du dich .... ihm?

24 Was ist richtig? Kreuzen Sie an.

		Wofür?	Für wen?
a	Ich interessiere mich für Politik.	☐	☐
b	Ich interessiere mich für diese Politikerin.	☐	☐
		Worum?	Um wen?
c	Er kümmert sich sehr um seinen Freund Paul.	☐	☐
d	Sie kümmert sich um die gesamte Organisation der Party.	☐	☐
		Worüber?	Über wen?
e	Wir müssen noch über die nächsten Termine sprechen.	☐	☐
f	Gestern haben wir lange über unsere Eltern gesprochen.	☐	☐

25 Person oder Sache? Ergänzen Sie das Fragewort und bilden Sie selbst zwei Beispiele.

sich freuen auf/über • träumen von • sich ärgern über • denken an • sich unterhalten mit/über • sich kümmern um

	Frage	Antwort
a	sich aufregen über	
	Person: .... regst du dich denn so auf?	Über meine Kollegin.
	Sache: .... regst du dich denn schon wieder auf?	Über diese Unordnung hier.
b	....	
	Person:	....
	Sache:	....
c	…	

26 Ergänzen Sie.

a
■ Vielen Dank für Ihre Einladung. Ich habe mich sehr *darüber* gefreut.
◆ Ja, ich glaube, das wird ein schönes Fest. Ich freue mich jedenfalls schon ....

b
■ Endlich kommt das Päckchen. Ich warte schon seit Tagen ....
◆ Ja, das hat diesmal wirklich lange gedauert.
■ Hast du morgen Abend schon etwas vor?
◆ Ja, ich habe mich .... einer Freundin verabredet.
■ .... triffst du dich denn?
◆ Mit Helen. Wir wollten in ein Konzert gehen.

c ■ Julia, denk bitte .... deinen Arzttermin um 16 Uhr.
  ◆ Danke, dass du mich .... erinnert hast. Ich hätte es wirklich fast vergessen.
d ■ Haben Sie eigentlich .... Herrn Schwetz schon .... den Terminplan gesprochen?
  ◆ Nein, ... haben wir noch nicht gesprochen. Aber das machen wir noch heute.

27 Was ist richtig? Markieren Sie.

a ● Na, freut ihr euch schon ☒ auf ☐ darauf eure neue Wohnung?
  ▲ Na klar, und wie wir uns ☐ auf ☐ darauf freuen! Das kannst du dir ja denken!
b ● Es gibt einige Kinder, die in den Kurs gehen könnten.
  ▲ ☐ An wen ☐ woran denkst du da genau? Meinst du vor allem die älteren?
c ● Letzte Nacht hatte ich einen schrecklichen Traum. Ich habe ☐ von ☐ davon einem
    großen Feuer in unserer Straße geträumt.
  ▲ Wie kommst du denn ☐ auf ☐ darauf?
d ● Erinnern Sie sich noch ☐ an ☐ daran unsere frühere Kollegin, Frau Schön?
  ▲ Nein, ich kann mich nicht mehr ☐ an sie ☐ daran erinnern. Wie sah sie denn aus?
e ● Die Küche ist schon wieder total unordentlich! Wieso kann nicht jeder einfach seine Sachen wegräumen?
  ▲ Ach, kümmere dich nicht ☐ um sie ☐ darum. Ich mache das nachher.

28 Schreiben Sie Sätze.

(sich) erinnern ● träumen ● (sich) freuen ● (sich) treffen ● (sich) ärgern ● denken ● ...

a Meine Freundin!
  Ich muss dauernd an sie denken!
  Ich treffe mich heute Abend mit ihr.
  ...

b Oh, was für ein schönes Buch!
c Dieser blöde Verkäufer!
d Endlich Urlaub!
e Letztes Jahr, als wir uns kennengelernt haben.
f Mensch, weißt du noch, der Klaus!

29 Immer der gleiche Ärger mit den Nachbarn!

Sie haben seit einiger Zeit ein Problem mit Ihrer Nachbarin/Ihrem Nachbarn und schon mit ihr/ihm darüber gesprochen. Es hat sich aber nichts geändert.

a Wählen Sie eine Situation und schreiben Sie einen kurzen Brief an Ihre Nachbarin/Ihren Nachbarn.

■ Erklären Sie kurz, was Sie stört. ■ Beschweren Sie sich höflich.
Benutzen Sie dabei die Redemittel „höflich Kritik äußern" von S. 86, D2.

Liebe Frau ... / Lieber Herr ...,

letzte Woche habe ich Ihnen gesagt, dass es mich sehr stört, wenn ...
Wäre es vielleicht möglich, dass ...
Könnten Sie bitte ...
Es wäre sehr schön, ...

Ich bin mir sicher, dass wir dieses kleine Problem gemeinsam lösen können.
Herzlichen Dank für Ihr Verständnis.

Viele Grüße
...

b Tauschen Sie die Briefe aus und schreiben Sie eine Antwort.
  Oder rufen Sie Ihre Nachbarin / Ihren Nachbarn an und spielen Sie die Dialoge.
  Benutzen Sie die Redemittel von Seite 86, D2.

7 D Mit Nachbarn leben

30 Lesen Sie das Kündigungsschreiben und beantworten Sie die Fragen.

a Wer ist der Vermieter? ....
b Was war vermietet? ....
c Was ist der Kündigungsgrund? ....
d Bis wann muss Herr Hederich ausziehen? ....
e Was muss Herr Hederich machen? ....

Einschreiben

Herrn
Reinhard Hederich
Meisenweg 5

85123 Heimhausen

Kündigung des Garagenmietvertrags Meisenweg 5, 85123 Heimhausen

Sehr geehrter Herr Hederich,

laut Garagenmietvertrag vom 01.02.2008 müssen Sie einen monatlichen Mietzins in Höhe von € 85.- im Voraus bis zum 3. Werktag eines Monats zahlen.

Diese Zahlungen haben Sie in den Monaten Juli 2009 bis November 2009 nicht geleistet, sodass Sie sich derzeit mit folgenden Mieten in Rückstand befinden:

Mietzins Juli 2009	€ 85,00
Mietzins August 2009	€ 85,00
Mietzins September 2009	€ 85,00
Mietzins Oktober 2009	€ 85,00
Mietzins November 2009	€ 85,00
Gesamt	€ 425,00

Deshalb

k ü n d i g e

ich Ihr Mietverhältnis über die Garage im Anwesen Meisenweg 5, Heimhausen, fristlos mit der Aufforderung, die Garage bis

15.12.2009 mittags 12.00 Uhr

zu räumen und in vertragsgemäßem Zustand an mich zu übergeben.

Mit freundlichen Grüßen

Dr. P. Gerner
Dr. Peter Gerner

31 Kündigungsschreiben. Sie möchten Ihre Wohnung kündigen.
Ergänzen Sie den Brief.

kündige • Mietvertrag • bestätigen • Kündigungsfrist • vereinbare • ~~Einschreiben~~ • Kündigung

---

Panos Pantelatos · Bochumerstr. 23 · 41576 Essen

Einschreiben

Frau
Hermine Helmer
Am Dobben 21
28203 Bremen

Essen, 30.9.20..

.... meines Mietvertrags vom 1.4.2009
über die Wohnung Bochumerstr. 23, 41576 Essen

Sehr geehrte Frau Helmer,

hiermit .... ich den mit Ihnen geschlossenen .... über
die Wohnung in der Bochumerstr. 23 mit dreimonatiger .... zum 31.12. ..

Ich bitte Sie, mir die Kündigung schriftlich zu .... Einen Termin zur
Wohnungsübergabe .... ich mit Ihnen telefonisch.

Mit freundlichen Grüßen
Panos Pantelatos

---

32 Kündigung eines Fitnessstudiovertrags. Bringen Sie die Sätze in die richtige
Reihenfolge und schreiben Sie den Brief. Vergessen Sie nicht Absender, Adresse,
Ort und Datum.

a hiermit kündige ich meine Mitgliedschaft in Ihrem Studio fristgerecht
zum nächstmöglichen Zeitpunkt. ☐
b Kündigung Mitgliedschaft ☐
c Ich bitte um eine schriftliche Bestätigung der Kündigung. ☐
d Mitgliedsnummer R34 76 98 ☐
e Gleichzeitig kündige ich die monatliche Einzugsermächtigung von meinem Konto. ☐
f Mit freundlichen Grüßen ☐
g Sehr geehrte Damen und Herren, ☐

33 Sie wollen Ihren Handyvertrag/Telefonvertrag ... kündigen.
Schreiben Sie einen Kündigungsbrief.

Lernwortschatz

Haus und Wohnung

Alt-/Neubau der, -ten ....

Couch die, -s ....

Dachboden der, ¨ ....

Gang der, ¨e ....

Gebäude das, - ....

Grundstück das, -e ....

Hochhaus das, ¨er ....

Makler der, - ....

Nebenkosten die (Plural) ....

Ofen der, ¨ ....

Reihenhaus das, ¨er ....

Satellitenantenne die, -n ....

Speicher der, - ....

Terrasse die, -n ....

Treppenhaus das, ¨er ....

Vorgarten der, ¨ ....

Wohnküche die, -n ....

Rund um die Hausordnung

Fahrzeug das, -e ....

Haustier das, -e ....

Recht das, -e ....

Rücksicht die ....

Wäsche die (Plural) ....

Zustand der, ¨e ....

(sich) aufhalten,
   hält (sich) auf,
   hielt (sich) auf,
   hat (sich) aufgehalten
....

gelten,
   gilt,
   galt,
   hat gegolten ....

regeln ....

trocknen ....

zuständig sein ....

abwechselnd ....

gegenseitig ....

verantwortlich ....

ausschließlich ....

einschließlich ....

Weitere wichtige Wörter

Frechheit die, -en ....
Gelegenheit die, -en ....
Kritik die, -en ....
Rolle die, -n:
   eine Rolle spielen ....
Wecker der, - ....
auffallen,
   fällt auf,
   fiel auf,
   ist aufgefallen ....

aufwachen ....
empfangen,
   empfängt,
   empfing,
   hat empfangen ....

enthalten,
   enthält,
   enthielt,
   hat enthalten ....
verbrennen,
   verbrennt,
   verbrannte,
   ist verbrannt ....

preiswert ....
seltsam ....
da ....
hierher ....
trotz ....
zwar ....

Welche Wörter möchten Sie noch lernen?

Schriftliche Angebote und Bestellungen verstehen

FOKUS Alltag 1

Luis braucht ein neues Bett.
Er hat sich eins im Online-Katalog ausgesucht und bestellt.

1 Warenkorb → 2 Adresse → 3 Lieferart → 4 Zahlung → 5 Prüfen und Absenden → 6 Bestellbestätigung			
Pos	Artikel	Menge	Gesamtpreis
1	Bettgestell Kuschel Bestellnummer: 798756 Einzelpreis 169,00 € Lieferzeit ca. 6 Wochen	1	169,00 €
Gesamtsumme			201,11 €

1 Oh! Da ist etwas schiefgelaufen! Was ist passiert?

a Lesen Sie die Texte und ergänzen Sie in der Betreffzeile: Lieferschein • Bestellbestätigung • Reklamation
b Bringen Sie die Texte in die richtige Reihenfolge.
c Ergänzen Sie Luis' Mail.

von:	Luis.zabon@gmx.de
an:	Möbel Motto
Betreff:	

Sehr geehrte Damen und Herren,
ich habe am 7.1. ein Bett bestellt.
Die Artikelnummer lautet: 798756.
Leider ist da wohl ein Fehler bei
der Bestellung passiert. Und zwar:
....
....
Ich bitte Sie, den Auftrag zu korrigieren.
Mit freundlichen Grüßen
Luis Zabon

MOTTO MOTTO Kiepenweg 66, 33609 Bielefeld **MOTTO MOTTO**

Herrn
Luis Zabon
Dantestraße 27
32758 Detmold

Auftragsnr. 798756
Kunden-Nr. 9378
Auftragsdatum 07.01.20..

Folgender Auftrag wird ausgeführt:

Pos	Menge	Art.-Nr.	Bezeichnung	Einzelpreis EUR	Gesamtpreis EUR
1	2	798756	Bettgestell Kuschel	169,00	338,00 (+ MwSt.)
Summe netto				338,00	EUR
MwSt. 19%				64,22	EUR
Gesamtbetrag				402,22	EUR

Lieferung frei Haus.

....
Bestellt am **07.01.20..**   Lieferdatum **27.2.20..**

Kontrollieren Sie die Lieferung auf Vollständigkeit und Beschädigungen.
Sollten Sie Grund zur Beanstandung haben, setzen Sie sich bitte umgehend mit uns in Verbindung.
Reklamationen können nur am Tag der Lieferung angenommen werden.

Pos	Menge	Art.-Nr.	Bezeichnung
1	1	798756	Bettgestell Kuschel

Die Ware bleibt bis zur vollständigen Bezahlung unser Eigentum.
Ich habe die Ware in ordnungsgemäßen Zustand erhalten.

Detmold, 27.2.20..   *Luis Zabon*
Ort, Datum   Unterschrift

2 Lesen Sie noch einmal und kreuzen Sie an: Richtig oder falsch?

richtig falsch

a Bei der Bestellung ist ein Fehler passiert. ☐ ☐
b Luis muss 169,00 Euro zahlen. ☐ ☐
c Wenn etwas bei der Lieferung fehlt oder das Bett kaputt ist, dann kann Luis innerhalb von 14 Tagen reklamieren. ☐ ☐
d Das Bett wird am 27.01. geliefert. ☐ ☐
e Die Lieferung ist kostenlos. ☐ ☐

→ PROJEKT

LEKTION 1

2 FOKUS Alltag — Sich über Einkaufsmöglichkeiten austauschen

1 Kaufen, kaufen, kaufen, ...

a Überfliegen Sie die Texte A und B. Worum geht es in welchem Text? Ordnen Sie zu.

☐ Beim Kauf im Internet kann es passieren, dass man für die Produkte am Ende mehr bezahlen muss, als man gedacht hat.

☐ Bei manchen Einkäufen muss man nicht sofort und auf einmal bezahlen, sondern man zahlt erst nach und nach.

A Wünsch dir was – und kauf es dir!

Endlich die neue Waschmaschine kaufen oder den längst fälligen neuen Staubsauger! Oder eben einfach das, was man sich schon so lange wünscht. Vielleicht einen neuen Plasma-Bildschirm, mit dem die Fußball-WM noch mehr Spaß macht.

Heute schon mitnehmen und morgen erst bezahlen, ganz ohne Risiko.

Erfüllen Sie sich Ihre Wünsche sofort: Unser Ratenkauf macht's möglich.

Jetzt mit Nullprozentfinanzierung, aber nur noch bis zum 31.1.!!!

B Dokumentation | Dienstleistungen | Über dieses Portal

rtseite > Gesetzgebung > Systematische Sammlung > Landesrecht > Deckblatt > SR 120.72
ordnung über das Sicherheitswesen in Bundesverantwortung

Seite drucken

Online-Shopping
Manche lieben es, von zu Hause aus „virtuell" einkaufen zu gehen. Die Vorteile liegen auf der Hand: große Auswahl, einfache Bestellung, schnelle Lieferung. Ganz leicht, mit ein paar „Klicks". Aber bedenken Sie, dass es auch Gefahren gibt. So kann man manchmal Gekauftes nicht wieder zurückgeben (z.B. bei Internet-Auktionen). Auch Überweisungen per Netz sind gefährlich: Immer wieder versuchen Betrüger, an die Kontodaten zu gelangen.
Nationale Grenzen sind übrigens auch nicht ohne Bedeutung. So kann es sein, dass Sie für Produkte, die Sie im Ausland erworben haben, Zoll bezahlen müssen. Oft können Sie auch Ware aus bestimmten Ländern nicht umtauschen. Also Vorsicht! Informieren Sie sich genau über

b Finden Sie Vor- und Nachteile von Ratenkauf und Online-Shopping in den Texten? Notieren Sie.

Ratenkauf		Im Internet einkaufen	
Vorteile	Nachteile	Vorteile	Nachteile
			Manchmal gibt es keine Möglichkeit, Ware zurückzugeben.

2 Gundas neue Spülmaschine

a Hören Sie das Gespräch zwischen Gunda und ihrer Freundin. Ergänzen Sie dann weitere Vor- und Nachteile in der Tabelle in Übung 1b.

b Haben Sie schon einmal im Internet eingekauft? Oder etwas in Raten bezahlt? Warum? Warum nicht? Sprechen Sie mit Ihrer Partnerin / Ihrem Partner über Ihre Erfahrungen.

> Ich zahle lieber sofort. So oder so muss ich das bezahlen. Dann lieber gleich.

> Also ich kaufe Elektrogeräte immer in Raten und finde das gut. Denn so kann ich jeden Monat ein bisschen bezahlen.

········▶ PROJEKT

FOKUS Beruf 3

Sich telefonisch krankmelden und Aufgaben verteilen

1 Anruf bei einer Kollegin. Hören Sie das Gespräch. Was ist richtig? Kreuzen Sie an.

a Frau Berger arbeitet
- in einer Arztpraxis. ☐
- in einem Büro. ☐

b Ihre Kollegin reagiert
- freundlich und hilfsbereit. ☐
- gestresst und unfreundlich. ☐

2 Hören Sie das Gespräch noch einmal. Was passt zu wem? Kreuzen Sie an.

Frau Berger	Frau Tokic	
☒	☐	… hat vom Arzt eine Krankmeldung bekommen.
☐	☐	… muss die nächsten drei Tage zu Hause bleiben.
☐	☐	… übernimmt gern ein paar Aufgaben von ihrer Kollegin.
☐	☐	… erklärt, was gemacht werden muss.
☐	☐	… soll sich um die Getränke und das Essen für die Konferenz kümmern.
☐	☐	… hat die Nummer vom Partyservice an ihre Pinnwand gehängt.
☐	☐	… soll sich um Schreibpapier und Stifte für die Konferenzteilnehmer kümmern.
☐	☐	… bucht den Flug und das Hotel für Herrn Dr. Nuke.

3 Rollenspiel: Spielen Sie zu zweit solche Gespräche am Telefon.

A
Sie sind krank und rufen eine Kollegin / einen Kollegen an. Bitten Sie sie/ihn, bestimmte Aufgaben für Sie zu übernehmen.

B
Sie telefonieren mit einer kranken Kollegin / einem kranken Kollegen und reagieren freundlich und hilfsbereit.

	Arbeitsplatz	Arbeiten, die zu tun sind
1	Arztpraxis	- im Labor anrufen und nach den Ergebnissen fragen - neue Verbände und Spritzen bestellen
2	Autowerkstatt	- die Rechnung für Frau Scholler schreiben und abschicken - bei dem Toyota die Bremsen kontrollieren
3	Modeboutique	- die neue Ware annehmen und auspacken - das Schaufenster neu dekorieren
4	Supermarkt	- die Haltbarkeit der Milchprodukte kontrollieren - die Kühlregale mit neuer Ware füllen
5	…	

▼ **den Grund des Anrufs erklären**
Es tut mir wirklich leid, ich …
Leider kann ich heute …
Mir geht's nicht gut. Ich …
Ich war auch schon beim Arzt, und der meinte …
Er hat mich für … Tage krankgeschrieben.

▼ **jemanden um etwas bitten**
Könnten Sie / Könntest du bitte …?
Wärst du / Wären Sie vielleicht so nett, …?
Bitte seien Sie / sei so nett und …
Es wäre toll, wenn Sie / du …

▼ **erklären, was zu tun ist**
Als Erstes dürfen wir nicht vergessen, dass …
Das ist dringend.
Auf jeden Fall muss / sollte …
… muss / müssen noch … werden.
Jemand muss / sollte …

▼ **auf eine Bitte reagieren**
Selbstverständlich.
Das mache ich doch gern.
Ja, gut / natürlich.
Klar, kein Problem.

4 FOKUS Beruf — Ein Stellengesuch in einer Zeitung oder im Internet aufgeben

1 Yusuf sucht eine Arbeit als Friseur.

Er hat in der Zeitung eine Anzeige aufgegeben. Um bessere Chancen zu haben, gibt Yusuf im Job-Portal für Friseure ebenfalls ein Stellengesuch auf.

Lesen Sie zuerst die Anzeige A. Lesen Sie dann Yusufs Profil im Internet und ergänzen Sie die fehlenden Informationen.

A Tal., motiv. und engag. jg. Friseurmeister mit fünfjähr. Berufserfahrung in gr. Salons sucht ab sofort neue Herausforderung in mod., kreat. und internat. Team. Fließend in Dt., Engl. und Türk. Vollzeitstelle mit der Möglichk. zur Fortb. für langfristig erwünscht, vorzgsw. im Raum Köln. Tel. 0160/454544

B friseure-im-netz.de

| Persönliche Daten: | Vorname: Yusuf | Nachname: Tekin | Geburtsdatum: 04.05.1983 |

Zu meiner Person / Wer und wie bin ich?

Ein Leben ohne Schere kann ich mir nicht vorstellen. Ich bin Friseur aus Leidenschaft. Derzeit arbeite ich als .... in einem großen Düsseldorfer Salon. Eigentlich sollte mir zu meinem Glück nichts fehlen. Trotzdem bin ich immer auf der Suche nach neuen .... Mode und Lifestyle haben mich schon immer interessiert und aktuelle Trends und neueste Techniken sind mehr als ein Beruf für mich. Diskretion, Ehrlichkeit und Zuverlässigkeit gehören für mich zum Friseurberuf wie Kamm und Schere.

Fähigkeiten und Erfahrungen / Was kann ich?

Fünf Jahre habe ich .... in .... Salons Düsseldorfs gesammelt. Seit einem Jahr bin ich nun Meister. Als Friseur will ich immer up to date sein, deshalb nehme ich oft an .... und Schulungen teil. Ich bin topfit in den Bereichen Cut & Colour, Nageldesign und Haarextension. Ich bemühe mich, mit individueller und typgerechter Beratung alle Kundenwünsche zu erfüllen. Meine Kunden sind international – gut, dass ich .... Deutsch, Englisch oder Türkisch spreche.

Stellenbeschreibung / Was suche ich?

Neue Herausforderungen? Die suche ich, denn ich will vorwärtskommen! Ab .... würde ich gern eine neue .... in einem sympathischen, ..., ... und .... Team beginnen. Ich bin neugierig, hochmotiviert und flexibel – auch was den Ort betrifft. Mein Herz schlägt zwar für ...., aber ich denke, ich kann überall glücklich werden. Als Single bin ich unabhängig und kann ohne Probleme eine .... stelle aufnehmen. Mein großer Wunsch ist es aber, dass ich die Möglichkeit habe, mich regelmäßig ....

Ich suche ☐ nur unbefristete Beschäftigung   ☐ befristete Beschäftigung
Arbeitszeiten ☐ Vollzeit ☐ Teilzeit ☐ Wochenende

Mein Lebenslauf

2 Yusufs Traumjob

a Markieren Sie in Yusufs Profil in drei Farben: Wie beschreibt sich Yusuf? Was kann er? Was sucht er?
b Ihr neuer Traumjob. Überlegen Sie sich eine neue Stelle für sich. Ergänzen Sie die Tabelle. Schreiben Sie dann eine Anzeige wie **A**. Die Wörter können Ihnen dabei helfen.

teamfähig • selbstständig • zuverlässig • kontaktfreudig • verantwortungsbewusst • sicheres Auftreten • ansprechendes Äußeres • freundliche Ausstrahlung • ... auf Menschen zugehen • gut mit ... umgehen • gute Computer-/Sprachkenntnisse • ... Vollzeit/Teilzeit/auf Stundenbasis arbeiten • ab sofort • ...

Wie bin ich?	Was kann ich gut?	Was suche ich?

c Tauschen Sie die Anzeigen und schreiben Sie einen Profiltext wie B.
Ich suche ab Januar 20.. eine Stelle als .... Ich wünsche mir ...   ▶ PROJEKT

FOKUS Beruf 5

Ein Bewerbungsgespräch gut bewältigen

Gute Karten für Frau Lampart

Wenn es im Bewerbungsgespräch zum Thema Geld kommt, macht so mancher Jobsuchende Fehler: Er „pokert" entweder zu niedrig oder zu hoch. Wir zeigen Ihnen hier, mit welchen Karten Sie den Personalchef am meisten beeindrucken.

Die Vorbereitungskarte

Sie sollten Ihre Gehaltsvorstellung vor dem Bewerbungsgespräch gut überlegen. Sie sollte realistisch sein, nicht zu hoch und nicht zu niedrig. Recherchieren Sie das ortsübliche Gehalt für eine solche Stelle. Es ist von Region zu Region unterschiedlich. Erkundigen Sie sich auch nach der wirtschaftlichen Situation der Firma. Und vergessen Sie nicht, dass die Lebenshaltungskosten in Großstädten oft besonders hoch sind.

Die Pluspunktkarte

Sie sollten Ihre Gehaltsforderung gut begründen. Je größer Ihre Berufserfahrung ist, je besser Ihre Zeugnisse sind, je mehr Sie sich weitergebildet haben, je mehr Verantwortung Sie in der neuen Stelle haben, desto mehr Gehalt können Sie verlangen. Auch Erfahrungen oder Fähigkeiten aus anderen Bereichen können wichtig sein und eine bessere Bezahlung bringen.

Die Kompromisskarte

Zeigen Sie, dass Sie flexibel sind und machen Sie Kompromissvorschläge. Ein Beispiel: Sie starten mit einem niedrigen Gehalt und zeigen erst mal, was Sie können. Ist Ihr Arbeitgeber zufrieden, bekommen Sie nach einem halben Jahr mehr Geld. Kompromisse sind aber nur sinnvoll, wenn Ihre Vorstellungen und die des Arbeitgebers nicht zu weit auseinander liegen.

1 Lesen Sie die Texte. Welche der folgenden Sätze passen zu welcher Karte? Kreuzen Sie an.

	Vorbereitungskarte	Pluspunktkarte	Kompromisskarte
1 Ich habe jedes Jahr einen Fortbildungskurs absolviert.	☐	☐	☐
2 Was halten Sie von dieser Idee: Sie zahlen das erste Vierteljahr nur … Euro pro Monat. Wenn Sie dann mit mir zufrieden sind, bekomme ich ab dem vierten Monat … Euro.	☐	☐	☐
3 Ihre Firma ist ja schon seit Jahren sehr erfolgreich.	☐	☐	☐
4 Meine Berufsausbildung habe ich mit ‚sehr gut' abgeschlossen.	☐	☐	☐

2 Frau Lampart im Bewerbungsgespräch. Hören Sie Teil 1–3 des Gespräches zwischen Frau Lampart und dem Personalchef. Was ist richtig? Kreuzen Sie an.

3 42
1 a Herr König und Frau Lampart sprechen über
☐ die Aufgabenbereiche ☐ die Arbeitszeiten ☐ das Gehalt.
b Frau Lampart bewirbt sich um eine ☐ Teilzeitstelle ☐ Vollzeitstelle.

3 43
2 a In ihrer neuen Stelle hätte sie ☐ weniger ☐ genauso viel ☐ viel mehr Verantwortung.
b Sie hat ☐ noch keine ☐ zwei Jahre ☐ vier Jahre Berufserfahrung.
c Sie hat sich ☐ nie ☐ einmal ☐ öfter weitergebildet.
d Frau Lamparts ehemaliger Arbeitgeber war mit ihren Leistungen
☐ nicht ☐ ziemlich ☐ sehr zufrieden.

3 44
3 a Frau Lampart ☐ lehnt das vorgeschlagene Gehalt ab. ☐ möchte mit der Firmenleitung sprechen. ☐ schlägt einen Kompromiss vor.
b Frau Lampart bekommt den Job ☐ nicht ☐ sicher ☐ vielleicht.

3 Spiel: Gute Karten beim Bewerbungsgespräch

a Sie wollen einen neuen Job. Schreiben Sie einen Satz für Ihre Vorbereitungs-, Pluspunkt- oder Kompromiss-Karte.
b Lesen Sie Ihren Satz vor. Die anderen Kursteilnehmer sagen, auf welche Karte der Satz gehört.

> Ich habe 5 Jahre in einer Wäscherei gearbeitet.

> In Pirmasens sind 1200 Euro pro Monat für einen Friseur üblich.

>> Das gehört auf die Pluspunktkarte.

>> Auf die Vorbereitungskarte!

6 FOKUS Beruf — Kundenwünsche

CD3 45 **1** **Die Hochzeitstorte**

Anna Borowski hat die Hochzeit ihrer Tochter organisiert. Nun ist etwas schiefgegangen. Sie ruft bei der Bäckerei Huber an. Hören Sie das Telefongespräch. Was ist das Problem?

☐ Die Bäckerei hat die Hochzeitstorte nicht geliefert.
☐ Die Bäckerei hat eine falsche Hochzeitstorte geliefert.

CD3 46 **2** **Heike Kubis von der Bäckerei Huber ruft ihren Kollegen an. Hören Sie und fassen Sie in einem Satz zusammen: Was hat Hans verwechselt? Was ist Heikes Lösungsvorschlag?**

CD3 47 **3** **Heike Kubis telefoniert mit Anna Borowski. Hören Sie und kreuzen Sie an.**

☐ Die Bäckerei liefert eine neue Torte. Anna Borowski muss dafür nichts bezahlen.
☐ Die Bäckerei liefert eine neue Torte. Anna Borowski muss dafür weniger bezahlen als ursprünglich vereinbart.

4 **Rollenspiel. Spielen Sie Telefongespräche.**

Situation: Sie machen heute eine Gartenparty. Sie haben beim Getränkeservice drei Kästen Limonade und vier Kästen Bier bestellt. Stattdessen hat Ihnen der Getränkeservice sieben Kästen Bier gebracht. Wählen Sie Rolle A, B oder C:

A Kundin/Kunde	B Angestellte/Angestellter	C Kollegin/Kollege
Sie haben die Getränke bei der Firma Getränkeblitz bestellt.	in der Firma Getränkeblitz.	Sie arbeiten auch in der Firma Getränkeblitz.

A Die Firma Getränkeblitz hat Ihnen die falschen Getränke geliefert. Sie rufen bei der Firma an und beschweren sich.

*Ich war vor ... Tagen/Wochen bei Ihnen und habe ... bestellt.
Jetzt ist die Lieferung gekommen, aber ich habe festgestellt, dass ...
Sie haben wohl einen Fehler gemacht:
Ich hatte ... bestellt, und nicht ...*

B Sie nehmen die Beschwerde entgegen. Sie können nicht direkt helfen. Sie müssen erst mit dem Kollegen reden, der den Auftrag übernommen hat.

*Oh, das tut mir leid.
Da ist wohl ein Fehler / ein Irrtum passiert.
Ich rufe sofort meinen Kollegen an.
Bitte geben Sie mir Ihre Handynummer.
Ich rufe Sie gleich zurück.*

B Sie fragen bei Ihrem Kollegen nach und versuchen, gemeinsam eine Lösung zu finden.

*Frau/Herr ... hat angerufen.
Du hast ihr/ihm ... geliefert statt ...
Wir machen Folgendes: ...
Ich rufe an und frage nach, ob das okay ist.*

C Sie haben einen Fehler gemacht. Suchen Sie mit Ihrem Kollegen eine Lösung.

*Oh je, da habe ich wohl einen Fehler gemacht / etwas verwechselt.
Was machen wir denn jetzt?
Ich könnte ...*

B Sie rufen die Kundin / den Kunden an und schlagen ihr/ihm eine Lösung vor.

*Es tut mir furchtbar leid.
Es ist uns wirklich sehr peinlich.
Mein Kollege hat einen Fehler gemacht.
Wir könnten Ihnen ...
Selbstverständlich geben wir Ihnen einen Preisnachlass.*

A Sie akzeptieren die Lösung oder Sie machen einen Gegenvorschlag.

*Was machen wir denn jetzt bloß?
Ja, damit bin ich einverstanden.
Nein, tut mir leid. Es war doch Ihr Fehler, nicht meiner.
Ich mache Ihnen einen anderen Vorschlag: ...*

FOKUS Alltag 7

Wohnungsanzeigen aufgeben

1 Wohnungsanzeigen. Was bedeuten die Abkürzungen? Ordnen Sie zu.

Zi. • max. • inkl. • Hzg. • Tel. • Whg. • MM • Blk. • qm • NK • EG • EBK • Kü. • su.

a Erdgeschoss ..EG..
b Telefon ....
c Balkon ....
d Quadratmeter ....
e Nebenkosten ....
f Einbauküche ....
g suche ....
h inklusiv ....
i Monatsmiete ....
j Küche ....
k Heizung ....
l Zimmer ....
m Wohnung ....
n maximal ....

2 „Ich suche eine Wohnung". Hören Sie die drei Telefongespräche. Welche Anzeigen haben die Personen aufgegeben?

A Su. 3-4 Zi.-Whg., EG oder mit Blk., bis max. 750 € inkl. NK, Chiffre mr/370

B Fam. su. Haus/Whg. m. Blk. od. Garten. Tel.: 598 09 72

C Frau m. Hund su. gü. 3-Zi.-Whg. m. Garten bis max. 750 € MM inkl. NK. Chiffre jr/487

D Jg. Fam. su. 3-4 Zi.-Whg. od. Haus m. Garten od. Blk. Tel.: 0176/95 3 41 65

E Fam. m. Hund su. gü. Whg. od. Haus bis max. 750 €. Tel.: 408 09 73

F Fam. su. gr. Whg. od. Haus. Tel.: 5080973

G Su. gr. Haus m. Garten bis max. 750 € MM inkl. NK. Tel.: Chiffre bg/279

H Junge Fam. su. gü. 3 Zi-Whg. Chiffre ik/141

Gespräch	1	2	3
Anzeige			

3 Wohnung gesucht!

a Schreiben Sie eine Wohnungsanzeige.

b Geben Sie Ihre Anzeige Ihrer Partnerin / Ihrem Partner. Zu welcher Wohnung passt die Anzeige?

▶ PROJEKT

Wortliste

Die alphabetische Wortliste enthält die Wörter dieses Buches mit Angabe der Seiten, auf denen sie zuerst vorkommen. Wörter, die für den „Deutsch Test für Zuwanderer" (DTZ) nicht verlangt werden, sind kursiv gedruckt. Bei allen Wörtern sind die Wortakzente gekennzeichnet. Ein Punkt (a) heißt kurzer Vokal, ein Unterstrich (o) langer Vokal. Steht der Artikel in Klammer, gebraucht man die Nomen meistens ohne Artikel. Nomen mit der Angabe „nur Singular" verwendet man nicht oder nur selten im Plural. Nomen mit der Angabe „nur Plural" verwendet man nicht oder nur selten im Singular. Trennbare Verben sind durch einen Punkt nach der Vorsilbe gekennzeichnet (ab·bauen).

ab·bauen AB 127
ab·brennen 11
ab·decken AB 100
das Abendprogramm, -e 26
ab·hören 37, AB 124
die Abkürzung, -en F 187
ab·liefern 56
ab·machen 86
ab·nehmen 38, AB 126, AB 154
die Abreise (nur Singular) AB 120, AB 165
ab·schicken F 183
die Absicherung, -en AB 100
die Absicht, -en AB 100
absolut 38, AB 102, AB 147
absolvieren AB 148, F 185
die Absprache, -n 62
abwechselnd 84
abwechslungsreich 61, 74, 75
abzüglich AB 126
die Action (engl.) 26, 27, AB 111
der Actionfilm, -e AB 113
die Actionserie, -n 26, AB 113
der Adressat, -en AB 147
die Agentur, en 59
die Akte, -n 26, AB 115
die Aktivität, -en AB 126
die Akupunktur (nur Singular) 40, AB 126
der Akzent, -e 50
alarmieren 13
das Album, Alben 20, 23
alkoholisch 74
alleinstehend 62
allerdings 50
das Allergen, -e 36, 37
der Allergietest, -s 36
der Allergologe, -n 40
allerletzt- 14
(das) Allgäu AB 165
die Allgemeinmedizin (nur Singular) 40
allmählich 50

alltäglich AB 120
alltagstauglich 38
die Alpenregion, -en 74
der Altbau, -ten 82
die Altbauwohnung, -en AB 169
die Altenbetreuerin, -nen 62
alternativ AB 126
die Alternative, -n 76, AB 137
amüsieren 70
an·brennen 43
der Anbruch (nur Singular) 40
ändern 46
anders 10, 22
andererseits 50
die Anforderung, -en 63
an·geben AB 101
angeblich 12
an·gehen 79, AB 109
angespannt AB 126
angestellt AB 146
ängstlich 10
an·haben 73
an·kommen auf 72
an·lächeln 42
die Anlage, -n 63, 84, AB 147
die Anlageinstallation, -en 63
die Anleitung, -en 34
an·nehmen F 181, F 183
die Annonce, -n (franz.): eine Annonce auf·geben 60
an·passen 38
an·probieren AB 161
die Anregung, -en AB 126
die Anreise, -n 76, AB 165
an·schauen AB 110
an·schreien 19
an·sprechen 72, 88
ansprechend F 184
der Ansprechpartner, - AB 147
anstrengend 58, 61, AB 120
an·wenden 40
die Anwendung, -en 40
das Anwendungsgebiet, -e 40
der Anwendungshinweis, -e 40
das Anwesen, - AB 176
der Apparat, -e 64, AB 150
der Appetit, -e 46
die Arbeitsgenehmigung, -en 64, AB 150
die Arbeitsweise, -n 62
architektonisch 74
die Architektur, -en 75
die Armbanduhr, -en AB 162
der/die Arme, -n 83
die Armmuskulatur, -en AB 119
arrogant 23
die Artikelsuche, -n 76
das Arzneimittel 40, AB 121
die Arztwahl, -en AB 128
die Atemtherapie, -n AB 127
atmen 34
die Attraktion, -en AB 164
attraktiv AB 120, AB 128
auf Schritt und Tritt 76

der Aufbau, -ten AB 120
auf·bewahren 40
die Aufbewahrung (nur Singular) 40
die Aufenthaltserlaubnis (nur Singular) 64, AB 150
auf·fallen 86
der Aufgabenbereich, -e F 185
auf·geben 82, F 184, F 187
aufgeregt 10, AB 149, AB 158
auf·halten (sich) 84
auf·schließen 28
die Aufsicht, -en 84
auf·stellen 85
die Auftragsannahme, -n 8
das Auftragsdatum, -daten F 181
die Auftragsnummer, -n F 181
auf·treten AB 119
das Auftreten (nur Singular) F 184
auf·wachen 66, 67, 81
auf·wachsen AB 154, AB 155
auf·warten 74
aus aller Welt AB 97
aus diesem Grund 48
das Ausbildungsgespräch, -e AB 149
der Ausbildungsplatz, ̈e 59
aus·denken (sich) 86
aus·führen F 181
ausgezeichnet AB 126
aus·lachen 10, 11
der Auslandskrankenschein, -e AB 155
aus·leihen 24
aus·machen 57, 67
die Ausnahme, -n AB 126
die Ausrede, -n AB 136
ausreichend 39
aus·ruhen (sich) AB 121
aussagefähig 62
ausschließlich 84
die Außenanlage, -n 84
äußer- AB 151
das Äußere F 184
äußerlich 40
die Ausstrahlung (nur Singular) F 184
aus·suchen AB 109, F 181
(das) Australien AB 163
aus·werten 62
der Auszug, ̈e 50
die Autobahnraststätte, -n 12
Autogenes Training AB 120
die Autogrammkarte, -n 20
die Autorin, -nen 50
die Babywaage, -n AB 126
die Bandscheibe, -n 32, 33
das Bandscheibenproblem, -e 35
der/die Bankangestellte, -n AB 160
die Basis, Basen AB 100
bauen AB 169
das Bauernhaus, ̈er AB 168
der Baustein, -e AB 101

die Beanstandung, -en F 181
bedanken (sich) 73, AB 157
bedenken F 182
die Bedeutung, -en AB 137, F 182
beeilen (sich) AB 161
beeindrucken F 185
die Beendigung, -en AB 129
befinden (sich) AB 176
der/die Befragte, -n AB 156
befreien (sich) 38, AB 120
befreundet AB 115
befristet 62
begegnen 25, 76
die Begegnung, -en 61
begehen 74
begeistert AB 135
der Beginn (nur Singular) AB 119
begleiten AB 143
begründen 49
die Begründung, -en AB 137
behalten 60, AB 119
behandeln lassen (sich) AB 128
behandeln 71, AB 124
die Behandlungsmethode, -n 40
behaupten 12
der Beifahrersitz, -e 12
beifügen AB 101
beinahe AB 135
beinhalten AB 128
beißen 15, AB 112
beklagen (sich) 83
das Bekleidungsgeschäft AB 161
die Belästigung, -en 84
belegen AB 129
belegt 61
bemerken 12, 15, 40
bemühen (sich) F 184
die Bemühung, -en AB 157
beneiden 14
benötigen 54
die Bergtour, -en 11
der Berufsalltag (nur Singular) 71
die Berufsbiografie, -ien 65
die Berufs-DVD, -s AB 143
der Berufseinstieg, -e AB 126
berufserfahren 62
das Berufsinformationszentrum, -zentren AB 151
berufskundlich AB 151
der Berufstätige, -n 59, AB 126
berühren 31
beschädigen AB 100
die Beschädigung, -en F 181
beschützen (vor) 16, AB 103
beschweren (sich) AB 175, F 186
besitzen 63, 64
die Besprechung, -en AB 99, AB 145
der Besprechungsraum, ̈e AB 145
bestehen auf 50

188

die Bestellbestätigung, -en F 181
bestimmen AB 119
betrachten 14
der Betriebsarzt, ⸚e 38
der Betrug (nur Singular) AB 115
der Betrüger, - F 182
das Bettgestell, -e F 181
beurteilen 41
bevorzugt 50
bewahren AB 127
das Bewegungsprogramm, -e AB 126
der Bewerber, - 64, AB 150
das Bewerbungsanschreiben, - AB 147
das Bewerbungsgespräch, -e F 185
die Bewerbungsunterlagen (nur Plural) AB 147, AB 148
beweisen 54
der Bewohner, - 84, 85, AB 172
die Bezeichnung, -en F 181
beziehen auf (sich) 63
die Beziehung, -en 19
die Bienenallergie, -allergien 40
das Bio-Obst (nur Singular) AB 111
die Bitte, -n 86, AB 112
blass AB 121
das Blaukraut (nur Singular) 54
das Blaulicht, -er 43
der Blitz, -e 9, 12, 14
blühen 74
der Blumentopf, ⸚e 15
die Blumenvase, -n 83
der Blutdruck (nur Singular) 37, AB 124, AB 126
das Blutdruckmessgerät, -e AB 126
die Blüte, -n 36
der Blütenpollen, - 36
der Boss, -e 58
der Boxer, - AB 111
die Branche, -n (franz.) 62
der Brand, ⸚e 11
brechen 14, AB 102
brennen 10, 40
die Brieffreundschaft, -en 52
die Brust, (hier nur Singular) 34
der Buchladen, ⸚ 72
die Bügelhilfe, -n 62
der Bundesbürger, - AB 127
die Bundesliga, -ligen 27
der Bundespräsident, -en 88
der Bürostuhl, ⸚e 35
der Busch, ⸚e 31
die Bustour, -en AB 120
der Cayennepfeffer (nur Singular) 40
die Chance, -n (franz.) F 184
chaotisch AB 168
der Charme (nur Singular) 74
checken 31
(das) Chinesisch 51

das Christentum (nur Singular) 10
der Christstollen, - 74
chronisch 38
die Comedyserie, -n 27
der Computer-Notdienst, -e 60
die Couch, -s (engl.) 83
das Dach, ⸚er 43, AB 112
der Dachbodenraum, ⸚e 84
das Dachfenster, - 84
daher 48, 49, AB 148
damals 14
daraufhin 15, 17
„das blaue Auge" AB 103
die Daten (nur Plural) 15
dauerhaft 38
dazu·lernen AB 135
die Deckungssumme, -n AB 100, AB 101
deftig 74
die Dehnübung, -en AB 120
die Dehnung, -en 34, AB 119
der Dermatologe, -n 40
deswegen 48, 49, AB 112
detailliert AB 122
der Detektiv, -e AB 115
die Detektivserie, -n 26
deutlich 46
die Deutschkenntnisse (nur Plural) 62
der Dialekt, -e 45
der Dieb, -e 13, 28, AB 146
der Diebstahl, ⸚e 28, AB 115
die Diele, -n AB 173
die Dienstreise, -n 71
der Dinosaurier, - 76
die Diplomatin, -nen 46
die Diskretion (nur Singular) F 184
die Diskussion, -en 19
der Dom, -e 74
doppelt 70, AB 156
drehen 66
drei Viertel 39, 41
der Drilling, -e 12
das Drittel, - 39, 41, AB 156
die Drogerie, -ien 72
durch·atmen AB 119
durch·führen AB 120, AB 173
die Durchführung (nur Singular) 62
durch·kommen 19
durch·lesen 28
ebenfalls F 184
das EG (= Erdgeschoss) F 187
das Eheproblem, -e AB 126
eher 10
die Ehrlichkeit (nur Singular) F 184
das Eigentum (nur Singular) AB 100, F 181
eignen (sich) 40
das Einbettzimmer, - AB 128
der Einbrecher, - 13
das Einfamilienhaus, ⸚er AB 172
ein·gehen AB 100
die Einheit, -en AB 120
einigen (sich) 27, AB 113

der Einkaufsführer, - 76
der Einkaufsgutschein, -e AB 119
ein·legen 22
der Einleitungssatz, ⸚e AB 138
die Einnahme, -n 34
ein·reichen AB 129
einschließlich 84
ein·stellen 64
der Einstufungstest, -s AB 136
das Einverständnis, -se 84
das Einzelgespräch, -e 59, AB 143
einzeln AB 120
der Einzelpreis, -e F 181
die Einzugsermächtigung, -en AB 101, AB 177
eiskalt AB 106
das Ekzem, -e 40
die Elektrizität (nur Singular) AB 173
der Elektroanlageninstallateur, -e 62
der Elektroinstallateur, -e 62
der Elektroinstallationsbereich, -e 62, 63
der Elektromaschinenmonteur, -e 62
die Eltern-Kind-Kur, -en AB 126
die EM (= die Europameisterschaft, -en), -s 27
der Empfang, ⸚e 38, AB 145
empfangen 85
empfindlich 40
die Endreinigung, -en AB 165
die Entbindung, -en AB 126
der Entenfuß, ⸚e AB 118
entgegen·nehmen AB 145
entgehen 10, 11
die Entlohnung (nur Singular) 62
entscheiden (sich) 72, 73, 82
entspannt 42
die Entspannung (nur Singular) 33, 34, AB 120
die Entspannungsübung, -en 34, 38, 39
entstammen 40
entstehen 42, 54, AB 128
die Entwässerung (nur Singular) AB 173
entweder ... oder ... 82, 87, AB 168
entwickeln 58, 60
die Entzündung, -en 40
erben 13
die Erbse, -n 43
die Erde (nur Singular) 81
erfinden 50
erfolgreich 38, AB 146, F 185
erfreuen (sich) 74
erfüllen (sich) 16, F 182
erfüllen F 184
die Ergänzung, -en AB 128
erhalten F 181

erholen (sich) 70, AB 154, AB 155
erholsam AB 120
erinnern 11
erkälten sich AB 163
die Erkältung, -en 36, AB 122
das Erkältungssymptom, -e AB 123
erkundigen (sich) 29, 61, AB 145
die Erlaubnis, -se AB 173
erlaubt 84
die Erläuterung, -en AB 101
erlebnisreich AB 120
erleichtert AB 97
erlernen 59
ernähren (sich) 39
die Ernährungsberatung, -en AB 126
ernst nehmen AB 119
ernst 23, AB 108
erscheinen 42
die Erscheinung, -en AB 151
erschrecken 15
ersehen 63, AB 148
erwachsen AB 142
erwärmen (sich) 40
erwarten 12, 62
erwerben F 182
das Erziehungsproblem, -e AB 126
die Esslust (nur Singular) 38
die Etage, -n AB 173
(die) Europäische Union 48
ewig 27, 31
existenzgefährdend AB 100
die Expedition, -en 27, AB 149
der Experte, -n 38
exportiert 63
extrem 14
der Facharzt, ⸚e 36, 40, AB 119
die Fachklinik, -en AB 119, AB 126
der Fachmann, ⸚er 34
das Fachwerkhaus, ⸚er 74, 75
fahrlässig AB 100
der Fahrradkeller, - 84
der Fahrradweg, -e AB 172
der Fall, ⸚e 26
fallen lassen 15
fällig AB 101
die Falte, -n F 50
die Familienfeier, -n 64
die Familienkomödie, -n 26
das Familienquiz (nur Singular) 27
die Familienserie, -n 26, AB 113
der Familienurlaub, -e 27
der Fan, -s (engl.) 20, 74
fantastisch 23, 74, AB 108
der Fasching (nur Singular) 31
fassungslos 14
der Feierabend, -e AB 146
das Feld, -er 7, 14
der Ferienspachkurs, -e AB 138
fern·halten 84
der Fernsehabend, -e 27

die Fernsehsendung, -en AB 113
die Fernsehshow, -s AB 107
die Fernsehzeitschrift, -en 24, AB 112, AB 113
die Fertignahrung, -en AB 124
die Fertigung, -en 62
fest·nehmen 13
fest·stellen 36
fiktiv AB 162
die Filiale, -n 8
Fish und Chips (engl.) AB 95
fit 14, 54, AB 120
fit halten (sich) 34
das Fitnessprogramm, -e AB 126
die Fitnessübung, -en 34
die Fläche, -n 74, 84, AB 172
das Fleischgericht, -e 74
fluchen 51
die Flugzeit, -en 71
die Forderung, -en AB 100
die Formel-1 (nur Singular) 26
formell AB 139
die Fortbildung, -en 59, AB 143, AB 148
der Fortbildungskurs, -e F 185
der Fortbildungsnachweis, -e AB 147, AB 148
das Fortbildungszeugnis, -se AB 149
das Forum, Foren 38
das Frauchen, - AB 124
die Frauenklinik, -en 12
die Frechheit, -en 86
frei machen für AB 120
(das) Freie 58
das Freizeitangebot, -e AB 164
der Freizeitspaß (nur Singular) 74
die Fremdsprachenkenntnisse (nur Plural) 51
frieren 50
fristgerecht AB 177
die Frucht, ¨-e 39
der Fruchtsaft, ¨-e 39
die Frühschoppenfahrt, -en 76
frustrierend 66
die Führerscheinklasse, -n 62
füllen F 183
fürchten AB 133
fürchterlich AB 146
das Fußball (nur Singular) 26, AB 113, AB 172
der Fußballclub, -s AB 142
der Fußballfan, -s 18
der Fußballschuh, -e 16
der Fußballstar, -s AB 142
das Fußballteam, -s 25
das Fußballtraining, -s AB 142
die Fußball-WM, -s F 182
der Gang, ¨-e 82, AB 169
der Gangster, - (engl.) AB 113
der Garagenmietvertrag, ¨-e AB 176

garantieren 74, AB 120, AB 129
das Gartengerät, -e 60
die Gartennutzung (nur Singular) 84, 85
der Garten-Service, -s 60
das Gästehaus, ¨-er 76
gastfreundlich AB 163
die Gastronomie (nur Singular) 62
die Gastronomiebranche (nur Singular) 68
der Gebrauchtwagen, - 14
die Geburtsvorbereitung, -en 126
die Gedankenblase, -n 66
die Geduld (nur Singular) AB 145
die Gefahr, -en F 182
der Gefrierpunkt, -e 74
die Gegenanzeige, -n 40
die Gegend, -en 74
gegensätzlich 29
gegenseitig 84
der Gegenvorschlag, ¨-e 29, AB 114, F 186
der Geist, -er AB 126
geistig 54
gelangen F 182
die Geldfrage, -n AB 160
die Gelegenheit, -en 73, 82, AB 138
gelingen 25
gemäß AB 101
gemäßigt 74, 75
die Gemeinschaftseinrichtung, -en 84
der Gemüsehändler, - 69
die Genesung (nur Singular) AB 128
genug haben 66
der Genuss, ¨-e 38, AB 120
die Gepflogenheit, -en 85
das Geräusch, -e 28
der Geruch, ¨-e AB 120
gesalzen 74
gesamt AB 100, AB 101
der Gesamtbetrag, ¨-e AB 173, AB 180
die Gesamtleistung, -en AB 101
der Gesamtpreis, -e AB 165, AB 180
der/die Geschädigte, -n 15
die Geschäftsidee, -n 60
geschützt 40
gesetzlich AB 101, AB 128
das Gesicht, -er 28, 34, AB 112
der Gestank (nur Singular) AB 120
gestattet 84
die Geste, -n 47
die Gesteinskunde (nur Singular) 76
gestresst 34, AB 126, F 183
gesund bleiben AB 122
gesundheitlich AB 126
das Gesundheits-Center, - AB 126
das Gesundheitsmagazin, -e AB 113

der Gesundheitsratgeber, - 26
die Gesundheitssprechstunde, -n 35
der Getränkeservice, -s F 186
das Gewichtsproblem, -e AB 126
das Gewinnspiel, -e AB 162
gewiss 54
gewohnt sein 63
gewöhnt AB 147
der Gips (nur Singular) AB 125
der Gipsverband, ¨-e AB 125
das Glashaus, ¨-er 81
der Glaube (nur Singular) 10
gleichzeitig 19, AB 177
der Glockenschlag, ¨-e 16
Glück/Pech bringen 16
glücklicherweise AB 97
der Glücksbringer, - 16, 17, AB 102
der Glücksmoment, -e 14
der Glückspilz, -e AB 102
das Glücksritual, -e AB 103
der Glücksstein, -e AB 102
der Glückstag, -e AB 102
der Glückstreffer, - AB 102
die Glückszahl, -en AB 102
golden 20
der Gott, ¨-er 10
das Gottvertrauen (nur Singular) 10
der Gradpartikel, -n 29
die Grafik (nur Singular) AB 156
das Gras, ¨-er 36
das Graubrot, -e 54
die Grenze, -n 11, 19, F 182
die Grimasse, -n 34
die Grippe, -n 38, 40, AB 121
die Grippeschutzimpfung, -en 38
groß·ziehen 50
die Grundabsicherung, -en AB 100
grundsätzlich 41, 84
das Grundstück, -e 84, AB 172
das Gruppenbild, -er AB 118
grüßen 73
die Grußformel, -n AB 147
der Gummistiefel, - 60
die Gurkenmaske, -n 34
gut·schreiben AB 165
die Haarextension, -en F 184
der Haftpflichttarif, -e AB 100
haftpflichtversichert AB 100
die Haftpflichtversicherung, -en AB 100, AB 101
die Halbpension (nur Singular) 76
halbtags 62
die Hälfte, -n 39, 41, AB 156
die Halstablette, -n 46
die Haltbarkeit (nur Singular) F 183

halten (ein Tier) 84
halten von F 185
der Hamster, - 84
der Handel (nur Singular) 62
handwerklich 62
das Handy, -s 33
die Handykarte, -n 73
die Handynummer, -n 18
hängen (lassen) 33, 34
häufig 42, 89, AB 107
das Hauptgebäude, - 38
der Hauptgrund, ¨-e AB 154
der Hausarzt, ¨-e AB 119, AB 122
der Hausbesuch, -e AB 126
das Häusermeer, -e 76
die Hausgemeinschaft, -en AB 172
der Haushüter, - 60
das Hausmittel, - 35
die Hausordnung, -en 84, AB 172, AB 173
die Haustür, -en 14, 28, 84
der Hausverwalter, - AB 139
hauswirtschaftlich 62
die Haut (nur Singular) 34, 37, 40
der Hautausschlag, ¨-e 36, AB 123
die Hautirritation, -en 40
die Hautkrankheit, -en 36
die Hautstelle, -n 40
die Hebamme, -n AB 126, AB 143
heben 34, AB 119
die Heilung, -en 38
der Heimatsender, - 85
her sein 19
heraus·finden 76
die Herausforderung, -en F 184
her·stellen 63
herum·drehen AB 127
herum·laufen AB 122
herum·reisen 70
herunter·fallen 15
hervorragend 74
die Herzrhythmus-Störung, -en 40
der Herzton, ¨-e 37, AB 124
der Hexenschuss (nur Singular) 35
hilfsbereit F 183
hinauf·gehen 28
hin·bringen 60
der Hinduismus 10
die Hinfahrt, -en AB 120
hin·fallen AB 99
hin·gehen AB 164
hin·legen AB 115
hin·setzen AB 127
hinterher 27
die Hitze (nur Singular) 40
der HNO-Arzt, ¨-e (Halsnasenohrenarzt) 40
der Hobbygärtner, - AB 168
hoch 76
das Hochhaus, ¨-er 12, 82
hochmotiviert F 184
höchstens 40
hoch·ziehen 34
die Hoftür, -en 84

einhundertneunzig 190

die Höhenlage, -n 74
der Homeservice, -s (engl.) 8, 10
hoppla 18
der Hotdog, -s 79
die Hotelreservierung, -en 71
hübsch 19, 23, AB 108
huch AB 146
das Hufeisen, - 16
die Hüfte, -n 34
das Hühnchen, - AB 124
der Humor (nur Singular) 26, 27
die Hungerdiät, -en 38
der Husten (nur Singular) AB 123
die Hypnose, -n 38
im Auftrag AB 127
im Voraus AB 176
impfen 38, 39
der Impfpass, ¨e 38, AB 129
die Impfung, -en 38
importieren 63
in bar 25
in Verbindung setzen mit (sich) AB 149, F 181
inbegriffen AB 165
der Indianer, - 31
indisch 8, 64
individuell 38, F 184
die Industrialisierung (nur Singular) 76
das Informationsmaterial, -ien AB 164
infrage kommen 27, 29
das Inhalationsgerät, -e AB 126
der Inhaltsstoff, -e 40
inklusiv AB 168, F 187
die Innentür, -en AB 173
der Installateur, -e 61
die Instandhaltung (nur Singular) AB 173
das Internet: im Internet surfen 27, AB 159
die Internet-Auktion, -en F 182
interviewen AB 103
irgendwann 19
irgendwo AB 115
irreale Wunschsätze 87
irrealer Bedingungssatz, ¨e 53
der Islam 10
der Jackpot, -s (engl.) 12
jahrelang AB 172
der Jahresbruttobeitrag, ¨e AB 101
der Jahresnettobeitrag, ¨e AB 101
die Jazzsängerin, -nen 25
jedenfalls 12
jedoch AB 129
jobben 64
die Jobbörse, -n AB 151
das Job-Portal, -e F 184
der/die Jobsuchende, -n F 185
die Journalistin, -nen 50
jucken 36, AB 123
das Judentum (nur Singular) 10

die Jugendherberge, -n 76
der/die Jugendliche, -n 40
der Jugendstar, -s AB 107
die Kaffeefahrt, -en 76
der Kakao (nur Singular) 76, AB 136
die Kälte (nur Singular) 75
der Kaminkehrer, - 16
der Kamm, ¨e F 184
der Kardiologe, -n 40
kardiologisch AB 148
die Karibik AB 162
das Karies (nur Singular) AB 124
das Karteikärtchen, - 49
der/die Kassierer/in, -/-nen 62
die Katastrophe, -n 10, 11
der Kauf, ¨e F 182
kegeln 31
kehren 88
der Kellereingang, ¨e 84
das Kellerfenster, - 84
der Kellerraum, ¨e AB 173
der Kellerschlüssel, - AB 139
die Kernspintomografie (nur Singular) 35
die KFZ-Haftpflichtversicherung, -en AB 101
die Kinderbetreuung (nur Singular) AB 126
die Kindersendung, -en 26, AB 113
kindgemäß AB 126
das Kinoprogramm, -e 24
der Kirschbaum, ¨e 43
die Klangmassage, -n AB 127
die Klassenfahrt, -en AB 135
die Klassenreise, -n AB 135
Klavier spielen AB 159
kleben 40
das Kleeblatt, ¨er 16
die Kleidergröße, -n AB 97
das Kleidungsstück, -e 13, AB 161
das Kleinkind, -er 40
das Kleintier, -e 84
der Klick, -s F 182
das Klima, -ta 74, 75
der Kloß, ¨e 13
klug AB 142
der Knall, -e AB 96
knallen AB 99
knapp 10, 11, 35
das Knie, - 37
der Knödel, - 74
die Kochsendung, -en 27
das Kochstudio, -s 27
die Kombination, -en 38
der Komfort (engl.; nur Singular) AB 100, AB 101, AB 120
der Kommissar, -e 26
die Komödie, -n 26, AB 113
kompliziert 26, 47
der Kompromiss, -e F 185
die Kondition (hier nur Singular) 39
die Konferenz, -en F 183

der Konferenzteilnehmer, - F 183
der Konjunktiv II Gegenwart 53
der Konjunktiv II Vergangenheit 87
der Konsens, -e 29
die Konsequenz, -en AB 100
Kontakt aufnehmen 15
kontaktfreudig F 184
die Kontodaten (nur Singular) F 182
die Kontrolle, -n AB 126
konzentrieren (sich) 60
der Konzertbesuch, -e AB 107
der Konzessivsatz, ¨e 29
-köpfig AB 172
der Koreaner, - 13
koreanisch 51
kostenfrei AB 127
der Kostenheilplan, ¨e AB 129
die Kostenübernahme, -n AB 129
der Krach, ¨e AB 112
die Kraft, ¨e AB 127
die Kräftigung (nur Singular) 34
die Kräftigungsübung, -en 38
kraftvoll AB 120
die Krankengymnastik (nur Singular) 35
die Krankengymnastin, -nen 32, 33, AB 148
der Krankenhausaufenthalt, -e AB 128
die Krankenhausserie, -n 26
der Kräutertee, -s AB 121
der Kreis, -e 66
kreisen 34
der Kreislauf (nur Singular) 39
der Kriminalbeamte, -n 28
die Kriminalpolizei (nur Singular) 13, 28
der Kriminalroman, -e 28
die Kritik (hier nur Singular) 86, AB 125
der Kritiker, - 24, AB 112
kritisieren AB 158
die Küche (im Sinne von Kochkunst) 74
der Küchentisch, -e 30, 32, 33
das Kühlregal, -e F 183
kulinarisch 74
der/die Kulturinteressierte, -n 75
der Kummer (nur Singular) AB 122
kümmern um (sich) 85, 89, AB 126
die Kundennummer, -n AB 157, F 181
der Kundenwunsch, ¨e F 184, F 186
der Kündigungsbrief, -e AB 177
die Kündigungsfrist, -en AB 173, AB 177

der Kündigungsgrund, ¨e AB 176
das Kündigungsschreiben, - AB 176, AB 177
künstlerisch 58
die Kunsttherapie, -n AB 127
die Kuppel, -n 74
die Kurs-Zeitschrift, -en AB 114
die Kurzbeschreibung, -en AB 151
der Kurzhaarschnitt, -e AB 160
die Kurzmeldung, -en 13
die Kurzsichtigkeit (nur Singular) 40
küssen AB 133
das Labor, -s/-e F 183
lächerlich 86
längst 54
langweilen (sich) AB 155
lassen 24, 33
laut 9, 23, 84
lauten F 181
lebendig 27, AB 135
die Lebensgewohnheit, -en AB 122
die Lebenslage, -n AB 126
der Lebensraum, ¨e 76
die Lebenssituation, -en 38
der Lehrbuchautor, -en 46
die Lehrstelle, -n 59
die Leiche, -n 26
leiden (unter) 40, 50, AB 126
leisten (sich) AB 169
leisten AB 165
die Leistung, -en AB 100, AB 128, AB 147
der Leistungsdruck (nur Singular) AB 126
leistungsgerecht 62, AB 147
leistungsstark AB 100
die Leitung (hier nur Singular) 38
die Lernforschung (nur Singular) 54
der Lerntyp, -en 49
das Lichtbild, -er 62
das Lichtermeer (nur Singular) 76
die Liebe (nur Singular) 26, 27, AB 106
das Liebesdrama, -dramen 27
der Liebesfilm, -e 26, AB 106, AB 107
der Liebesroman, -e 28
die Lieblingsfarbe, -n 7
das Lieblingsgeschäft, -e 7
das Lieblingsgetränk, -e 7
der Lieblingsplatz, ¨e AB 164
die Lieblingssendung, -en 27, AB 114
der Lieblingssong, -s 30
das Lieblingsspiel, -e 7
der Lieblingssport (nur Singular) 7
die Lieblingsstadt, ¨e AB 164
das Lieblingswetter (nur Singular) 75

das Lieblingswort, -wörter AB 137
das Lieferdatum, -daten F 181
der Lieferschein, -e F 181
der Lifestyle (engl.; nur Singular) F 184
die Limo, -s 76
der Links-Verkehr (nur Singular) AB 135
live (engl.) 26, 27
das Live-Konzert, -e AB 106, AB 107
loben 24
locker 34
logisch 31, AB 139
lohnen (sich) 74, 75
löschen 10
lösen 26, 49, 86
los·fahren 9, 10, 11
los·gehen 7, 67, AB 99
los·lachen 19, 67
los·schicken 12
los·werden AB 126
das Lotto, -s 12
die Lotto-Annahmestelle, -n 12
der Lottotipp, -s 12
der Löwe, -n 43
die Lüge, -n 28
lügen 26, 28, AB 151
das Luxushotel, -s 76
der Magenschmerz, -en 40
der Magerquark (nur Singular) 39
der Magnet, -e 74
der Makler, - 82
der Maler, - 58
die Märchenführung, -en 76
märchenhaft 76
das Marionettentheater, - 76
das Marketing (nur Singular) 68
die Maske, -n 79
das Maß, -e 43
die Massage, -n 40
mäßig 74
die Maßnahme, -n 38
das Materiallager, - AB 145
die Maus, ¨e 27, 46
das Mehrfamilienhaus, ¨er 84
mehrjährig 62, 63
die Mehrwertsteuer (MwSt.) F 181
die Menschheit (nur Singular) 10
merkwürdig 50, 86
messen 37, AB 124
die Methode, -n 49
der Mietbeginn (nur Singular) AB 173
mietfrei AB 168
der Mietkoch, ¨e 60
der Miet-LKW, -s 19
der Mietraum, ¨e 84, AB 173
der Mietsachschaden, ¨ AB 101
das Mietverhältnis, -se AB 173, AB 176
der Mietvertrag, ¨e AB 173, AB 177

die Mietzeit, -en AB 173
der Mietzins, -en AB 176
die Migräne (nur Singular) AB 122
das Milchprodukt, -e F 183
die Milchpumpe, -n AB 126
mild 74
die/das Mind Map, -s (engl.) AB 122
der Minijob, -s 62
die Mischung, -en 50
das Missgeschick, -e AB 100
das Missverständnis, -se AB 144
die Mitgliedschaft, -en AB 177
die Mitgliedsnummer, -n AB 177
mithilfe AB 119
mit·schicken AB 149
mittelalterlich 74
der Mittelwert, -e 74
mitten 19
der Mix, -e 50
das Mobbing (nur Singular) AB 115
mobil 60
die Modeboutique, -n F 183
die Moderation, -en 26
der Moderator, -en AB 113
möglicherweise AB 100
monatlich AB 173
die Monatsmiete, -n (MM) F 187
der Mond, -e 28, 81
das Mondlicht (nur Singular) 28
die Montage, -n (franz.) 62, 63
das Moped, -s 84
der Mord, -e 28
der Mörder, - 28
motivieren AB 135
muh! 43
die Muschel, -n 16
der Musikgeschmack, ¨e AB 107
der Muskel, -n 32, 40
der Muskelschmerz, -en 40
muskulär AB 120
die Muskulatur, -en 32, AB 120, AB 125
die Muttersprache, -n 51, 63, AB 137
die Myalgie, -ien 40
mysteriös 13
die Nachbarschaft (nur Singular) AB 120
die Nachrichtensendung, -en AB 113
die Nachsorge (nur Singular) AB 126
nächstmöglich- AB 157
nachweisen 36, 37
der Nacken, - 32
der Nackenschmerz, -en 40
das Nageldesign, -s F 184
das Nasenbluten (nur Singular) AB 123
national F 182
die Nationalität, -en AB 125

das Naturarzneimittel, - AB 128
der Naturfilm, -e 26, 27, AB 113
der Naturforscher, - 26, 27
die Naturheilkunde AB 128
das Naturheilverfahren, - AB 128
das Naturkunde-Museum, -Museen 76
der Naturliebhaber, - 75
der Naturpark, -s 74
nebenbei 88
nebenberuflich 62
nebeneinander 31
die Nebentätigkeit, -en 62
der Nebenverdienst (nur Singular) 64
netto F 181
der Nerv, -en: auf die Nerven gehen 22, 50
die Neurologie (nur Singular) AB 148
der Neubau, -ten 82
nicht besonders 23, 29, AB 108
nicht nur ... sondern auch ... 82, 87, AB 168
nicht so 23, 29, AB 108
der Nichtraucher, - 38
der Niederschlag, ¨e 74
niedrig 74, F 184
niesen 36, AB 123
das Nikotin (nur Singular) AB 125
die Nikotinsucht, ¨e 38
das Niveau, -s (franz.) 26, 27
nix (nichts) 31
die Notaufnahme, -n 11
nötig 38
die Notrufnummer, -n 13
die Nullprozentfinanzierung (nur Singular) F 182
der Oberkörper, - 32, 33, 34
der Oberschenkel, - 32
der Oberschenkelmuskel, -n 34
obwohl 22, 29, AB 107
der Ofen, ¨ 83
offen 34, 40
öfter 45
oho AB 168
der Ölofen, ¨ 82
online 76
der Online-Katalog, -e AB 180
Online-Shopping (engl.) F 182
operieren 36, AB 123, AB 125
das Opfer, - 28
der Optimismus (nur Singular) AB 125
ordentlich 57
die Ordnung (nur Singular) 10
ordnungsgemäß F 181
der Orthopäde, -n 35, 40
orthopädisch AB 148
Oscar, -s (der) 24

packen AB 98
die Packungsbeilage, -n 40
panisch 11
die Panne, -n 11
die Pantomime, -n 47
der Papagei, -en 83
der Papiercontainer, - 83
der Papst, ¨e AB 133
der Parkettboden, ¨ 82
passiv AB 120
der Patient, -en 38, AB 123, AB 160
die Patientin, -nen 38
pauschal AB 101
der Pechvogel, ¨ 27
perfekt 13, 23, 73
der Personalchef, -s F 185
der Personenschaden, ¨ AB 100, AB 101
persönlich 15, 62, AB 126
der Pfälzer Saumagen, ¨ 74
die Pflanze, -n 40, AB 113
pflanzlich 40
das Pflaster, - 40
pflegen AB 124
die Pflicht, -en 48, 84, AB 173
die Pharmabranche (nur Singular) 68
die Pharmaindustrie (nur Singular) 68
der Pharmavertreter, - 68
pharmazeutisch AB 126
die Phase, -n AB 120
die Photovoltaikanlage, -n 62
die Physiotherapeutin, -nen 38
die Pinnwand, ¨e F 183
der Pizzamann, ¨er 24
der Planet, -en 44
der Plasma-Bildschirm, -e F 182
der Pluspunkt, -e F 185
das Plusquamperfekt 17
der Po, -s 32, 34
pokern F 185
die Police, -n (franz.) AB 101
das Polit-Magazin, -e 26, AB 113
der Polizeinotruf, -e 13
der Pollen, - 36
das Pop-Konzert, -e AB 107
das Porträt, -s (franz.) AB 119
der Possessivartikel, - 41
der Präsident, -en AB 133
die Prävention, -en 38, AB 125
die Praxisgemeinschaft, -en AB 127
preisgünstig AB 100
der Preisnachlass, ¨e F 186
der Preisvorteil, -e AB 126
premium AB 100
der Prick-Test, -s 36, 37
prinzipiell AB 135
die Privatbehandlung, -en AB 128
der Privatdetektiv, -e AB 115

die Privathaftpflicht (nur Singular) AB 101
die Privathaftpflichtversicherung, -en 15, AB 100, AB 101
der Privathaushalt, -e AB 100
die Privatunterkunft, ⸚e 76
das Privatzimmer, - 76
problematisch 88
problemlos 63
produzieren 63
das Profil, -e F 184
das Protokoll, -e AB 145
die Psyche, -n 42
der Puls, -e AB 126
der Putzplan, ⸚e 84
der Quadratkilometer, - 74
quer 57, 58
die Quittung, -en AB 129
der Rabatt, -e AB 162
der Radiosprachkurs, -e 52
der Rap, -s (engl.) AB 125
Rat suchen 41
der Rat (nur Singular) 25, 34, 35
die Rate, -n F 182
der Ratenkauf, ⸚e F 182
der Rätselfan, -s 28
rauben 13
räumen AB 176
raus AB 120
die Reaktion, -en 36, 40, AB 125
realistisch AB 143
die Realität, -en AB 125, AB 132
das Recht, -e 84, AB 172, AB 173
rechtzeitig 10
die Redewendung, -en 88, 89
die Referenz, -en 62
regeln 84
die Regenwahrscheinlichkeit (nur Singular) 74
die Regie (franz.; nur Singular) 27
der Regisseur, -e (franz.) AB 112
die Reihe, -n 84
das Reihenhaus, ⸚er 82, AB 168
rein 84
reinigen (sich) AB 124
der Reinigungsplan, ⸚e 84
die Reisebroschüre, -n 75
die Reisegruppe, -n 70
die Reiseinformation, -en 74
das Reiseland, ⸚er AB 163
die Reiseplanung (nur Singular) AB 156
die Reisezeit (nur Singular) 74, AB 156, AB 164
das Reiseziel, -e AB 161
die Reklamation, -en F 181
das Relativpronomen, - 29
der Relativsatz, ⸚e 29
die Religion, -en 10
die Reportage, -n 10, AB 151

die Reporterin, -nen AB 103
der Rest, -e 60
die Restzahlung, -en AB 165
resultieren AB 100
retten 26
das Rheinufer, - 26
richten nach (sich) AB 101
riesig AB 110
das Ritual, -e 16, AB 102
die Rockmusik (nur Singular) 20
die Rollenkarte, -n 61
der Rolls-Royce®, - 25
der Roman, -e 24, 73, AB 112
röntgen 36, 37, AB 123
der Rosenstrauß, ⸚e 12
die Rubrik, -en 76
die Rückenmuskulatur, -en 33
das Rückenproblem, -e 38
der Rückenschulkurs, -e AB 129
die Rückfahrt, -en AB 120
der Rückflug, ⸚e 71
die Rückfrage, -n 59
die Rücksicht, -en: Rücksicht nehmen auf 84, 86, AB 172
der Rückstand, ⸚e AB 176
die Rufnummer, -n AB 129
rumänisch 52
der Rundfunk (nur Singular) 26
die Rundreise, -n AB 164
runter·laden 22, AB 107
runzeln 34
das Sachbuch, ⸚er 27
der Sachschaden (nur Singular) AB 100, AB 101
der Salon, -s (franz.) F 184
der Salsa-Tanzkurs, -e AB 106
der Sand, -e AB 103
der Sandboden, ⸚ AB 103
sanft AB 120
der Sänger, - AB 109, AB 133
die Satellitenantenne, -n 85
die Satellitenschüssel, - AB 172
die Satzverbindung, -en 17
sauber halten AB 172
säubern 84
der Schaden, ⸚ 15, AB 100
der Schadenhergang (nur Singular) 15
die Schadenhöhe, -n 15
der Schadensfall, ⸚e 15
die Schädigung (nur Singular) 84
die Schallplatte, -n 20
der Schatten, - AB 158
der Schauspieler, - 24, 25, AB 107
die Scherbe, -n 16, AB 102
schief·gehen 11, F 186
schief·laufen F 181
schießen 14
schildern 17
schimpfen 19
der Schlafraum, ⸚e AB 173

die Schlagzeile, -n 13, 25, AB 102
schlank 38
schlecht gelaunt sein AB 144
schlucken 38
der Schlüsselanhänger, - 16
der Schlusssatz, ⸚e AB 138
das Schmerzmittel, - 35
das Schmerztagebuch, ⸚er AB 119
der Schmetterling, -e AB 137
der Schmuckladen, ⸚ 72
das Schmuckstück, -e AB 103
der Schnitt, -e 68, AB 160
das Schokoladencroissant, -s AB 102
die Schokoladenfabrik, -en 26
schonen 38
die Schönheitsreparatur, -en AB 173
der Schornsteinfeger, - 16
der Schreck, -e 28
der Schreibblock, ⸚e AB 145
das Schreibpapier, -e F 183
die Schrift, -en 51, 53
schriftlich 62, 71, AB 101
der Schulalltag (nur Singular) AB 135
schuld sein 11
die Schuld, -en 28
die Schulter, -n 32, AB 119
die Schulung, -en F 184
schützen 38, AB 100
der Schutzengel, - 8, 9, 10
die Schwäche, -n AB 127
die Schwebebahn, -en 76
schweben 76
(das) Schweden AB 98
schwer machen AB 126
schwerwiegend AB 100
die Schwierigkeit, -en 11
das Schwimmbad, ⸚er 76
schwindelfrei 62
schwitzen AB 121, AB 126
die Seele, -n 50
die Seeluft (nur Singular) AB 126
das Seeufer, - 28
das Segelboot, -e 26
segeln 71
die Sehenswürdigkeit, -en 70
seitdem 11, 19
die Selbstbeteiligung, -en AB 100, AB 101
selbstständig machen (sich) 60, 61, AB 149
(das) Senegal AB 103
die Sensation, -en AB 161
sensationell 73
seriös AB 128
die Servicestelle, -n AB 120
das Shampoo, -s (engl.) 68, 72, AB 160
die Show, -s (engl.) 26
der Sicherheitsgrund, ⸚e 84, AB 172
die Sicherheitsleistung, -en AB 173
die Sicherung, -en 28
der Sieg, -e 25

die Sightseeing-Tour, -en (engl.) 74
der Signalton, ⸚e AB 129
die Silberhochzeit, -en 28
sinnvoll AB 128
der Skandal, -e AB 119
Ski fahren AB 106, AB 159, AB 170
der Skiurlaub, -e 72
der Small Talk, -s (engl.) 65, AB 146
die SMS-Botschaft, -en 38
der Sofortgewinn, -e 27
sogar 12, 88
sogenannt- 37
die Solaranlage, -n 63
das Solarsystem, -e 62
somit AB 165
der Sommerurlaub, -e AB 155, AB 165
der Sommervogel, ⸚ AB 137
das Souvenir, -e 73, 76
sowie AB 101
die Sozialpädagogin, -nen AB 126
die Spange, -n 31
die Spannung (nur Singular) 26, 27
spätestens AB 119, AB 129
die Spätnachrichten (nur Plural) AB 107
die Spätzle (nur Plural) 74
der Spaziergänger, - 43
der Speicher, - AB 173
das Speicherfenster, - 84
das Spezialgeschäft, -e AB 124
das Spiegelei, -er 43
die Spielfigur, -en 7
die Spielminute, -n 14
der Spielplatz, ⸚e AB 172
die Spiel-Show, -s 26
der Spieltag, -e 27
der Spielzeugladen, ⸚ 72
Sport treiben 39, 70, AB 121
der Sportbegeisterte, -n 75
die Sporthalle, -n AB 111, AB 126
das Sportmagazin, -e 26
die Sportmöglichkeit, -en AB 164
die Sportsachen (nur Plural) AB 111
die Sportschau (Singular) AB 136
die Sportsendung, -en 26, AB 107, AB 113
die Sportveranstaltung, -en 76, AB 112
die Sprachbiografie, -ien 53
das Sprachenlernen (nur Singular) 52
die Sprachkreation, -en 50
die Sprechstundenhilfe, -n 14
springen 10, AB 94
die Spritze, -n 35, AB 121, F 183
spritzen 38
die Städtereise, -n AB 162
die Stadtführung, -en AB 164

einhundertdreiundneunzig 193

der Stammkunde, -n   61
der Standplatz, ¨e   84
die Stange, -n   15
der Star, -s   20, 22, 26
statt / ohne ... zu + Infinitiv   77
stattdessen   14, F 186
statt·finden   38, AB 129, AB 149
der Staub (nur Singular)   36
der Staubsauger, -   AB 142, F 182
stehlen   28, AB 115, AB 136
der Stein, -e   43
die Stellenbeschreibung, -en   F 184
das Stellengesuch, -e   F 184
der Stellplatz, ¨e   AB 173
still   19
stillschweigend   AB 101
die Stimme, -n   9, 12, 18
die Stirn, -en   34, 50
stolz   22, 50, AB 154
stoßen   15
die Strafe, -n   28
der Strahl, -en   AB 120
der Strandurlaub, -e   AB 161
der Straßenname, -n   44
die Straßenseite, -n   AB 135
streichen   43, AB 173
streiten (sich)   19
stressfrei   AB 98
stressig   57, 58, 61
der Stresskiller, -   AB 127
strikt   50
strukturieren   AB 122
die Studienzeit, -en   AB 119
das Studio, -s   25, AB 177
die Stundenbasis (nur Singular)   F 184
die Substanz, -en   40
der Südpol, -e   27
die Summe, -n   F 181
der Superstress (nur Singular)   67
(das) Swahili   51
die Sympathie, ien   83
die Tagesschau (nur Singular)   26
das Tal, ¨er   75
die Talkshow, -s (engl.)   AB 113
der Tanzlehrer, -   60
das Taschentuch, ¨er   73
die Tat, -en   28
der Täter, -   13, 28, AB 115
tätig sein   58, 63, AB 148
der Tatort, -e   28
tausendmal   31
das Team, -s (engl.)   14, 58, 59
teamfähig   F 184
die Technik, -en   AB 122, F 184
technisch   76
der Teddy, -s   AB 109
die Teilzeitstelle, -n   F 184
der Teilzuschuss, ¨e   AB 128
das Telefonat, -e   AB 150
der Telefondienst (nur Singular)   AB 145

die Telefon-Hotline, -s   38
telefonisch   24, 38, 59
der Telefonmechaniker, -   AB 115
die Telefonzelle, -n   43
die Temperaturschwankung, -en   74
der Temporalsatz, ¨e   17
die Terrasse, -n   82, AB 172
der Terrorist, -en   26
(das) Thai   51
(das) Thailand   13
die Theaterkarte, -n   24
das Theaterstück, -e   28
die Theorie, -ien   AB 115
die Therapie, -ien   38
der Therapievorschlag, ¨e   AB 125
die Tiefgarage, -n   84
der Tierfilm, -e   26
die Tierhaltung (nur Singular)   84
der Titel, -   28
die Todesangst, ¨e   26
todmüde   AB 122
der Topfenstrudel, -   AB 134
topfit   F 184
das Tor, -e   14
der/die Tote, -n   26, 28
die Tour, -en (franz.)   AB 120
die Trainingstheorie, -en   AB 120
tränen   36, AB 123
die Traumfrau, -en   19
das Traumhaus, ¨er   81, AB 169
der Traumjob, -s   AB 145, F 184
das Traumland, ¨er   7, AB 132
die Traumwohnung, -en   80, 81
der Treffer, -   14
der Trend, -s   F 184
trennen (sich)   27
treu   61
die Trickfigur, -en   27
der Trickfilm, -e   26, AB 113
der Trockenraum, ¨e   84
trocknen   84
der Trockner, -   84
der Tropfen, -   AB 121
trotz   84, 87, AB 172
tschechisch   12
der Turm, ¨e   74
typgerecht   F 184
überarbeiten   AB 145
der Überblick (nur Singular)   76
die Überempfindlichkeit, -en   40
die Überempfindlichkeitsreaktion -en   40
überfallen   26
übergeben   AB 173, AB 176
übergewichtig   AB 126
überglücklich   AB 97
überhaupt nicht   23, 29, AB 108
die Überlassung (nur Singular)   AB 173

die Übernachtungsmöglichkeit, -en   76
überprüfen   28, AB 135, AB 164
überraschend   70, AB 127
überraschenderweise   AB 97
die Übersetzung, -en   49
übersichtlich   76
übertreiben   73, 82
überweisen   AB 173
überwinden   27
um ... zu   70
um zu + Infinitiv   77
um·buchen   71
um·drehen (sich)   14, AB 94
um·drehen   9, 43
um·fallen   9, 14, 17
der Umfang (nur Singular)   AB 101
umfangreich   AB 100
um·gehen mit   F 184
um·gehen   69
umgehend   F 181
die Umorientierung (nur Singular)   59
die Umschulung, -en   AB 143
das Umschulungsprogramm, -e   59
um·stellen   AB 121, AB 122, AB 129
die Umstellung, -en   AB 163
um·tauschen   F 182
der Umweg, -e   7
um·ziehen (sich)   AB 171
der Umzugswagen, -   15
unbefristet   F 184
unbegrenzt   AB 100, AB 173
der/die Unbekannte, -n   25
undenkbar   88
undeutlich   47
unerwartet   AB 97
unerwünscht   40
der Unfallwagen, -   AB 169
ungeduldig   AB 161
ungefährlich   40
ungewöhnlich   73, AB 102
ungewohnt   AB 135
das Unglück (nur Singular)   10, AB 103
der Unglückstag, -e   AB 103
ungültig   AB 103
die Universitätsklinik, -en   AB 148
die Unordnung (nur Singular)   AB 174
unruhig   AB 122
unsterblich   AB 97
unsympathisch   23, AB 108
unter Kontrolle   AB 126
unter Umständen   AB 100
unterbleiben   84
die Unterbrechung, -en   AB 135
unter·gehen   28
unterhalten (sich)   46, AB 155, AB 158
der Unterpunkt, -e   AB 122
unterstützen   59, AB 128
untersuchen   36, 37, AB 119

die Untervermietung, -en   AB 173
unterwegs sein   AB 103
unüblich   AB 97
unverzüglich   AB 129
unwillig   50
unzählig   74
unzumutbar   84
up to date (engl.)   F 184
die Urlaubskarte, -n   12
das Urlaubsland, ¨er   74
die Urlaubspost (nur Singular)   AB 98
die Urlaubsregion, -en   74
der Urlaubswunsch, ¨e   70
die Urlaubszeit, -en   AB 156, AB 165
die Ursache, -n   36
ursprünglich   F 186
die Vase, -n   15, AB 100
der Vegetarier, -   74
verabreden (sich)   AB 174
verabschieden (sich)   73
verändern   67
die Veränderung, -en   40, 76
verantwortlich   84
die Verantwortung (nur Singular)   58, AB 149, F 185
verantwortungsbewusst   F 184
verbieten   AB 106, AB 142
verbleiben   AB 157, AB 165
das Verbrechen, -   28
der Verbrecher, -   13
verbrennen (sich)   83, AB 103
der Verdacht, -e   28
verdursten   50
vereinbarungsgemäß   AB 101
der Verfasser, -   AB 145
das Vergangene (nur Singular)   17
die Vergangenheit (nur Singular)   21
vergeblich   12
vergesslich   12
verhalten (sich)   56
die Verhaltenstherapie, -ien   38
verhungern   50
verkleidet   AB 162
verlangen   62
verlängern (sich)   AB 101
verlassen auf (sich)   AB 147
der Verleih, -e   AB 126
vermeidbar   84
vermeiden   AB 122
die Vermeidung (nur Singular)   38
vermessen   AB 127
vermieten   82, AB 173
vermitteln   59
das Vermögen, -   AB 100
der Vermögensschaden, ¨   AB 100, AB 101
vermuten   13
verschließen   84
verschlossen   88
verschwinden   12
versehentlich   15, 17
der/die Versicherte, -n   AB 128

einhundertvierundneunzig   194

der Versicherungsablauf, ⸚e AB 101
die Versicherungsanmeldung, -en AB 101
der Versicherungsantrag, ⸚e AB 101
die Versicherungsbedingung, -en AB 101
der Versicherungsbeginn (nur Singular) AB 101
der Versicherungsfall, ⸚e AB 101
das Versicherungsgeld, -er AB 101
das Versicherungsjahr, -e AB 101
das Versicherungsmodell, -e AB 101
der Versicherungsname, -n AB 101
der Versicherungsnehmer, - 15, AB 101
die Versicherungsscheinnummer, -n AB 101
der Versicherungsschutz (nur Singular) AB 101
die Versicherungssteuer, -n AB 101
die Versicherungssumme, -n AB 100, AB 101
der Versicherungsverlauf, ⸚e AB 101
die Versorgung (nur Singular) AB 126
die Verspannung, -en 40
die Verstärkung (nur Singular) 62
verstecken 31
verstehen (sich) 19
vertiefen AB 122
der Vertrag, ⸚e: einen Vertrag schließen AB 173
vertragsgemäß AB 176
das Vertrauen (nur Singular) AB 129
vertraulich AB 126
vertreiben 31
vertreten 61, AB 146
der Vertreter, - 27
die Verunreinigung, -en 84
verursachen AB 100
verwechseln F 186
verwöhnen AB 120, AB 133
verzeichnet 74
verzweifelt AB 122
die Videothek, -en 24
die Vielfalt (nur Singular) 74, AB 120
die Vielzahl (nur Singular) AB 128
das Vierteljahr, -e F 185
das Vitamin, -e 39
die Vokabelkarte, -n 49
völlig 54, AB 97
vollkommen 40
der Vollmond (nur Singular) 28
die Vollpension (nur Singular) 76
vollständig F 181
die Vollständigkeit (nur Singular) F 181
die Vollzeitstelle, -n F 184

die Vorauszahlung, -en AB 173
vorbei·gehen AB 158
vorbei·rennen 28
vorbereiten (sich) AB 114
der Vorgang, ⸚e 41
der Vorgarten, ⸚ 82
vorgesehen 84
vor·haben AB 143
vor·lesen AB 95
vor·liegen AB 101
der Vorsatz, ⸚e 71
der Vorschaden, ⸚ AB 101
vor·schlagen 35, AB 113
die Vorsorge (nur Singular) 39, AB 126
die Vorsorgemaßnahme, -n 39
die Vorsorgeuntersuchung, -en 39
vor·spielen 22
die Vorstellung, -en 59, AB 172
die Vorstrafe, -n AB 115
vor·tragen AB 112, AB 133, AB 145
vorwärts·kommen F 184
vor·weisen 59
die Waage, -n AB 126
der Wahnsinn (nur Singular) 14, 19, 82
wahnsinnig AB 122
wahr·nehmen AB 149
das Wahrzeichen, - AB 164
die Wanderung, -en 74
der Wanderurlaub, -e AB 162
das Wärmepflaster, - 40
die Warmmiete (nur Singular) 80
die Wäscherei, -en F 185
das Waschmittel, - 72
die Wasserversorgung (nur Singular) AB 173
die Wechselwirkung (nur Singular) 40
weg·laufen 9, 12, AB 94
weg·nehmen 25
das Weinglas, ⸚er 15
die Weißwurst, ⸚e 74
weiter·bilden (sich) 59, AB 151, F 185
weiter·erzählen 28
weiter·fahren 19
die Weiterfahrt (nur Singular) 12
weiter·helfen 47, AB 119, AB 122
weiterhin AB 128
weiter·lesen 28, AB 143
weiter·reden 60
weiter·träumen 83, AB 171
der Wellensittich, -e 84
das Wellness-Center, - AB 134
weltbekannt 74
der Werktag, -e AB 176
weshalb 48
weswegen 48
der Wettbewerb, -e AB 137
wickeln 35
das Widerrufsrecht, -e AB 101

wieder·kommen AB 103, AB 145
wieso 48
der Wille, -n (nur Singular) 38
die Windpocken (nur Plural) AB 98
der Wintersport (nur Singular) 74
die Wirbelsäule, -n 32, AB 119
wirken 42
die Wirkungsweise, -n 40
wischen AB 112
der Wissenschaftler, - 42
die Wissenschaftssendung, -en 26, AB 113
der Wochenendurlaub, -e AB 120
wohl·fühlen (sich) 13, 42, 83
wohnhaft AB 173
die Wohnküche, -n 82, AB 169
die Wohnungsbesichtigung, -en 82
die Wohnungssuche (nur Singular) AB 171
die Wohnungstür, -en 60, AB 103
die Wohnungsübergabe, -n AB 177
der Wohnungs-Mietvertrag, ⸚e AB 173
die Wohnzimmerwand, ⸚e AB 103
die Wunde, -n 40
das Wunder, - 88, AB 96, AB 124
wundern AB 156
das Wunschgewicht (nur Singular) 38
die Zahlenkombination, -en 12
zahlreich 74
die Zahlung, -en AB 176
die Zahnbehandlung, -en AB 128, AB 129
die Zahnbürste, -n 72, AB 124
die Zahnpasta, -pasten 72, AB 124
die Zahnpflege (nur Singular) AB 124
der Zaubersack, ⸚e 52
der Zaubertrick, -s 52
der Zeichentrickfilm, -e 26
die Zeichentrickserie, -n 27
Zeit nehmen (sich) 39
zeitgemäß AB 100
zeitlich AB 147
der Zeitpunkt, -e AB 129, AB 177
die Zeitungsmeldung, -en 13
die Zeitungsüberschrift, -en AB 172
zerbrechen AB 100
die Zerrung, -en 40
der Zeuge, -n 28
der Zierfisch, -e 84
die Zimmertür, -en 28
das Zitat, -e 50
der Zoll, ⸚e F 182

der Zoom, -s (engl.) 31
zufällig 25, 61, AB 99
zu·fügen AB 100
zu·gehen auf F 184
zu·greifen 73
zugrunde liegen AB 101
das Zugticket, -s 73
der Zuhörer, - 78
das Zündholz, ⸚er 76
zu·nehmen AB 121
die Zunge, -n 51
der Zungenbrecher, - 54
zur Verfügung stehen 62, 84
zur Welt bringen 12, 14
zurück·bekommen AB 115, AB 129
zurück·bringen 24
zurück·fahren AB 99
zurück·fragen 47
zurück·geben F 182
zurück·gehen 11
zurück·lassen 12
zurück·laufen 10
zusammen·fassen AB 162
zusammengesetzt 55
das Zusammenleben (nur Singular) 84, AB 172
der Zuschauer, - 27
zu·schließen 10, 28
der Zuschuss, ⸚e AB 126
zu·sehen 14
zu·senden AB 164
der Zustand, ⸚e 84, AB 176, F 181
zuständig sein 85, AB 172
die Zustellung, -en 8
die Zuverlässigkeit (nur Singular) 62, F 184
zwar ... aber ... 82, 87, AB 168
zwar 14
das Zweibettzimmer, - AB 128
zweisprachig AB 154, AB 155
der Zwetschgenknödel, -n 13
zwicken AB 127
die Zwiebel, -n 74

einhundertfünfundneunzig **195**

Unregelmäßige Verben

abnehmen, er/sie nimmt ab, nahm ab, hat abgenommen
(ab)brennen, er/sie brennt (ab), brannte (ab),
　　hat gebrannt / ist abgebrannt
anbrennen, er/sie brennt an, brannte an, ist angebrannt
angehen, geht an, ging an, ist angegangen
(sich) aufhalten, er/sie hält (sich) auf, hielt (sich) auf,
　　hat (sich) aufgehalten
aussprechen, er/sie spricht aus, sprach aus,
　　hat ausgesprochen
beraten, er/sie berät, beriet, hat beraten
beweisen, er/sie beweist, bewies, hat bewiesen
bieten, er/sie bietet, bot, hat geboten
braten, er/sie brät, briet, hat gebraten
entlassen, er/sie entlässt, entließ, hat entlassen
entstehen, er/sie entsteht, entstand, ist entstanden
erfinden, er/sie erfindet, erfand, hat erfunden
festnehmen, er/sie nimmt fest, nahm fest,
　　hat festgenommen
frieren, er/sie friert, fror, hat gefroren
gelingen, ihm/ihr gelingt, gelang, ist gelungen

heben, er/sie hebt, hob, hat gehoben
hinbringen, er/sie bringt hin, brachte hin,
　　hat hingebracht
messen, er/sie misst, maß, hat gemessen
raten, er/sie rät, riet, hat geraten
sich verhalten, er/sie verhält sich, verhielt sich,
　　hat sich verhalten
schießen, er/sie schießt, schoss, hat geschossen
stoßen, er/sie stößt, stieß, hat gestoßen
umgehen, er/sie geht um, ging um, ist umgegangen
unternehmen, er/sie unternimmt, unternahm,
　　hat unternommen
verbrennen, er/sie verbrennt, verbrannte, ist verbrannt
verschreiben, er/sie verschreibt, verschrieb,
　　hat verschrieben
vorbeifahren, er/sie fährt vorbei, fuhr vorbei,
　　ist vorbeigefahren
weglaufen, er/sie läuft weg, lief weg, ist weggelaufen
zusehen, er/sie sieht zu, sah zu, hat zugesehen

Quellenverzeichnis

Umschlag: © Alexander Keller, München
U2: © MHV-Archiv
Seite 7: Spiel © Nora Tahy
Seite 10: von oben © fotolia/El Gaucho; © iStockphoto/mammamaart
Seite 13: von links © iStockphoto/knape; © PantherMedia/Erich Teister
Seite 14: A und B © MEV; C © iStockphoto/Mikkel William Nielsen
Seite 16: A © Puma; B und C © MHV-Archiv
Seite 18/19: von links © PantherMedia/Andres Rodriguez; © PantherMedia/Yuri Arcurs (2)
Seite 20/21: © Florian Bachmeier, München
Seite 22: oben © Florian Bachmeier, München (2); A2: unten von links © PantherMedia/Radka Linkova; © iStockphoto/TriggerPhoto; © iStockphoto/azndc
Seite 23: von oben © Florian Bachmeier, München (2); © fotolia/detailblick; © Thomas Spiessl, München; unten von links 1 © picture-alliance/dpa; 2 © action press/Guido Ohlenbostel; 3 © action press/Startreks; 4 © picture-alliance/dpa/epa; 5 © action press/Rex Features; 6 Benainous Alain/laif
Seite 24: von oben © Florian Bachmeier, München (2); © picture-alliance/dpa
Seite 25: © Florian Bachmeier, München
Seite 26: von links © PhotoDisc; © MEV
Seite 27: © MEV (2)
Seite 30/31: © Florian Bachmeier, München; „1000 und 1 Nacht (Zoom!)": Text: Dieter Dehm, Musik: Göran Walger © 1984 Edition Musikant Musikverlag GmbH
Seite 34: A © MEV; B © MHV-Archiv; C © Gabriele Vilgertshofer, München
Seite 36: B © irisblende.de; C © Thomas Spiessl, München; D © ALK – mit freundlicher Genehmigung von ALK-Abelló Arzneimittel GmbH, Wedel; unten © MEV
Seite 38: C © nach Therasport, München; D © nach AOK
Seite 39: 1 © irisblende.de; 2 und 3 © MHV-Archiv; 4 © PhotoDisc
Seite 40: © Stills-Online
Seite 42: oben von links © fotolia/jeancliclac; © iStockphoto/stevecoleccs; unten von links © iStockphoto/hidesy; © colourbox.com; © fotolia/Yuri Arcurs
Seite 43: © iStockphoto/JJRD
Seite 47: © MHV-Archiv (6)
Seite 48: von links © colourbox.com; © MEV; © PhotoDisc; © iStockphoto/Yuri Arcurs
Seite 50: Foto © picture-alliance/dpa; Text: Hatice Akyün, Einmal Hans mit scharfer Soße. Leben in zwei Welten © 2005 Wilhelm Goldmann Verlag, München, in der Verlagsgruppe Random House GmbH
Seite 52: © KIKUS, München
Seite 61: 1 Fotex/Susa; 2 © iStockphoto/track5; 3 © Florian Bachmeier, München
Seite 54: © Stadtmarketing Basel
Seite 66/67: © Florian Bachmeier, München
Seite 70: rechts © Thomas Spiessl, München
Seite 72: A und C © Thomas Spiessl, München

Seite 75: von oben © fotolia/Birgit Reitz-Hofmann; © Türkisches Fremdenverkehrsamt, Frankfurt a. M.; © MEV; © Türkisches Fremdenverkehrsamt, Frankfurt a. M.
Seite 76: von oben © Medienzentrum Stadt Wuppertal; © Schneewittchen und die sieben Zwerge. Theatermärchen von Günther Weißenborn in Müllers-Marionetten-Theater, Wuppertal. www.muellersmarionettentheater.de; Foto: Eduard Straub
Seite 82: unten A © picture-alliance/dpa; B © picture-alliance/ZB; C © ullstein/Bonn-Sequenz; D © MEV
Seite 88: von links © fotolia/SchneiderStockImages; © fotolia/Ralf Gosch; © fotolia/Martina Berg
Seite 89: von links © iStockphoto/Michael Westhoff; © iStockphoto/Tree4Two
Seite 97: Cover mit freundlicher Genehmigung von Verlag Friedrich Oetinger GmbH
Seite 101: © iStockphoto/Cimmerian
Seite 103: A © MHV-Archiv; B © Isabel Krämer-Kienle; C © Getty Images/Atta Kenare
Seite 106: © Florian Bachmeier, München
Seite 107: © Florian Bachmeier, München
Seite 108: © Florian Bachmeier, München
Seite 109: © Florian Bachmeier, München
Seite 110: von oben © Florian Bachmeier, München © action press/Everett Collection
Seite 111: © Florian Bachmeier, München
Seite 112: © Florian Bachmeier, München
Seite 115: Carsten Tsara, „Sicher ist nur eins", Hueber Verlag, München 2002
Seite 128: von oben © PantherMedia/Severin Schweige; © imago/Peter Widmann; © iStockphoto/berekin
Seite 135: oben von links © iStockphoto/ArtisticCaptures; © iStockphoto/Justin Horrocks; unten © iStockphoto/Lisa Valder
Seite 137: Auszüge aus: „Das schönste deutsche Wort", © 2005 Hueber Verlag, München, mit freundlicher Genehmigung des Deutschen Sprachrats
Seite 142: © Yassin Saidi, Fürstenfeldbruck
Seite 151: Screenshot Berufenet mit freundlicher Genehmigung der Bundesagentur für Arbeit
Seite 154: von oben © MEV; © iStockphoto/sturti
Seite 155: von links © irisblende.de; © iStockphoto/sturti; © PantherMedia/Michael Kempf; © iStockphoto/kate_sept2004
Seite 156: Statistiken © picture-alliance/Globus Infografik
Seite 157: © iStockphoto/jpbcpa
Seite 165: von links © digitalstock; © iStockphoto/xyno
Seite 181: © fotolia/Tiler84
Seite 183: © Getty Images/Nicole Hill
Seite 184: © fotolia/Peter Atkins
Seite 185: © iStockphoto/AlexRaths
Seite 186: © iStockphoto/jgroup

Der Verlag bedankt sich für das freundliche Entgegenkommen bei den Fotoaufnahmen bei: The Foodoo Club, München; MIRO Haarkultur, München; Pizza-Express, München; Gemeinde Weßling